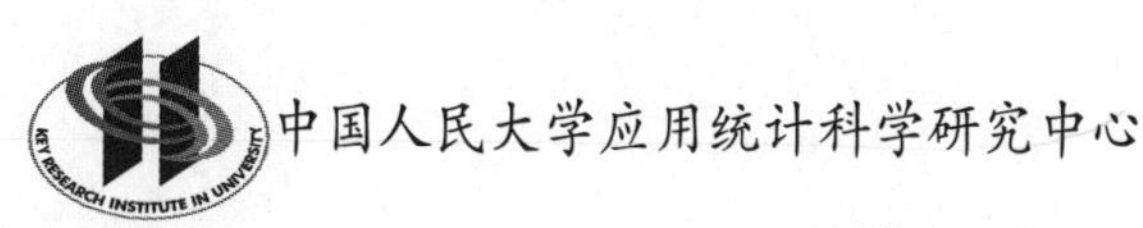
中国人民大学应用统计科学研究中心

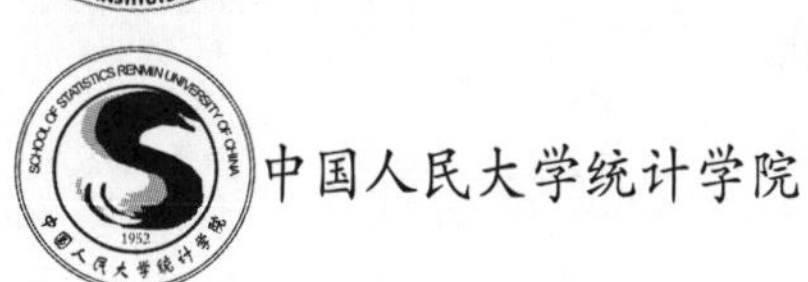
中国人民大学统计学院

统计学评论

Statistical Review

Vol. 10

主　编　金勇进

副主编　田茂再

中国财经出版传媒集团

经济科学出版社

Economic Science Press

图书在版编目（CIP）数据

统计学评论. Vol. 10／金勇进主编. —北京：经济科学出版社，2018. 3

ISBN 978 -7 -5141 -9066 -3

Ⅰ. ①统…　Ⅱ. ①金…　Ⅲ. ①统计学 - 文集
Ⅳ. ①C8 -53

中国版本图书馆 CIP 数据核字（2018）第 037533 号

责任编辑：刘怡斐
责任校对：靳玉环
责任印制：邱　天

统计学评论

Statistical Review

Vol. 10

主　编　金勇进

副主编　田茂再

经济科学出版社出版、发行　新华书店经销

社址：北京市海淀区阜成路甲 28 号　邮编：100142

总编部电话：010 -88191348　发行部电话：010 -88191522

网址：www. esp. com. cn

电子邮件：esp@ esp. com. cn

天猫网店：经济科学出版社旗舰店

网址：http：//jjkxcbs. tmall. com

北京财经印刷厂印装

787 ×1092　16 开　14 印张　360000 字

2018 年 3 月第 1 版　2018 年 3 月第 1 次印刷

ISBN 978 -7 -5141 -9066 -3　定价：58. 00 元

（图书出现印装问题，本社负责调换。电话：010 -88191510）

目　录

一路辉煌一路歌——纪念中国人民大学统计学院（系、科）成立65周年　/1

倪加勋　我了解的统计系　/23

赵彦云　我国政府统计发展刍议　/26

易丹辉　统计方法在生物医学领域应用的点滴　/40

王　星　金勇进　孙怡帆　刘文卿　蒋　妍　技术变化冲击下的数理统计变革与思考　/49

万舒晨　金勇进　小微企业多重抽样框问题研究　/57

林　洪　国民账户体系中的国内总收入指标研究　/73

何晓群　胡小宁　夏利宇　处理组特征选择的信用评分模型　/88

姜春波　王　榛　田茂再　单边核估计方法在量化金融风险管理中的理论研究及应用　/100

李静萍　刘博健　基于两阶段模型的中国上市公司现金红利发放水平影响因素研究　/122

薛　薇　陈　瀚　邓惠琳　基于序列直方图符号数据的时间序列相似性度量的有效性研究　/135

张荷观　工具变量估计量和普通最小二乘估计量的比较研究　/153

吴翌琳　朱枫怡　初中生课外补习的影响因素研究——来自CEPS的调查数据分析　/166

孙怡帆　王　磊　基于伊辛模型的项目推荐算法研究　/186

高明慧　易丹辉　彭　锦　胡镜清　杨　燕　双变量函数型数据的聚类方法及应用　/199

王　星　肖小玥　国际统计学奖项及对中国统计学高等教育的启示　/210

CONTENTS

A Road of Glory Filled with Paean
—Commemorating the 65th Anniversary of the School (Department) of Statistics /1

Ni Jiaxun The Memory of the School of Statistics /23

Zhao Yanyun A Tentative Discussion on the Development of Chinese Government Statistics /26

Yi Danhui Retrospect of Statistical Methods in Biomedical Applications /40

Wang Xing Jin Yongjin Sun Yifan Liu Wenqing Jiang Yan The Change and Thinking of Mathematical Statistics Facing the New of Technological Updating /49

Wan Shuchen Jin Yongjin The Research on Multiple - frame Surveys of the Small and Micro Enterprises /57

Lin Hong National Accounts System of Domestic Income Indicators Research /73

He Xiaoqun Hu Xiaoning Xia Liyu Credit Score Model Based on Feature Selection with Grouped Variables /88

Jiang Chunbo Wang Zhen Tian Maozai Theory and Application of One - Side Kernel Estimation in Quantitative Financial Risk Management /100

Li Jingping Liu Bojian The Determinants of Dividends Payout: Evidence from China's Listed Companies Using Two - Stage Model /122

Xue Wei Chen Han Deng Huilin Study on the Validity of Time Series Similarity Measure Based on the Symbolic Data of Temporal Order Histogram /135

Zhang Heguan | Comparison of the IV Estimator and the OLS Estimator /153

Wu Yilin Zhu Fengyi | Research on the Influence Factors of the Junior Middle School Students' After-school Tutoring—Evidence from CEPS /166

Sun Yifan Wang Lei | Item Recommendation Algorithm Based on Ising Model /186

Gao Minghui Yi Danhui Peng Jin Hu Jingqing Yang Yan | Application of Bivariate Functional Data Clustering Methods /199

Wang Xing Xiao Xiaoyue | International Statistics Awards and Their Impact for Higher Education of Chinese Statistics /210

一路辉煌一路歌——纪念中国人民大学统计学院（系、科）成立 65 周年

A Road of Glony Filled with Paean—Commemorating the 65th Anniversary of the School（Department）

中国人民大学统计学专业始建于 1950 年 9 月，两年后成立统计学系，是中华人民共和国成立后我国经济学科中最早设立的统计专业和系。1979 年，统计学专业招收我国经济类首批统计学硕士研究生，1981 年经国务院学位委员会批准为首批硕士学位和博士学位授予点，1987 年底培养出我国首批统计学专业博士。2000 年，教育部人文社会科学重点研究基地“应用统计科学研究中心”设立于本学科点。2001 年成为全国统计学重点学科。2003 年，中国人民大学统计学院成立。统计学科发展进入快轨道，在 2007 年教育部统计学科评估和 2012 年教育部统计学一级学科评估中均排名全国第一。2008 年，中国调查与数据中心成立。2015 年，中国人民大学统计与大数据研究院成立。

六十五载筚路蓝缕，六十五载风雨兼程，一代代统计人在统计学科的“沃土”上勤劳耕耘，无私奉献，为国家经济建设、社会进步和统计学事业发展做出了重要贡献。作为中华人民共和国统计人才培养重镇，65 年来，统计学院（系）共培养了 3097 名本科生，1699 名研究生，4687 名干部专修生和进修生（含研究生课程进修班学生），总计 9483 名毕业生。这些毕业生业已成长为各个时期国家经济和社会发展的直接参与者和重要建设者。作为经济社会统计的摇篮，应用统计的领军基地，65 年来，统计学院（系）面对经济社会建设的实际，致力于将数理统计方法和社会经济统计相结合，统计理论、方法与实践应用结合，从政府统计向经济、社会、金融、保险、管理等领域的数据分析不断拓展，积极推动整个社会的发展与进步。作为我国统计教育的开拓者和领头羊，65 年来，统计学院（系）在教学过程中形成的教学方案、课程教材和人才培养模式，都对财经院校的统计学教学和我国统计科学的发展产生了巨大影响，为我国的统计教育、科研和实践工作做出了积极的贡献。

站在历史的新起点，回顾统计学院（系）65 年的发展历程，总结办学经验和人才培养模式，以便更好地面向未来，迎接大数据时代和信息社会带给我们的挑战，推进统计学科朝世界一流学科继续大步迈进！

一、统计学系的建立与曲折经历（1950～1973 年）

1949 年中华人民共和国建立后，我国开始了大规模的经济建设。在经济建设

急需的人才中，统计人才的培养被首先列入日程。1950 年 9 月，在中国人民大学（以下简称“人大”）招收的第一批学生中，就有统计学专业本科生 23 人，一年制专修生 71 人，两年制研究生 13 人。当时，统计学专业设在经济学系内，其教学计划、培养方案及师资培训都是在苏联专家的帮助下建立的。在大规模经济建设的初期，国家急需各个专业领域的统计干部。为满足这一需要，统计学专业开设了统计学原理、工业统计学、农业统计学、贸易统计学等专业统计课程，学生们在短期内迅速掌握了统计工作的方法与技能，很快就成为了中华人民共和国统计工作部门的首批干部，为建立和发展政府统计工作做出了重要贡献。同时，为适应统计高等教育发展的需要，统计学专业还承担了培养财经院校师资的任务，为全国各地财经院校输送了首批统计专业师资。1952 年 6 月 23 日，中国人民大学与政务院财经委员会合作，决定创办统计学系。同年 9 月 1 日开学时，统计学系正式成立，系主任铁华，副主任雷烽（后改名为田达成）、祁鹿鸣，总支书记雷烽，副书记林懋美。当年我系招生人数超过 500 人，在本科生增设了文教统计班，专修科中增设了档案统计班。1955 年 8 月，统计学系与计划系合并为经济系，系主任马纪孔，副主任铁华和雷烽，总支书记雷烽。1956 年 5 月，统计学系与计划系又从经济系中分出，成立计划统计系，系主任马纪孔、副主任铁华、雷烽、李震中和祁鹿鸣，总支书记李震中，副书记靳淑英。1957 年 9 月，统计与计划又分别成立两个系，统计学系系主任铁华，副主任雷烽、祁鹿鸣、郑尧，总支书记铁华，副书记靳淑英。1960 年 6 月，两系又合并为计划统计系，直至 1973 年学校停办。其间，铁华、曾洪业和李震中先后担任系主任，郑尧、王经、祁鹿鸣、王丽媞和戈泊为副主任，曾洪业、祁鹿鸣和王经先后担任总支书记，王丽媞、郑健和戈泊为副书记。1950 年和 1951 年入校本科生学制为 3 年，1952 ~ 1960 年学制为 4 年，1961 年后学制延长为 5 年。

中国人民大学建校初期，实行“教学与实际相联系，苏联经验与中国情况相结合”的教育方针。统计学专业的师资培训工作是在苏联专家的帮助下进行的。统计学系先后聘请过三位苏联专家：H. 廖佐夫，在系工作 4 年（1950 ~ 1953 年），讲授统计学原理、贸易统计学、工业统计学三门课；扎卡留京，在系工作 3 年（1953 ~ 1955 年），讲授农业统计学；德米特里耶夫，在系工作 3 年（1953 ~ 1955 年），讲授经济统计学（见图 1 – 1）。

统计学系在其建设发展过程中，不仅经历了组织上的拆拆并并，而且在教学内容、学科建设、师资队伍培养上也经历了不少曲折。20 世纪 50 年代初，学习苏联经验，以专业统计为主培养干部，是符合当时经济建设需要的，其专业方向和课程设置都是正确的。随着社会主义经济建设的全面展开和深入发展，统计学专业教育也应该逐渐走向正轨并不断充实教学内容，完善教学手段，为经济建设培养高层次的统计人才。1954 年，苏联科学院、苏联中央统计局和苏联高等教育部联合举行了关于统计学问题的科学会议，会议认为统计是一门独立的社会科学。除了作为社会科学的统计学以外，还存在着物理统计学、力学统计学等科学知识部门，在这些知识部门中运用的数理统计学是数学的一部分，是英、美数理统计学派的统计学。受本次

早期和苏联专家

图1－1　统计学系教师和苏联专家合影

会议极“左”思想影响，应用数理统计方法被当作资产阶级的东西受到批判，抽样调查等科学方法受到排斥。随之而来的“反右斗争”“大跃进”“反右倾”“四清”以及“文化大革命”等一系列政治运动，搞乱了正常的教学秩序。在“反右”斗争中，赵承信教授、李景况教授、徐前同志等被错划为“右派”，许多同志也在历次政治运动中受到不公正的待遇。这些都在不同程度上束缚了人们的思想，阻碍了统计学科的建设与发展，影响了统计学系的前进。但是，在极端困难的环境下，统计学系的广大教师凭着对社会主义事业的忠诚和对党的教育事业的热爱，坚持统计教学与科研，勤奋工作，为国家培养了一批又一批的专业人才和业务骨干。从1950～1970年，共培养了1081名本科生，117名研究生，1604名专修生。国家统计局原局长张塞、原副局长邵宗明，博士生导师中厦门大学钱伯海教授、中科院系统所陈锡康研究员、李秉全研究员和全国一大批省市统计局局长、副局长都是统计学系或计划统计系20世纪50～60年代毕业生。

图1－2　中国人民大学计划统计系专业本科毕业生合影（1961年）

统计学界著名的老前辈李景汉、戴世光、陈余年和郑尧等教授都长期在这里工作，当时的一批青年骨干如徐前、唐垠、刘铮、邬沧萍、查瑞传、林富德、周复恭、林懋美和于涛等活跃于我国统计学的教学与科研第一线。在完成教学任务的同时，广大教师还发挥集体的智慧与力量，共同编著了我国第一批财经类统计学专业系列教材。20 世纪 50 年代初期，我校苏联专家 H. 廖佐夫著的《统计学原理》(1951)，是中国人民大学 1950 年命名组建后组织翻译的首批介绍苏联社会经济统计理论的大学教材之一，1953 年被高等教育部推荐为高等学校教材，对后期中国学者自编的统计学教材产生很大影响。受苏联统计科学会议召开和 1954 年苏联中央统计局组织 27 位统计专家集体编写的《统计理论》一书引入国内的影响，我国社会经济统计学学者和实际工作者编写了一批统计教材，并按照苏联“统计理论”的模式进行教学与科研。1956 年 3 月，统计出版社出版发行了计划统计系合编的《统计理论一般问题讲话》，这本书连同《统计学原理讲义》一书所构架的内容体系成为“文革”前财经类高等院校统计学专业统计学原理教材的基本模式。1962 年，统计学系编写的《统计学讲义》，是当时统计教材中国化的代表作，曾广泛地使用于高等财经院系的统计学专业。该书的内容设置明显受苏联《统计理论》一书的影响，这本教材直到 20 世纪 80 年代初期仍有使用（见图 1－3）。

图 1－3　第一批财经院校统计学专业系列教材

1966 年 5 月，全国开始了“文化大革命”，正常的教学活动停止。1969 年 10 月，当时的北京市革命委员会通知中国人民大学停办，全校教职工集体到江西省余江县“五・七干校”劳动。

1973 年 6 月，教工返校重新分配工作，计划统计系大部分教工被分配到北京经济学院。同年 10 月，北京市革命委员会决定撤销中国人民大学革命委员会，学校宣告解散。

二、统计学系在改革中发展前进（1978～2002年）

1978～2002年，是统计学系在中国人民大学复校后重生，率先构建、完善统计教育体系，开创国内精算教育先河，推动国内统计教育改革，建立国际联系，并在改革中蒸蒸日上的25年。

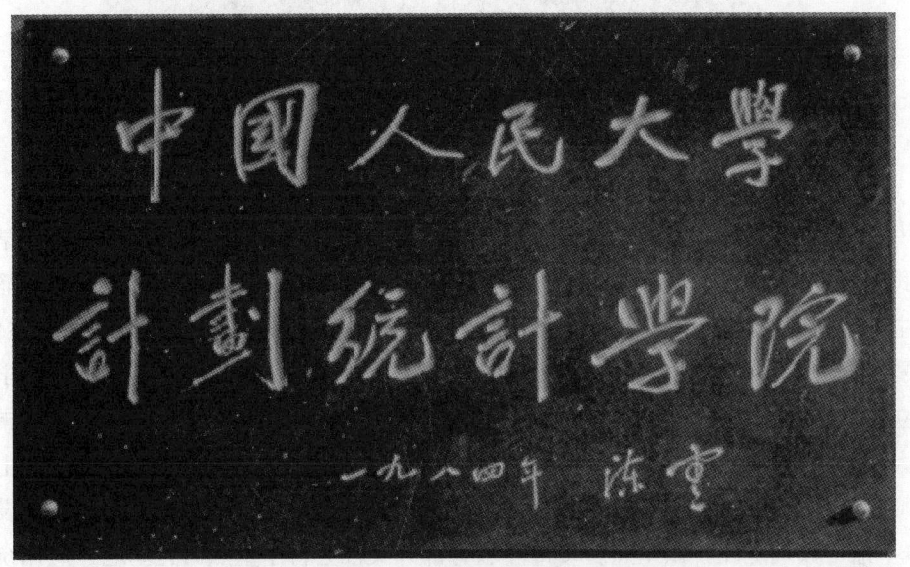

图2－1 1984年成立计划统计学院，陈云题字

1978年，中国人民大学在党中央的关怀下得到恢复，计划统计系（见图2－1）同时恢复，并于当年开始招收本科生和进修生。系主任李震中，副主任王经、郑尧、任瑞金、王文声和吴微，总支书记王经，副书记郑健、吴景山。1979年开始招收硕士研究生。1981年11月，戴世光教授成为全国首批博士生导师，我校统计学专业成为全国最早建立的博士点之一。1984年3月，学校建立了计划统计学院，院长李震中，副院长吴微、王文声和任瑞金，总支书记王经，副书记吴景山。1985年6月，计划统计学院下设统计学系与计划经济学系，韩嘉骏任计划统计学院副院长兼统计学系主任，任瑞金、邹伟东和袁卫先后任副主任，总支书记任瑞金，陈一兵、刘爱平和易丹辉先后任副书记。徐前教授和韩嘉骏教授分别在1986年和1990年被批准为博士生导师，使我系博士点力量得到加强。1987年底培养出我国首批统计学专业博士（见图2－2）。

图2-2　戴世光教授（右二）和我国第一批统计学博士（1981年）

1992年1月韩嘉骏教授因病不幸逝世，4月徐前教授又不幸去世，对统计学系及我国统计事业损失很大。韩嘉骏教授去世后，袁卫任系主任，赵彦云和易丹辉任副主任。1995年，易丹辉任系主任，赵彦云、金勇进、彭非和张波先后任副主任，刘爱平任总支书记，高敏雪、王晓军先后任总支副书记。1992年6月，统计学系设立“风险管理与精算学”专业方向。1993年倪加勋、袁卫教授被批准为中国人民大学第五批博士生导师，1994年顾岚教授获批第六批博士生导师，我系博士生导师的力量进一步加强，博士生培养工作更加规范化（见图2-3）。1998年设立“概率论与数理统计”硕士点。2000年教育部人文社会科学重点研究基地“应用统计科学研究中心”设立于本学科点（见图2-4）。2001年成为全国统计学重点学科。自1978年复校以来至2002年7月，统计学系共培养了927名本科生，295名研究生，1390名进修生和专修生，不少人已成为各部门、各单位统计工作的“骨干”。

图2-3　中国人民大学首届风险管理与精算学毕业典礼

图 2－4　2000 年成为教育部人文社科重点研究基地

（一）学科发展

早在改革开放之初，戴世光教授就提出了在经济类统计学专业中加强应用数理统计教学和科研的观点。改革开放以来，统计学系顺应时代发展，特别强调联系国民经济和管理的重大实际问题进行教学和科研，在全国高校中较早地致力于与国际统计学科发展方向接轨，从计划经济色彩浓厚转变为面向社会主义市场经济需要，致力于数理统计与社会经济统计的结合，统计理论、方法与实践应用结合，从政府统计逐步向经济、社会、金融、保险和管理等领域的数据分析拓展。文理结合、相互渗透、交融发展，形成了鲜明的学科特色。人大统计学科最早提出“大统计”概念，推动数理统计和经济统计的融合发展，推动统计学一级学科设立，在全国统计学科中率先引入风险管理与精算学教学研究。到 2002 年，统计学系形成了经济与环境研究、调查与数据分析、风险管理与精算、社会与人口统计、应用概率与数理统计这五个各具特色的研究方向，进一步优化、完善统计学系的学科体系。

（二）教学改革

统计学系适应形势发展和人才培养的需要，不断调整课程设置，优化教学内容，改进教学方式，率先同国际接轨，完善学科设置，开创国内精算教育先河。本科生教育阶段较早提出要加强经济学理论、数学、计算机应用和外语基础的教育，形成了通识“基础课＋学科基础课＋专业主干课＋方向课”的课程体系结构，为其他院校的统计学教学起到了示范作用。研究生教育则突出学生科研能力的提升，鼓励他们积极参加科研项目，撰写发表高水平论文，提升科研能力和解决实际问题的能力。进入21世纪，统计学系积极探索全新的办学模式，确立了以素质教育为本，形成了较为系统的从本科生到硕士生直至博士生的培养方案，在运用多媒体教学、案例教学、项目教学等方式方面取得了不少成果，先后获得高等教育国家级教学成果二等奖（见图2－5）、北京市教学成果一等奖等奖项。

图2－5　2001年获国家级优秀教学成果二等奖

（三）教材建设

要保证教学质量，必须有好的教材。这一时期，统计学系适应统计改革需要，狠抓教材建设，编写了一大批水平较高，影响深远的教材。1986年，博士生导师戴世光教授撰写了我国第一部世界经济统计教材《世界经济统计概论》，获国家高校优秀教材奖和北京市哲学社会科学优秀成果一等奖。《统计学》（袁卫等）获全国统计优秀教材一等奖，《经济统计学》（戴世光）获全国人文社会科学优秀成果奖，《宏观经济统计分析》（赵彦云）获全国人文社会科学优秀成果二等奖，1996年编著出版的《国民经济核算原理》最早实现了与联合国1993年国民经济账户体系（SNA体系）的国际接轨。除此之外，还有《居民消费统计学》《国民经济统计学》《农村社会经济统计学》《应用数理统计学》《保险精算学》《利息理论》《风险管理》和《抽样调查》等一大批在全国高校普遍使用，广受好评，并产生广泛影响的经典教材（见图2－6）。

图2－6　统计学院编著的系列优秀教材

（四）科学研究

在1978年复系后的十多年间，统计学系的教师们除了围绕新开课程进行研究外还积极参与国家的科研任务，先后参加了全国第二次工业普查、新国民经济核算体系研究等重大项目的研究，承担了中国科协系统全国第一次普查的报表设计、数据分析及撰写分析报告的任务。

1989～1997年这几年，统计学系共获得国家自然科学基金、国家社科基金和国外合作项目16项，省部级科研项目25项。其中，袁卫教授主持的国家自然科学基金“改进的亚对策理论及其应用软件”为空军指挥提供了教学辅助软件和企业管理软件，填补了国内该领域的空白；袁卫教授主持的霍英东教育基金项目“复杂抽样推断分析应用软件”为实施复杂抽样方法提供了可操作的工具，获全国统计科技进步二等奖。此外，统计学系教师还撰写著作21部，在国内外发表论文410篇，获得省部委科研、教学成果奖20项，其他成果奖25项。仅1991～1994年这四年，统计学系在国内经济统计类最高学术刊物《统计研究》上就发表论文35篇，列国内各高校之首，所获得的国家级科研项目也列全国同类专业之首。

1997年，国家社科基金开始将统计学作为独立的学科立项。1997～2001年，全国共计有12所普通高等学校被批准立项20项，其中我系承担4项，占1/5。2002年第5期《统计研究》杂志公布1996～2001年在《统计研究》发表论文前10位的高等院校发文共计206篇，其中我系发文计41篇，占总数的1/5，排名第一。在此期间，统计学系还主持承担国家级科研项目13项，省部级科研项目53项，国际合作项目16项，横向项目56项。出版著作、教材103部，发表论文352篇。获国家级教学成果奖1项，省部级奖励41项。

(五) 对外交流

1978～2002 年这 25 年，也是统计学系同国际接轨，走出去的 25 年。25 年间，统计系举办、参与上百场国际重要学术会议，与美国、加拿大、德国、日本等众多国家的知名高校开展合作交流（见图 2－7），与北美精算学会（SOA），美国寿险管理协会（LOMA）（见图 2－8）等学术协会建立联系机制，与美国大都会保险公司（MetLife），瑞士再保险公司（SwissRe），澳大利亚安保集团（AMP）等知名业界企业形成交流合作（见图 2－9）。

图 2－7　1998 年美国统计学家代表团来访

图 2－8　1997 年成为 LOMA 考试北京考点

图 2－9　1999 年 7 月，在人民大会堂举行安宝中心成立仪式

三、统计学院的建立与蓬勃发展（2003 年至今）

2003 年 7 月，中国人民大学决定在原统计学系的基础上组建成立统计学院。2004 年 5 月 8 日，中国人民大学统计学院成立大会成功举行，统计学院正式挂牌成立。金勇进任院长，王晓军任党委书记兼副院长，张波、高敏雪先后任副院长，宋大我任党委副书记。2009 年，赵彦云任院长，王晓军、张波、孟生旺和尹建鑫先后任副院长，王晓军、孟生旺先后任党委书记，宋大我、袁罡、赵彦云（兼）和郭栋先后任党委副书记。现任院长赵彦云，党委书记兼副院长孟生旺，副院长王晓军、张波和尹建鑫，党委副书记郭栋。

2004 年 3 月，设立风险管理与精算硕士点和博士点。2006 年 3 月，设立流行病与卫生统计学硕士点。2007 年，在教育部统计学科评估中排名全国第一。2010 年，国务院学位办、教育部成立“全国应用统计专业学位研究生教育指导委员会”，秘书处挂靠中国人民大学统计学院。2010 年 9 月，批准成为应用统计专业学位研究生培养单位。2012 年，在教育部全国一级学科评估中排名第一。2017 年 3 月，设立“数据科学与大数据技术”本科专业。

自 2003 年建院以来，共培养不同层次人才 4069 名，其中本科生 1089 名，硕士研究生 1007 名，博士研究生 280 名，研究生课程进修班学生 1693 名，为金融业、信息领域和政府部门等输送大量优秀人才。学院坚持与时俱进的理念，全体教师秉承求真务实的传统，开拓进取，团结奋进，为高质量的人才培养和高水平的科学研究做出贡献。

（一）学科门类配置齐全

统计学院形成文理交融、双翼齐飞的学科布局优势。目前，学院拥有统计学一级学科博士点和博士后流动站，经济统计学和风险管理与精算学两个二级学科博士点，预防医学与公共卫生一级学科硕士授权点，统计学、概率论与数理统计、风险管理与精算学、流行病与卫生统计学四个学术型硕士点，应用统计学专业学位硕士点，统计学、经济统计学、应用统计学（风险管理与精算）、数据科学与大数据技术四个本科专业，是全国拥有理学、经济学、医学三大门类统计学专业最齐全的统计学院。

统计学院共有以下四个教研室。

1. 概率论与数理统计教研室

概率论与数理统计教研室，前身分别为统计研究室和概率论与数理统计教研系，最早成立于1952年，现已发展成为国内基础扎实、实力雄厚的集概率统计、抽样理论、数据分析类教学科研和人才培养的专业基地。通过长期探索与反复实践，已逐步形成独特的学术风格和办学特色，本教研室以概率理论方法、抽样理论和数理统计这三个具有传统优势和创新能力的方向为主要研究领域，科研成果显著。为适应新时期学科建设的需要，研究方向不断向国际前沿领域拓展，与国际多所知名院校形成合作研究，主要的方向包括随机分析、高频数据、高维数据模型、数理统计管理、复杂抽样理论及应用、非抽样误差分析、空间统计学等。在社会服务方面，本教研室已建立包括国家部委和各级城乡机构的长期学术研究项目，并与包括金融、管理、教育、经济、生物、医学等多领域展开合作，积极发挥着国家数据分析咨询智库的作用。

2. 经济与社会统计教研室

中国人民大学统计学院的传统优势在于应用统计学的教学和科研，并由于在应用统计学方向取得突出成就被评为统计学全国重点学科。在所有应用领域中，经济社会领域无疑是统计应用的最为重要的领域之一，经济统计学也是统计学院自50年代建系以来实力最强的方向，在国内同专业方向中一直处于领先地位，从本科到博士都有授权。近年来，在各位教师的共同努力下，经济与社会统计研究的领域不断拓宽，研究方法不断深化。本教研室在国民经济核算研究、宏观经济统计研究、国际竞争力研究、环境经济核算研究、经济计量研究、市场调查方法研究以及数据挖掘等领域均发展起强大的研究实力，处于国内领先地位。

3. 风险管理与精算教研室

1992年，中国人民大学开始培养风险管理与保险精算学硕士。从1993年开始在统计学院（原统计学系）招收风险管理与保险精算学方向的本科生。2003年，获得教育部批准的风险管理与保险精算硕士和博士学位授予资格。风险管理与精算教研室和学院下设的风险管理与保险精算中心，共同支持教师和学生进行有关保险、金融、风险管理、退休金和社会保障等方面的科学研究工作。在未来，研究重点将放在风险管理、寿险精算、非寿险精算、养老金与社保精算等领域。

4. 医学与生物统计教研室

中国人民大学流行病与卫生统计学专业（医学硕士）于2007年开始招生。2009年4月成立医学与生物统计教研室，致力于统计方法在公共卫生和生物医学领域的教学与科研。本教研室开设的课程有《社会医学统计》《生物统计》《流行病学研究方法》《临床试验设计》《纵向数据模型》《生存分析》《多水平模型》和《统计推断》等。主要科研方向有生物医学统计、临床试验设计、流行病学、公共卫生统计、中医临床疗效研究、卫生经济学、医学数据挖掘方法等。

（二）教学改革不断深入

统计学院建院以来，人才培养模式处于相对成熟和稳定的状态。本科教学环节，学院积极配合学校的规划，推进精实课程、研究型课程、实践型课程建设，受到学生的普遍欢迎。目前，学院共有四个本科专业：统计学专业（数理统计）、经济统计学专业、应用统计学专业（保险精算与风险管理）和数据科学与大数据技术专业。学院采取“三年一大调、一年一小调”的做法，对本科生培养方案进行调整，以更好适应人才培养需要。2015年，学院对统计学专业（数理统计）的培养方案做了较大调整，数学基础课——《数学分析》与《高等代数》分别调整为与理科实验班的数学专业一起上课，学分增加共计7学分；同时增加计算机的训练，将原来的文科计算机《计算机基础》调整为《程序设计》，将《数据库原理》调整为《数据库系统概论》，增加学分4学分，强化数学基础和计算机训练。2017年学院新增“数据科学与大数据技术”本科专业，培养方案都是按照新的数据科学的方向，融合数学、统计与计算机的思想与技术来设计课程和培养过程。

研究生教学注重对学生理论功底和科研能力的培养，学院设置了部分学科前沿类课程和方法类选修课程，帮助具有不同学科背景的同学尽快掌握统计学理论和方法。大量增设的选修课，给学生以更大的选择余地，拓宽学生的知识面和统计技术的运用范畴，使学生不局限于理论，在与其他学科接触中，把统计技术运用于实际，适应现今社会各门学科相互渗透的客观趋势。学院还积极推动研究生教学改革，全方位引进国际一流统计学博士研究生培养方案、培养体制和机制，大胆探索和创新教学实践，迅速提升本学科教师的教学和人才培养能力。自2016年起从本科生中招收理学学位直博生。此外学院还于2014年联合北京大学、中国科学院大学、中央财经大学和首都经济贸易大学五所高校与政府部门和产业界，发挥各自在大数据分析领域的特色和优势，组建大数据分析硕士培养协同创新平台，联合培养大数据分析应用型人才（见图3－1）。

图 3－1　五校联合大数据分析硕士培养协同创新平台启动仪式

（三）科研实力整体提升

在科研工作中，学院通过协同创新机制，促进学术团队建设水平的整体提升，为科研营造一个宽松的学术环境、宽容的创新空间，形成有利于科研工作健康发展的良好环境。

近十年来，统计学院共立项目 490 项，其中包括国家自然科学基金重点项目 1 项，国家社科基金重大项目 4 项，教育部重大攻关项目 2 项，国家自然科学基金重点项目课题：中国调查数据库建设，国家社科基金重点项目：大数据时代统计学理论的重构与创新研究，国家社会科学基金重大项目：巨灾保险的精算统计模型及其应用研究、我国养老保障体系应对人口老龄化挑战的对策研究、经济社会公共数据的空间统计样本数据开发及应用研究、CPI 理论重建及编制方案改进的研究，教育部重大攻关项目：基于大数据的经济形势监测理论与方法研究、哲学社会科学“走出去”战略研究。

近十年来，我院教师发表论文 994 篇。其中，SCI 和 SSCI 发文超过 200 篇，其中在国际顶级刊物发表超过 10 篇。据统计 1984～2013 年，我校在国内顶级统计期刊《统计研究》的发文量达 254 篇，在全国高校中名列第一。袁卫担任 *Journal of Data Science* 的管理编辑，张波担任 *Journal of Data Science*，*Communications in Statistics—Theory and Methods*（SCI），*Communications in Statistics—Simulation and Computation*（SCI）的编委，赵彦云担任 *The IEB International Journal of Finance* 的编委会成员，胡飞芳 2009 年当选为美国统计协会和国际数理统计协会 Fellow 并获邀担任美国统计协会杂志（*Journal of American Statistical Association*）和统计年鉴（*Annals of Statistics*）等顶尖统计杂志的副主编。另外统计学院拥有国际性英文刊物 *Journal of Data Science*、人民大学报刊复印资料《统计与精算》、中国人民大学《统计学评论》，通过这三种统计学专业期刊为国内外提供高水平的统计学科交流平台。

近十年来，统计学院教师共编著各类教材著作160部，其中“十二五”国家级规划教材7部。《统计学基础》《统计学——思想、方法与应用》《多元统计分析》《非参数统计》《数据分析与EViews应用》《抽样技术》《应用回归分析》《统计分析与SPSS的应用》和《统计学》等经典教材，为相关高校的统计学专业建设提供重要支持，推动了全国统计学专业建设水平的共同提高。其中《应用回归分析》《统计分析与SPSS的应用》和《统计学》等被国内百余所综合性大学与财经类高校作为专业教材使用。2006年，中国人民大学出版社出版了由C. 贝利斯、J. 谢泼德和R. 赖恩（Clare Bellis，John Shepherd & Richard Lyon）编著的《精算管理控制系统》中文版，该书由王晓军教授等翻译，并在中国精算师年会上做了专项发布，对中国精算教育引入精算管理产生了重要影响。2007年，中国人民大学出版社出版了《21世纪保险精算系列教材》，其中包括《金融数学》《风险理论》《寿险精算学》《非寿险精算学》和《保险精算中常用的统计模型》，被国内开设精算专业的绝大多数院校使用。2016年推出了五校大数据分析方向研究生系列丛书7本（中国人民大学出版社），在引领统计学科方向发展上做出了杰出的贡献（见图3-2）。

图3-2　近年来统计学院教师部分编著教材著作照片

近十年来，统计学院教师获得68项省部级教学科研奖，其中一等奖6项。2006年第八届全国统计科研优秀成果奖中，赵彦云《国际竞争力统计模型及其应用研究》获专著类一等奖，2006年北京市第九届哲学社会科学奖中，金勇进《北京市居民满意度评估系统研究》和赵彦云《中国制造产业竞争力评价和分析》均获得优秀成果一等奖，2010 年第十届全国统计科研优秀成果奖中，田茂再《复杂数据统计推断理论、方法及应用》获课题论文类一等奖，金勇进《缺失数据的统计处理》获专著类一等奖，2013 年，袁卫、王晓军、孟生旺、黄向阳、王燕的《精算统计复合型教学体系的建设与实践》获北京市高等教育教学成果一等奖。

目前学院共设有 13 个研究中心，分别是应用统计科学研究中心、风险管理与精算中心、调查技术研究所、竞争力与评价研究中心、六西格玛质量管理研究中心、国民经济核算研究所、概率论与数理统计研究所、统计咨询研究中心、数据挖掘中心、政府统计研究院、地理空间信息研究中心、生物医学统计研究中心、首都大学生舆情调查中心。其中，中国人民大学应用统计科学研究中心是教育部所属 100 所人文社会科学重点研究基地之一。研究中心积极培育中青年学术骨干，逐渐发展并形成了经济与社会统计、统计调查与数据分析、风险管理与精算、生物卫生统计四个各具特色的研究方向。研究中心拥有国内一流的专兼职研究人员 31 人，承担多项国家及教育部项目，取得了丰硕的研究成果。

（四）学术交流日益活跃

为建设国内一流、国际知名的统计学院，学院采取“送出去，请进来”的政策，始终坚持外事交流服务于学科建设，不断加强国际间的交流与合作，与境外的大学、科研机构、精算组织、保险公司等建立了良好的交流与合作关系，提升对外合作水平，扩大国际交流领域。

2004 ~ 2016 年，学院主办国际学术会议达 27 次，国内学术会议 57 次，为统计思想在学者间的交流碰撞以及在校园内的推广传播创造良好氛围。期间，学院邀请许多外籍学者到我院进行短期讲学、学术合作或参加我院举办的国际会议达 336 人次，组织教师队伍及优秀学生代表到美国、英国、南非、日本、德国、澳大利亚及中国香港等地考察参观和学术交流达 275 人次。学院在国际交流、合作办学、国际会议、人员交往等方面稳步有序地开展了富有成效的工作，为师生营造了良好的外部环境。我院的多位教授是国际统计学会、美国统计协会和国际数理统计协会当选会士，是《美国统计协会杂志》（*Journal of American Statistical Association*）和《统计年鉴》（*Annals of Statistics*）等统计学国际顶级期刊和出版物的副主编或编委。本学科也聘请了众多海外著名统计学专家任兼职教授、客座教授，与美国、英国、加拿大等数十个国家的一流大学保持合作交流，完成与联合国计划开发署、联合国工发组织、亚洲开发银行、欧盟等国际组织和机构的国际合作项目。目前已建成四大国际交流平台：中国人民大学国际统计论坛、经济统计国际论坛、中国风险管理与精算论坛、中国生物统计国际论坛，对全面提升统计学科的国际影响发挥了极大的推动作用。此外，统计学院还主办过临床评价方法与应用国际研讨会、生物医学统计方法与应用研讨会、中国 R 语言会议等，促进了学界与业界、理论与实务的有机结合（见图3－3、图3－4）。

图3－3　2010年国际统计论坛特邀陈昌智副委员长（左六）与9位美国科学院院士

图3－4　中国生物统计国际论坛

（五）教师梯队整体优化

近年来，学院通过实施“海外人才引进计划”和“博士后培养计划”形成一支年龄结构、学历结构和学缘结构合理的教师队伍，一支实力雄厚、富有创新能力和协作精神的学科梯队。目前学院共有职工 48 人，其中教师 35 人，教辅人员 13 人。教师中，教授 14 人，副教授 15 人，讲师 6 人，教育部跨世纪人才 2 人，教育部新世纪优秀人才 6 人，人事部新世纪百千万人才工程国家级人选 1 人，北京市新世纪社科理论人才百人工程人才 1 人，北京市科技新星 1 人。另外，聘有国内外兼职教授 6 名。教师队伍平均年龄为 47 岁，老中青比例为 10∶19∶6。统计学院 82% 的教师均获得了博士学位。

袁卫教授曾任第四届国务院学位委员会委员，第五届、第六届两届国务院学位委员会应用经济学科评议组召集人，现为第七届国务院学位委员会统计学科评议组召集人。我院教师还担任教育部社会科学委员会学部委员、教育部高校统计学教育指导委员会副主任委员、国务院学位办全国统计专业硕士教育指导委员会常务副主任、秘书长等工作，为我国开展统计学科建设、学科规范等工作积极建言献策。赵彦云教授是亚太经济论坛 APEF 2004 年和 2010 年的执行主席和常务理事，多名教师在中国统计学会、中国统计教育学会、中国国民经济核算研究会、中国投入产出学会、中国商业统计学会和全国工业统计教学研究学会等 6 个学术型学会中担任会长、副会长，积极承担起统计领域学术型社会组织的建设职责。我院参与国务院设置的全国专家委员会和各部委专家委员会的人数达数十人次，如国家统计局统计咨询委员会委员、人力资源和社会保障部专家咨询委员会专家委员、国务院反垄断委员会专家组专家、国家税务总局特邀监察员等，积极发挥专家咨询服务的智库作用。

（六）社会服务贡献力量

中国人民大学统计学科的蓬勃发展离不开国家、社会各界的大力支持，统计学院积极履行社会责任，依托自身的科研优势和资源优势服务社会、回馈社会，为促进学科发展、推进统计人才培养、政府统计工作科学化、普及统计知识贡献力量。

1. 引领学科发展

我院最早提出建立宽口径统计学科，“大统计”概念，为统计学一级学科设立积极组织专家论证会议，主持完成国务院学位办的统计学一级学科论证报告、一级学科设置和二级学科设置说明文件，为统计学科建设做出了重要贡献。我院在全国统计学科中率先引入了风险管理与精算学教学研究，率先开展了生物医学统计的教学，率先开展了大数据和数据科学的探索与研究，从而引领统计学科向多元化发展，不断完善学科定位。2008 年，我院向国务院学位委员会提出增设应用统计专业硕士学位的建议，承担基础论证工作，以及各种文件和秘书处工作，为统计专业研究生培养做出重大贡献。我院现为全国统计重点学科单位，教育部人文社会科学重点研究基地“应用统计科学研究中心”和国务院学位办“应用统计专业硕士全国教学指导委员会”秘书处单位。

2. 人才培养重镇

作为全国统计学学科教育、教学和教材的范例，我院培养和指导了绝大多数财经院校的统计学教学体系和教学领军人才；作为政府统计教育的基地，我院培养了大批中央和地方政府统计系统的骨干人才，在各个时期均是全国政府统计实务部门和应用统计师资培训的重镇和最高学府。据不完全统计，目前国家统计局10%以上的工作人员毕业于中国人民大学，正司长级干部50%以上毕业于中国人民大学；中国人民银行调查统计司是中央国家机关仅有的2个单设统计司的机构之一，其60%的工作人员毕业于中国人民大学。统计学院自1980年以来为国家统计局输送毕业生人数在全国高校中排第一；2012年以来为国家统计局系统1282名领导干部和骨干进行培训，为我国统计系统培养了大批骨干；每年为中央和国家机关司局级干部研修班、教育部司局级及骨干领导研修班，专题讲授大数据分析等专题内容。

3. 政府统计高端智库

统计学院与国家统计局共同组建“政府统计研究院”，参与解决国家发展的重要统计问题研究，推动政府统计工作科学化，牵头完成财政部政府统计调查预算制度规范文件的研究工作，在《中国统计》和《数据》等杂志陆续开设“宏观算大账”“中国统计年鉴解读”“政府统计国际规范”“数据解码”“六西格玛应用”“国民时间调查与应用”和“竞争力”等专栏，传播新的统计知识和理念。人大统计学科与政府部门及企事业单位密切合作，研究解决经济社会发展中的实际问题，多项成果获中央政府的重视和批示，如《中国发展指数（2006～2016）》系列成果推动了对我国发展问题的全面科学度考量，获得国务院总理批示。我院与国家统计局密切合作，推动中国核算体制从MPS转向SNA，推动中国政府统计转型。

4. 普及统计知识，提高公众统计素养

2008年以来，统计学院借助于国家图书馆“统计知识大讲堂”做了8场统计应用知识普及讲座。2010年第一个世界统计日，袁卫教授作为全球数据用户代表发言，得到联合国统计局的肯定和称赞。2009年统计学院编辑出版了《数字中国》，以通俗鲜活的统计数据向读者展示中华人民共和国成立60年的成就和现状，其中有两篇被选入2010年高考试题。2015年第二个世界统计日，人民大学与国家统计局在人大校园举办“中国统计日”专题统计知识普及和大学生专场报告会，赵彦云教授代表全国高校在联合国第二个世界统计日大会上发言，向全世界展示中国高校统计学科的贡献和未来发展的互联网大数据统计理论学说。

四、建设世界一流的统计学科

2011年，根据国务院学位委员会公布的《学位授予和人才培养学科目录（2011）》，统计学上升为一级学科，涵盖数理统计学、社会经济统计学、生物卫生统计学、金融统计、风险管理与精算学和应用统计五个学科方向。随着数据科学的兴起以及统计学在其中发挥的不可替代的作用，统计学一级学科还涵盖数据科学与大数据技术（理学）专业方向。

作为中华人民共和国最早设立的统计学学科，中国人民大学统计学学科建设经过六十多年的努力，已形成我国最完整的统计学学科布局，其整体水平处于国内领先地位。在未来的发展中，本学科将以“贡献新知、传承文化、培养卓越人才，立足中国、影响世界”为使命，以北美排名第40名或以内的统计学科为建设标杆，以“正直诚实、敬业尽责、尊重宽容”为核心价值，通过实施三阶段战略规划，实现近期筑基础、中远期跻身世界一流行列的战略目标。

（一）近期目标（2020年）

近期目标为巩固经济学学位专业方向亚洲领先地位、理学专业方向追赶亚洲一流。

在巩固整体水平国内领先地位的同时，本学科将通过机制体制创新、培育和引进相结合以及国际交流与合作等措施，大幅提升本学科师资队伍和人才培养水平，初步形成冲击亚洲一流水平的基础和能力。

在师资队伍建设方面，本学科一方面通过国际合作交流，依托“社会经济大数据创新引智基地”，培育和提升现有师资的科学研究、教学和人才培养能力；另一方面规模性引进海外高水平、高层次人才，改善师资队伍的国际化结构。至2020年底，力争学术领军人才（百千万工程、长江学者、杰青、拔尖人才、千人计划人才等）从现有的4名增至6名，青年骨干人才（青年长江、优青、青年千人计划，青年拔尖人才）从现有的1名增至3名，“长聘制”（Tenure - track 制度）教师达到15名，为下一阶段的建设打下坚实的师资基础。

在科学研究方面，经济学学位专业方向继续开展国家经济建设急需的应用研究，巩固其亚洲领先地位；理学学位专业方向，通过广泛的国际合作，国际前沿原创性研究以及与其他学科的交叉研究，到2020年底，力争其研究水平处于国内领先地位，为冲击国际一流打下坚实的科研基础。

在学科建设方面，适应大数据发展的总体趋势，在当前较为完整的学科布局基础上，继续推动统计学、计算机科学与信息科学的交叉发展，力争在2020年底形成数据科学的学科雏形。

在人才培养方面，除重视理论与应用培养外，特别强调交叉人才的培养。本学科将冲破现有院系壁垒，与计算机科学和数学学科联合培养“数据科学与大数据技术”本科生，打破校际体制障碍，推进五校联合培养大数据分析硕士生，创新国际合作模式，通过与美国德克萨斯A&M大学（北美排名第15名统计学科）和比利时布鲁塞尔自由大学的战略合作框架，全方位引进国际一流统计学博士研究生培养方案、培养体制和机制，大胆探索和创新教学实践，以“中外双博导指导博士研究生”“中外双教师授课”和“中外双博士学位”等合作模式，迅速提升本学科的教学和人才培养能力，大幅度缩小本学科博士研究生培养与国际一流水平的差距。到2020年底，形成本、硕、博完整的国际接轨的交叉人才培养体系。

在制度建设方面，探索互联平台及共享机制等教学科研新模式，在保持现有师资队伍和研究力量稳定的同时，尝试引进国际先进的管理机制和体制，建立从现有人事制度到长聘制度之间的桥梁。

在国际学术交流方面，除开展常规学术交流外，本学科将利用“社会经济大数据创新引智基地”和“生物医学特色创新平台”，力争引进60人次国外先进智力，迅速提升本学科的教学和科研能力。

在社会服务方面，继续保持在与政府统计合作研究的引领地位，与国家统计局共同建设政府统计研究院，与国家发展和改革委员会、财政部、人力资源与社会保障部、商务部、科技部、环境保护部、文化部、国家海关总署、国家旅游局等部委机构继续保持密切合作，继续保持在金融与保险、生物医学统计等领域的国内合作，密切与金融机构总部的合作关系，继续推进国际生物统计学会中国分会秘书处工作。

（二）中期目标（2030年）

中期目标为保持国内顶级水平，部分学科方向冲刺世界一流水平。

在第一阶段建设的基础上，本学科通过进一步国际化提升措施，将学科整体水平提升至亚洲一流水平，部分研究方向进入世界一流行列。

在师资队伍建设方面，继续师资国际化水平提升建设，到2030年底，力争学术领军人才增至10名，青年骨干人才增至6名，全日制“长聘制”教师达到25名。

在科学研究方面，授经济学学位的研究方向继续保持国内顶级地位。授理学学位的研究方向，力争科研水平达到或接近北美学科排名前40名的水平。

在学科建设方面，除拥有完整的统计学学科布局外，拥有完整的数据科学学科布局。

在人才培养方面，统计学学科和数据科学学科分别拥有完整的本、硕、博国际接轨培养体系，其中本科生培养处于世界一流水平，硕士生和博士生培养能够冲刺世界一流水平，达到北美排名前40名的水平。

在社会服务方面，继续保持在政府统计、经济和金融统计、生物医学统计方面的国内引领地位，建设基于互联网统计和大数据应用的协同创新平台，建立支撑社会经济发展的国家级统计协同创新平台和产学研基地，促进科研成果的转化与实践应用。

（三）远期目标（2050年）

远期目标为跻身世界一流水平行列。

在第二阶段建设的基础上，本学科通过学科内部优化和提升措施，将本学科整体水平提升至世界一流水平，部分领域达到北美排名前20名的水平。

在师资建设方面，力争学术领军人才增至15名，青年骨干人才增至12名，本学科新入职教师全部采用“长聘制”。

在科学研究方面，经济学学位专业方向继续保持亚洲领先地位，理学学位专业方向跻身世界一流行列，部分领域达到或接近北美排名前20名的水平，形成一批具有国际影响力的研究品牌。

在学科建设方面，统计学学科和数据科学学科，形成既相互独立又交叉发展的局面。

在人才培养方面，本学科将成为世界一流统计学和数据科学人才培养的重镇，形成与世界一流高校联合培养人才的双向选拔机制，建设人才交流的长效机制。

在社会服务方面，建成具有世界影响的国家统计智库。

回顾中国人民大学统计学科的历史沿革，是一部创业史，更是一部发展史和成长史。一代又一代统计人艰苦奋斗、刻苦钻研，为统计学科在中国的研究、传播、发展做出了巨大贡献，形成了具有鲜明特色和突出优势的人大经验。2017年，中国人民大学统计学科已经走过了65年的发展历程。在中国人民大学迎来80周年校庆之际，我们对学科发展史进行梳理总结，以感念先行者，启迪后来人！

我了解的统计系

倪加勋[①]

The Memory of the School of Statistics

Ni Jiaxun

2017年是中国人民大学（以下简称“人大”）统计系成立65周年，作为统计系的一个老教员，谈一下我系发展的历程。我是1956年以调干的身份考入中国人民大学计划统计系，1960年毕业后留校，从入学算起，迄今已有61年了，期间因“文革”中人大停办，我也离开人大6年，扣除这6年，在人大也有50多年，超过了半个世纪。事实上系里还有一些老师比我在人大的时间更长，但由于身体的原因，不能来参加。关于统计系的历史，这次发的材料里已经有了，我只是从个人的角度，谈谈对系里过去情况的了解。

一、统计系的师资力量

要办好一个学校或一个系，好的领导和强的师资力量是很重要的，我认为人大统计系建系的初期，师资的力量是比较强的。当时的老师来自三个方面。

第一部分是建系时的一批老干部和自己培养的一批骨干教师。系主任铁华是来自延安的“三八式”老干部，建校初期各系的领导如经济系的宋涛，哲学系的张腾宵等都是“三八式”干部，我系的王丽媞也是从小参加革命，听她说在自然科学院学习曾和李鹏和叶选平等都是同学，2017年最近刚去世，2017年春节还看到中央电视台播放采访她的视频，当问她有什么困难时，她还说，现在离休不工作了，国家还给她这么多钱，用不了，想捐给居委会，没有名目，居委会也不能收，是一位值得尊敬的老同志，系里还有一些领导是地下党的同志，如郑尧、祁鹿鸣和雷烽等。骨干教员大部分是一批比较年轻的知识分子在解放前，到解放区参加革命，由华北大学转来，直接听苏联专家讲课，然后再教给学生。如有戈泊、唐垠、于涛、刘铮、江昭、崔世爽、刘新等，为了满足当时师资的需要，人大办了研究班，培养一批统计教员分到全国各高校，也有部分留在本校，如尹德光、袁寿庄等。

第二部分是院系调整，从别的学校转过来的，如李景汉，解放前就很有名的社

---

① **倪加勋**，中国人民大学统计学院1997年退休教师，曾任中国人民大学统计系教授、博士生导师，兼任全国统计教材编审委员会委员、中国统计科学技术进步奖评审委员会委员。他致力于数理统计学在社会经济中应用的教学与研究。

会学家，早在20世纪20年代就在定县进行调查，比费孝通还早。但是由于当时学习苏联，没有得到重用，后来1957年又被划成右派。倒是复校以后，学校建立社会学系，称他是他们系的先驱者。代世光，20世纪30年代从美国回来，在西南联大任教，在国外学习统计，尤其擅长国情普查，但解放后也只能转学苏联统计，改教经济统计。杨学通，是从南开大学转来，听说原来在搞南开指数（即生活费指数）比较有名，但解放后也未重用，还有年轻一些解放前大学转来的有林富德、徐云芳（清华大学）、周复恭（北京大学）、林茂美（燕京大学）等，虽然他们学过旧统计，也只能重新学习苏联的统计。第三部分是从国外留学回来。有邬沧萍，他在国外学MBA，国内也用不上，回来后参加了商业统计的教学工作，陈余年，他在国外学习数理统计，他的爱人原来在联合国做译员，放弃了优厚的待遇，跟他一起回国在我校外语教研室工作。由于数理统计当时在国内受到批判，所以，也没有很好发挥作用，但他带回了国外比较好的学习气氛，在他家组织了一个数学沙龙，讨论数学在社会经济中的应用，记得参加的人有数学教研室的萨师暄、统计系江昭、查瑞传、倪加勋，计划方面有周叔俊、余广华等。他后来也培养了几个研究生，如国家统计局的邵宗明，中国社会科学院的贺菊煌。说明人大统计系师资力量强的另一个侧面是在人大复校以后，统计教师大量输出，并做出了成绩，如刘铮、查瑞传、邬沧萍、杨学通和林富德等人是人口所得创始人和骨干，陈余年、江昭和萨师暄一起是我校信息系的创始人。另外，还有比较年轻的邱维纲和汪有云等去了政府部门当司长。

二、统计系机构的变迁

统计系与计划系的分分合合有多次，具体也记不清了，统计系的内部的教研室则由细到粗。苏联的统计分得较细，记得分工如下：工业统计（有刘铮、戈泊、王文声、刘友津、刘树声等人）、农业统计（有马宝贵、尹德光、张敏如、施兆福等人）、商业统计（有刘新、崔世爽、杨锡芝、韩家骏、邬沧萍等人）、统计学原理（有铁华、郑尧、江昭、林茂美、林富德、周复恭等人）、经济统计（有于涛、袁寿庄、代世光、贾侃等人），后来工业统计、农业统计和商业统计合并成部门统计教研室；统计学原理和经济统计合并成统计理论教研室，当时强调调查研究，有一个调查研究室，有唐垠、于祖尧、赵国虎、叶善蓬和李景汉等人组成。复校以后由原来的教员中新组建了一个统计研究室，主要是与世界接轨，开设了世界经济统计，数理统计在社会中的应用和世界统计学史。

三、过去人大统计系在全国统计专业中起了重要的作用

（1）一开始是学习苏联，人大好比是“工作母机”，人大培养的人才分布全国

各高等院校，人大的教材也在全国使用，由于人大的特殊位置，与国家统计局联系比较紧密，如国家统计局的全国统计会议，高校中只有人大参加。人大的一举一动受到其他院校的关注，人大的学生大部分配到统计系统，并且成为领导，很多省市的统计局长是人大的毕业生。

（2）十一届三中全会后，实行改革开放，我校的代世光老师首先提出了统计学只有一门数理统计学，他认为科学应该是没有国界的，苏联的统计学实际是统计工作的实务，由此引发了全国一门统计学还是二门统计学的大讨论。推动了统计学与国际接轨。以后袁卫同志又提出大统计的概念，使统计学成为一级学科。

（3）我校的统计教学改革中，较早地实现与国际接轨，复校以后成立了统计研究室，在各高校中最早开设了世界经济统计和数理统计在社会中应用的课程。以后又陆续开设了抽样调查，应用回归分析，时间序列和多元统计等课程。走在各高校的前列。

四、中国人民大学统计学的发展过程中并不是一帆风顺的，也走了一些弯路

我国当时在“左”的思想指导下。对统计的发展也走过一段“弯路”。如1958年的教学改革中，记得当时苏联对统计学的定义是“在质和量的密切联系中研究社会现象的数量方面”，本来苏联把统计学说成是有阶级性和党性的说法是比较“左”的，但我们还嫌不够，当时最热门的讨论是统计学的对象，有人进一步强调统计学的阶级性和党性，认为统计学的对象是研究社会经济规律的，才能体现其党性，这一派称作规律派；有人提出研究规律不能与哲学和经济学这些研究规律的学科区分，因此，他们提出了统计学是研究规律的具体表现的，因此，这派就称作规律的具体表现派；当时代世光老师主张统计学是研究方法的，因此是方法派，由于方法是没有阶级性的，这样的提法在当时是有一定风险的。当时要求不同的三派写出具体的样本章节来，记得当时为了强调统计学的阶级性和党性，党提出什么口号，就有什么样的统计，如当时提出了人民公社的穷队要赶富队，就有一节是穷队赶富队的调查统计，统计学的最后一章是“敌人一天一天烂下去，我们一天一天好起来”的调查统计，记得当时还把它打成油印稿，不知是否还有留存，今天看来可以作为笑谈。我谈这段经历是想告诉年轻的同志，我国的统计学发展到今天也不是一帆风顺的而是经过一个曲折的过程的。

我国政府统计发展刍议

赵彦云①

摘　要：论文讨论了政府统计总需求、政府部门统计生产发展滞后、信息化与统计生产系统的脱节、社会环境基础不适应现代政府统计发展等问题，研究了我国政府统计生产力，针对加强政府统计生产力系统中的创新能力建设提出了意见。

关键词：政府统计　信息化　社会环境基础　政府统计生产力

A Tentative Discussion on the Development of Chinese Government Statistics

Zhao Yanyun

Abstract: This paper discusses research on the problem about the total demand of government statistics, statistical information production lags behind the development of government statistics production system, the gap of the modern social environment based on government statistics development, study of the Chinese government to strengthen the government statistical productivity, as well as put forward opinions about the government statistics in the system innovation construction.

Key words: government statistics, information, social environment foundation, government statistical productivity

所有关于我国政府统计改革与发展的研究报告，包括世界银行课题组关于“中国统计体系改革发展战略研究报告”，都是基于两个要点开展研究的，一个是政府统计的总需求，另一个是现实政府统计工作所反映出的问题。世界银行所认识的政府统计数据总需求，他们非常突出地强调了国际规范和标准，以及发达国家和他们向发展中国所提出的研究建议过程中的经验。但是，中国的特殊性和发展的起点的复杂性，如果搞不清楚，许多改革与发展的建议就很难落地和实施。尽管中国政府统计体系，从理论上讲，必须涵盖国际统计标准和规范，必须满足国际组织的统计数据需要，但是，这绝不是中国政府统计体系发展当前的唯一出发点，也不是解决中国政府统计当前问题的核心和基础上最重要的环节。我国政府统计发展的主要问题，需要从我国计划经济的历史影响和我国市场经济发展阶段及特点出发考虑。

---

① **赵彦云**，中国人民大学统计学院院长、教授、博士生导师，兼中国人民大学竞争力与评价研究中心主任。国务院特殊贡献专家政府津贴获得者、教育部跨世纪人才、国家人事部新世纪百千万人才工程国家级人选、北京市百人工程人选；第五届吴玉章科研奖获得者。

一、政府统计总需求问题

我国目前的政府统计总需求，存在着严重的膨胀问题，但又有较大的结构失衡，因此，严重误导政府统计的生产方向，政府统计生产力发展受到极大的阻碍。

政府统计是政府或者说是各级政府实施科学管理的重要手段和工具之一，从一般性上讲，包括两个层次，一个是利用统计手段，针对政府管理对象的现实存在和发展过程，给出定期和及时的统计测度，即提供系统科学的统计数据，以便政府管理的准确定位和选择科学有效的管理措施；另一个是深层次的统计应用，就是运用统计的科学方法，需要透过大量统计数据分析研究，提纯现实发展关系，深刻把握事物发展变化过程及其规律，为政府制定科学的法律、制度、规划和中长期发展政策等政府管理提供科学客观的依据。对上述提出的两个层次统计需求，可以概括为一个是政府统计数据的直接需求；一个是政府统计数据的间接需求，也就是统计分析要求的统计数据的需求。改革开放以来，国家统计局积极推进我国政府统计体系改革与发展，包括引进国际规范和国际统计核算体系标准等方面，以及从政府统计生产供给角度主动和密切联系我国实际发展的统计体系改革，应该讲已经取得了很大的发展和积极的效果。但是，从政府职能部门和政府管理对统计的总需求看，我国与发达国家相比存在很大的差距，具体表现出的主要是政府统计需求的表面化和非统计思维与科学运用的问题。这深刻反映出我国政府统计需求体系，主要从政府职能综合部门采用的角度看，总体上讲还不够成熟。具体表现在：（1）太集中在宏观经济社会总量和增长或指数的几个指标上直接运用，对统计数据的使用也主要是采取直接的简单的逻辑推断与动态比较的简单方式，判断经济发展主要靠一些微观现象的局部逻辑来推断宏观经济社会发展重大问题，统计数据的科学分析与统计方法的科学运用严重缺位。（2）各级政府，以及政府各个职能部门都要做出形势分析，但是形势分析的统计数据运用并没有科学技术方法支持的发展追求。（3）政府部门在统计数据调查和使用上，不能保证国家统计局的统计技术标准与决定的唯一性，存在比较多的情况是根据领导意愿开展统计调查，造成统计数据多头口径或重复交叉的问题。尽管目前我国政府部门统计比较滞后，但是仍然存在统计需求膨胀的问题，主要表现是根据领导和部门的热点需求建立的部门统计，部门之间相互独立割裂，交叉重复统计、盲目统计的现象比较突出。（4）统计监测已经被政府部门所接受，但是，具体设计和使用还是多种多样，统计工具的科学形象没有得到深刻认识，因此，很大程度上并没有成为政府部门管理的内在需要和决策上的重要的科学依据。（5）政府统计需求，对统计数据质量的准确性要求，提出许多非统计思维的想象评论及简单推理，把宏观统计数据结果简单与微观现象联系等，比较突出的是用微观个案事例作为依据直接质疑甚至推翻宏观统计数据的结果。（6）政府领导热衷于现实热点问题，统计成为追求热点的御用工具，政府统计需求膨胀。(7) 政府统计需求比较少地研究中长期发展问题，统计需求结构严重失衡。因此，导致我国大量历史统计数据的整理，无人问津，统计数据资源结构严重失衡。基于微观数据的宏观分析，在政府部门管理上，还是比较大的缺位，中长期发展的重大问题的基础分析研究没有纳入政府管理的规范要求。

二、政府部门统计生产发展滞后

国家统计局是国家政府统计的主体系统，承担着国家统计技术标准制定与规范管理的政府职能，可以为政府综合管理部门提供科学的统计支持。应该讲，我国在实施社会主义市场经济体制发展之后，国家综合部门的政策与调控手段，已经比较科学地建立在国民经济核算体系的基础上，因此，作为国家政府统计的重要综合统计需求，国民经济核算体系的科学发展，得到了比较好的宏观应用。当然，国民经济核算中的分类普遍还比较粗，结构问题刻画和分析还需要进一步的发展，国民经济核算体系还需要在许多应用细节上进一步改革和发展。

相对国家政府综合部门的统计需求和国家统计局统计生产的供给而言，我国政府部门的统计生产发展比较落后。政府部门统计功能普遍比较弱势，统计制度设计、统计人员、统计经费等，与实际统计部门的发展要求，存在比较大的差距。但是，许多政府部门统计职能责任上却成为国家行业科学管理的重要基础和不可或缺的工具。例如，国土资源部、林业局的土地资源和自然资源统计，对于国家的发展，特别是许多战略产业的发展具有重要的基础支撑作用。交通运输部、铁道部、民航总局、国家邮政局、工信部肩负着我国物流网、物感网、航空等空间统计体系的巨大发展的责任。旅游局、文化部、国家新闻出版广电总局、国家文物局、国家宗教局等肩负大文化产业的统计发展的责任。科技部、教育部、国家知识产权局、中国科学院、中国社会科学院等肩负我国科技创新与创新人才培养的统计发展的责任。民政部、人力资源社会保障部、人口计生委等肩负着人口、社会福利、社会保障等的统计发展的责任。国家环保部、国家能源局、住房城乡建设部、水利部、国家林业局、交通运输部等肩负着节能减排、低碳社会和绿色经济的统计发展的责任。应该看到，在我国政府管理的规划和计划职能要求下，政府部门统计客观上需要比较大的发展。相比之下，目前我国政府部门统计，统计工作严重不足，统计在政府部门管理工作中的地位，没有得到应有的重视。事实上，我国政府部门统计的发展与国家统计局综合统计为主的统计体系发展有着互补的关系，部门统计发展了，对于国家统计局的国民经济核算体系等综合统计工作具有非常大的支撑作用。目前，国内外对于我国宏观经济发展重大问题的判断，都使用我国电力消耗和发电等电力统计数据，因为，这个数据主要是电网系统基础上自动记录形成，但是，许多人可能还没有了解到我国电网是多家组成，电网之外还有发电和电力消耗的散落企业与居民等数据，统计工作也是一个复杂的系统，做好科学的统计，包括建立统计的唯一技术标准和实施统计工作的统一规范，特别是在针对国民经济行业分析、消费、投资分析等科学标准分类上的统计，也是存在许多发展的问题，电力部门统计机构、统计职能、统计人员编制、统计经费等不足，统计组织与统计方式都比较落后，对上述统计发展具有突出的阻碍影响。

研究认为，我国新时期政府部门统计，在理论和方法上应该向专业核心统计、行政记录、业务统计为基础的关联宏观经济统计体系方向科学发展，利用信息技术，采用先进的统计生产方式，不仅可以提高和改善当前的宏观数据质量，而且还可以使政府统计体系更加科学完善，政府统计的资源投入产出比之统计生产效率将大大提升。

三、信息化与统计生产系统的脱节

随着信息技术和信息网络的发展，统计调查和数据采集在更大的社会范围上与社会各种各类信息，通过信息技术网络建立紧密快捷的关联，随之而来的政府统计总需求表现出更大范围上的信息来源和更加快速获得的要求。因此，面对信息社会发展，政府统计原始数据采集必须要从传统方式，向利用社会标准化全面信息网络搜集的现代方式转变，因此，按照信息化要求的政府统计体系及其生产方式面临其发展的巨大挑战。尽管国家统计局全力推进统计信息化建设，但是，作为政府统计主流生产方式的信息化，还没有达到应有的细节和整体的系统功能，因此，信息化与统计生产系统的脱节仍然是目前政府统计的重大发展问题。

公司法人和企业统计、农村统计、事业单位和政府单位统计，所展示的是我国政府统计的微观统计数据来源基础。作为微观单位的统计基础，一个是微观的基层单位面向自身使用的统计体系，例如企业业务统计、企业统计台账等的数据源是一个比较好的基础，另一个是从微观单位采集微观数据的实施问题，即企业对统计信息上报的敏感性问题，企业或基层单位有数据但因为敏感而不愿意上报准确、真实的数据。在计划经济时代，我们学习苏联的企业计划管理，要求企业内建立许多基层单位的统计台账，或把企业业务统计与政府统计保持比较密切的直接的技术标准联系，从而保障基层统计信息基础对国家统计数据采集的充分性、一致性和完备性，与此同时，面对计划经济的统计要求，在企业层面基本上不存在统计信息的敏感性问题。也就是说，在计划经济时代，我们具有完成国家统计数据微观采集的比较好的基础。但是，在改革开放以后，随着社会主义市场经济的深入发展，这个现实的基层单位的统计基础发生了根本性的变化，微观企业或公司的统计信息，特别是企业财务统计信息，变得越来越敏感，企业有两本账或三本账的情况，充分说明了微观基础信息敏感的严重性，这对于直接搜集整理企业统计数据产生了严重的统计数据质量的影响。与此同时，微观基层单位的统计台账基础也发生了根本的变化，原来的统计台账和业务统计的直接形式也不复存在，代替的是企业信息化的使用，如仓库信息管理系统、市场信息管理系统、人力资源信息管理系统、生产过程和质量控制过程的信息管理系统等。此外，企业集团和子公司等复杂情况，也是计划经济时期所没有遇到的新内容。国家政府统计系统，无论统计报表和经济普查的全面统计调查，还是抽样调查的企业样本调查，都需要面对上述各种情况的变化，因为它们对政府统计直接产生数据质量的影响。因此，政府统计信息化与企业、事业单位、政府单位的微观单位信息化的内在联系的有机一体化统计信息化生产方式，成为政府统计发展的必然趋势。

农村统计，实际上也经历着与企业类似的巨大变化。农村统计在计划经济时期，是建立在集体经济的生产队、生产大队的基础上，一个村的生产、收入分配等全部有账可查，土地资源、生产的资产和设施、劳动力人数、劳动时间、生产产量、生产收入等统计基础信息均非常完备。但在改革开放之后，农村经济建立在家庭经济的基础上，计划经济时期的统计基础基本上不存在，政府统计系统直接采集统计信息面临巨大的挑战。近十年，我国农村的信息化工作有了非常大的发展，网络信息和网络技术已经进入家庭和个人生活之中，政府信息化也深入到农村各级组织之中，农村信息化也成为我国农村经济发展和社会进步，以及生活质量提升的重要标志之一。但是，利用农村信息化，改进政府统计生产方式还没有进入人们的视野。

事业单位和政府单位，在计划经济时期因为不被认为是生产活动的组成部分，所以当时的统计不仅不包括生产活动统计，而且基本统计内容完全按照计划安排统计，所以原来的统计工作相对目前的市场经济条件下的统计内容，相差巨大，例如事业单位和政府单位的收支细类科目要系统纳入国民经济核算的生产、转移收支、公共消费、社会保障、投资与资本形成、金融等规划一致的统计类别，因此，许多基础统计信息需要在政府信息化推动下，全新建设基础信息的工作基础。

尽管我国积极推进企业信息化和社会信息化，应该讲在设备、设施先行的建设上的发展还是非常好的。然而，在企业信息化、社会信息化的内容上，特别是信息采集、挖掘和用于科学决策与过程管理，还是有很大差距的。实际上，微观单位为自身服务的企业信息化，如果没有充分的统计体系进入企业经营管理或单位管理，那么企业信息化的实际管理决策等实际价值就会大打折扣。企业只有在为自身服务使用的统计体系内容上做好了，才有可能继续做好国家政府要求的公共服务的统计工作。从理论上，必须做出一个判断，即政府统计生产能力体现在微观企业层面上；逻辑上，不能超越企业自身管理使用的统计生产能力。目前的问题是没有正确地对待这样一个问题，也没有客观系统科学地作出两个统计生产力的水平匹配判断，更没有研究提升企业或微观基层单位统计生产力为政府统计生产力的发展服务的研究。

各方面分析表明，我国目前全社会包括企业、农村、事业单位、政府单位和社会各类组织，并没有深刻认识信息化中统计的重要作用，如果微观上不能很好地把信息化工作与统计数据标准工作，特别是与统计分析和统计决策等应用结合起来，那么政府统计生产的微观数据源没有保证，即使强行统计法的执行力度，那么统计数据质量是不能得到非常好的保证的。

四、社会环境基础不适应现代政府统计发展

客观事实表明，中国计划经济遗留下来的社会习惯和社会重心，还极不适应市场经济发展、全球化，特别是信息时代的要求。社会大背景的问题可能是政府统计问题形成的根源，即相对于国际竞争的主要发达国家，社会习惯和社会风气在讲究如何科学运用系统信息，善于把统计的科学分析运用于决策之中，或者运用于社会风气的认知约束之中，也就是使每个人都认识到做什么事情首要的是要深入了解客观现实情况、背景、科学信息，然后不断观察，不断跟踪，不断挖掘和分析，不断寻找最优目标和效果，以及采用科学的手段方法，获得既满足个人最大化也满足社会最大化的目标结果要求上，都显示出极不充分和非常弱势的存在状态。

考虑中国国情，我国经济和社会结构复杂，对统计工作表现出来的要求也较比特殊，政府层级较多，各级政府对统计数据有不同需求。我国政府行政动员能力强，但管理科学化相对不高，基础工作不被重视，特别是包括统计调查方法方式和数据管理、使用科学化上极不适应信息化社会的全社会科学利用信息的要求。因此，在这种社会环境影响下，要求政府统计数据承载的一些“功能”也是不切合实际的，思维方式也是不科学的。

统计工作是技术含量为本的工作，科学性原则是关键，主要包括：（1）技术原则，主要是测度指标体系及其实现方法。技术性的科学基础是统计学。（2）标准原则，包括基础信息采集标准、处理标准、动态可比标准、大量分类标准，以及计算机收集和信息处理的编码标准和软件标准的科学与规范。（3）应用原则，主要是考虑国情的企业或基层信息基础情况，以及社会各界对统计需求的情况约束。现代政府统计生产，深刻体现在上述技术标准的不断发展过程中，尽管我们可以在理论方法等科学知识上，快速跃进到发达国家的水平，但是，采集数据、维护数据、应用数据中所贯穿的技术标准，却不能逾越全社会的统计素质和应用水平，不能逾越社会上对统计的需求水平，政府统计生产科学发展是一种统计科学技术的现实体现，它必须在适应需要上分阶段发展。当然，我们可以深入研究我国政府统计生产在社会实际存在中的不平衡发展问题，科学处理统计技术方法与实际应用的发展关系，做好政府统计工作。

五、政府统计生产力

政府统计生产力是把政府统计工作作为一个专门的服务行业，包括支持这种服

务的技术、技能、设施等资源，以及生产统计数据与利用统计数据分析研究问题所提供的监测、咨询和决策等服务过程和产出，尽管它的本性特征是非市场产出，但是在劳动要素、(社会) 资本要素、中间消耗等方面，包含生产规模、生产结构、空间布局、生产效率等生产活动的全部内容。

(一) 政府统计生产范围

政府统计范围，从我国的实际统计工作看，是国家统计系统，包括县级（县级市)、城市（地级市)、省级（直辖市、自治区)、国家四级统计局的统计工作范围，统计改革又形成了平行于这个四级机构的国家统计局调查总队领导的国家垂直统计调查队，主要负责国家政府统计内容上的抽样调查工作。政府统计范围除了国家统计局系统的统计工作之外，还包括各级政府的部门统计，如中国人民银行的金融统计、财政部的财政统计、国家税务总局的税务统计、科技部的科技统计、科技园区统计，交通部交通运输统计，国家环保局的环保统计，民政部民政统计，文化部文化统计，旅游局旅游统计，海关总署的海关统计，以及中组部、中宣部、中国人民银行、财政部、税务总局、国家工商总局、商务部、卫生部、国资委、国家民委、全国总工会等的部门统计，政府部门统计具有庞大的统计内容。其实，在有关部委之下，还有许多政府派出机构如北京市科委下的北京市技术交易市场的技术交易额统计，再如中国证券监督管理委员会（以下简称证监会)、中国银行业监督管理委员会（以下简称银监会)、中国保险监督管理委员会（以下简称保监会）的统计等，也都属于政府统计的范围。

这里展示的政府统计范围，意义非同一般。应该认识到：（1）政府统计生产的是社会公共服务的统计数据及服务，国家统计局系统、政府部门统计、地方政府统计是政府统计生产的主体，但是政府统计特别是那些研究性、发展性、建设性相关的重要社会公共服务的统计数据搜集整理分析研究与统计制度建设的内容，原则上可以交给非营利机构部门如国立大学、政府研究机构、非营利社团组织机构等可以承担这类政府统计工作，发达国家经验表明，这类机构一般上可能做得更好。(2）政府统计是一个庞大的政府统计生产系统，随着信息社会对于信息功能作用的强化，政府统计生产根本的要适应信息化社会的发展要求，无论生产方式、系统集成方式、生产过程的相互支持和互通、互用，都要在全部政府统计范围内研究解决。(3）国家统计局系统的统计功能，一方面是做好自身本系统的统计工作，另一方面必须肩负起对其他部门统计工作的全面规划和设计，技术主管的职能更加突出，部门统计与国家统计局系统统计之间的相互统计信息利用，将对政府统计生产方式和生产技术开发利用产生根本的影响。（4）政府统计数据质量评估和质量过程控制，应该在全部政府统计范围内进行，部门统计得不到本部门的重视，部门统计低劣对于整个政府统计生产的质量的影响不可低估，“小溪不净大河污”。

与发达国家相比，我国在政府统计范围上的社会理解和政府理解，均有所偏颇，这种认识对于迎接信息化社会的挑战极其不利，对于中国在全球化背景下的大国崛起也因缺乏科学发展的现代信息手段工具而形成巨大的弱势，对整体发展极其不利。国家统计信息标准将是国家整个生产力的重要标志，是实现科学发展观的必要条件。

（二）政府统计任务和目标

政府统计生产活动存在的必要条件，是面向三大类用户服务，完成提供公共统计数据信息服务，也就是政府统计的总产出。从具体内容分类看，它们分别是政府及部门职能要求的统计数据信息、企业和产业经营活动及其组织所要求的公共统计数据信息、社会所要求的公共统计数据信息，其中最后一类即面向社会需求的公共统计数据信息包含对居民、科学研究、国际及其组织的统计数据内容。在三大类服务的公共统计数据信息中，彼此交叉融合，内在发展由一个总目标驱动，即满足国家和地区经济与社会生活持续发展的需要，也就是让大家科学运用统计数据信息来保持人类社会的最大进步和科学发展。基于生产理论，政府统计生产活动及其生产系统，根本的是决定于使用目的和目标。政府统计生产方式方法逐步演化、不断改革与发展，已经形成了全世界统一标准的统计数据内容要求，或者比较客观的说是来自发达国家长期实践的最佳归纳、研究和总结，例如国民经济核算体系、国民经济行业分类、社会人口统计体系等，但是，还要不断深刻认识政府统计生产系统之所以存在和存在的最佳方式，根本的在于本国全社会各类组织职能所要求的社会统计数据信息。相对比较，美国主要提供公共统计数据信息的政府统计机构有美国普查局、美国劳工统计局、美国司法统计局、美国农业普查局、美国商务部经济分析局、美国国家健康统计中心、美国国家教育统计中心、美国交通统计局等，丰富的公共统计数据信息，以及美国政府面向社会各界所提供的全面统计服务，中国的政府统计确实需要全面考量内容体系等的科学发展问题，以及如何用最经济和最科学的统计生产方式，以最大效率和最高质量的统计数据满足社会公共需求的目标。

如何深刻认识政府统计发展的脉络体系和根基，是我们研究政府统计生产力的基本点。可以把前面提出的三大类政府统计公共需求看做生产的根基。它们分别是第一大根基来自政府统计组织和功能的需要，内容包括两大任务目标，一是政府组织功能的统计需要，应该讲，这个政府组织功能的统计需要，最根本的是要满足以人为中心，即服务好人的全面发展和保障人民生活质量不断提高目标的科学发展观要求所派生出来的统计要求。二是以政策为中心的统计要求，即为实现第一个目标所要求国民经济发展的最经济和最高效率的过程的发展目标的统计要求。在第一大根基的政府统计追求下，政府统计生产的内容主要是人口普查、国民经济核算体系（农业普查、经济普查、服务业抽样调查等主体内容纳入 SNA 体系）、社会发展的统计内容，中国统计年鉴中的 24 个领域的统计数据及两个附录、中国景气月报、中国统计公报等构成了我国政府统计主题内容的生产产出。政府统计有两种生产方式，第一种生产方式是由国家统计局系统直接开展的全面统计工作；第二种生产方式是在国家统计局的政府统计技术标准规范制定和组织实施领导与监督下，全面利用政府职能部门的行政记录、业务统计和非常少的核心统计，生产出比较完整的政府统计产出的统计工作。从实现政府统计核心任务和目标分析研究看，应该深入调查研究两种生产方式的有机结合，其中，在两种政府统计生产方式有机结合层面的轴心是国民经济核算体系。因为，国民经济核算体系由两大交易主体为统计脉络体系设计的，即从产业活动单位形成的生产活动统计脉络体系和从机构单位形成的产权关系活动的脉络统计体系组成的统计体系，国家统计局政府统计的直接生产方式是根据国民经济核算体系的两大交易主体脉络体系做好统计设计和实际工作的，实际上就是目前国家统计局提出的四大工程的内容，基本单位库和基于基本单位库全部单位组织的分工统计包括网上直报、抽样调查、统计相关信息的科学推算。与此同时，国家统计局要积极组织开展第二种政府统计方式的统计组织与开发工作，以便为未来我国政府统计体系在两种政府生产方式下开展科学合理的分工奠定扎实的工作基础。成为两种生产方式纽带的核心内容是国民经济核算体系及其两大交易主体的标准分类和网络数据生产的计算机信息编码的标准使用。政府部门例如公安部、民政部、社保部、财政部、国家税务总局、中国人民银行、银监会、保监会、证监会、商务部、国家工商总局、国家商品检疫检验总局、环境保护部、交通运输部、旅游局、国家烟草专卖局等一系列政府组织及功能都是与政府统计内容体系有机相连，例如，人口普查的统计与公安部、民政部、人力资源和社会保障部等都直接有关系，国民经济核算体系中基于产业活动主体的统计内容体系，与许多行业主管部门如国家工商总局、商务部、工业和信息化部、交通运输部、国家旅游局等都直接有关系。政府统计调查数据信息体系与这些政府部门的行政记录尽管目前还是分割状态，但是，未来发展必须追求一个内在的统一过程，因为，计算机和网络、数据库等庞大的政府生产统计数据功能，足以保证统计数据生产的科学发展。在针对满足政府组织及功能的政府统计发展上，如何做好统计的分工协作，如何在两种政府统计生产方式基础上形成一个有机的生产体系，以及在统计研究上形成关联政府统计体系上下左右的网络关系和内在的统计数据间矫正等新方法，也需要应运而生我国特有的政府统计生产体系。综合上述研究，一个结论是把政府统计生产建立在政府信息化和政府统计数据计算机网络和数据库的生产模式上来，形成满足特大型国家需要和适应发展中国家科学管理服务需要的中国政府统计模式和生产方式。

我国三大类政府统计公共需求的第二大根基来自企业、产业及组织的经营活动需求。实际上，从政府组织及功能向下的许多调控政策，都是为了消除各种经济行为冲突与经济利益矛盾和追求经济最大化，即经济资源的投入产出经济效果最大化。因此，政府统计数据信息，必然在政府组织及功能的满足下，也同时连接企业、产业及组织的经营需要，企业、产业及组织机构，要在政府统计内容体系下，能够分析判断发展趋势、竞争关系和政府出台的各类政策的影响。之所以强调这类政府统计内容体系，因为根基于企业、产业及组织的经营活动，非常重要的是这类政府统计内容要重视企业、产业及组织的经营特征属性，并强调为他们服务的社会功能。从目前我国的实际情况看，在强调宏观经济政策的使用目的的政府统计数据要求上比较突出，而对于满足企业、产业及组织的政府统计数据相对不够，宏观经济政策的政府统计数据支持，如果不能很好地连接企业、产业的经营活动，那么等同没有连接“地气”，政策的效果评估，以及企业、产业的相应工作将不可能有效做好。

我国三大类政府统计公共需求的第三大根基来自对科学研究的需求。统计科学研究包括两个方面，一个是政府统计的科学研究，如何建立科学的统计标准和有效的生产方式，以及政府统计数据生产的质量控制等研究；另一个是政府统计数据开发运用的科学研究，这如同产品生产一样，如果产品的功能能够得到消费者或需求者的高端追捧，那么必然实现高质高价的经济效果，从而也表现出产品生产力的水平和发展，因此，政府统计生产力提升和发展，一定要充分考虑同科学研究的全面衔接与互动发展的基础设计，统计数据开发应用越充分越好，反过来，对政府统计生产力的直接提升和发展是一种根本的推动。

尽管我国绝大多数人都已经习惯现有国家统计局的统计工作内容，但是，从政府统计发展或政府统计生产看，都需要从上述三大根基上认识政府统计存在的客观依据、科学依据、改革与发展的依据，才有利于更好的，或者在更加科学的认识上做出最优的统计标准与制度设计，创新最合适的政府统计生产方式，实现政府统计的最深入广泛的应用，创造更多的经济价值和社会价值。

（三）政府统计生产系统

发达的市场经济国家，从建设政府统计的一开始，就按照全社会稳固法律体系基础，从基层单位和法人单位，以统计法为依据，实施政府统计的生产，在生产方式上，采用普查和抽样调查方法，随着政府采集微观数据信息的复杂局面，政府统计生产强调政府部门行政记录，以及非营利组织的公共统计和局部民间调查机构的社会统计的配合使用。基于发达国家的经验，可以演绎我国政府统计系统，具有三个主要生产系统。

第一个系统也是目前国家统计局正在使用的政府统计生产系统，即政府统计生产完全建立在一个国家或地区的全部经营单位、全部事业单位、全部政府单位的基础上，实际统计工作是按照这个统计总体，分级统计部门实施统计工作，然后逐级上报汇总。或者，按照这三类统计总体单位的总体，实施不同目标下的抽样调查，完成政府统计生产。

第二个系统是政府部门及行政组织系统，我国目前的政府统计工作在部门统计上是分别使用各自的部门及行政组织系统完成政府部门的各自独立统计。事实上，我国政府部门及行政组织系统，完全可以建立成一个相对完整的政府统计生产系统，在信息技术、信息网络和信息化的推进下，完全可以根据政府部门统计和政府部门行政记录、业务记录，形成政府统计生产系统的标准。遗憾的是，我们根本没有这样的认识和工作推进，甚至把它们作为准政府统计生产来对待，标准不统一、各自为战、相互封闭、统计资源投入不足、统计组织能力缺位，严重阻碍了政府部门统计的科学发展。

第三个系统是社会组织系统，包括行业协会、民间非营利组织机构，以及私营组合或机构所作出的社会公益的调查组织形成的社会公共统计服务的生产系统。这一政府统计生产系统，与前两个不同，它们所做的社会公共统计服务生产是政府统计的一种补充，在政府统计发展过程中，不可低估这个系统的积极作用，因为他们的公共统计内容，具有满足人民生活质量提升的直接目的，或者改进社会组织功能，保障人民生活质量更好地提升的积极作用。

（四）政府统计生产方式

政府统计生产方式基本上有两种：一种是政府直接组织的政府统计生产方式，目前我国基本上就是这种直接方式①。从市场经济国家和地区的政府统计工作看，另一种是政府间接组织的政府统计生产方式。所谓政府间接组织的政府统计生产方式，主要是指一项政府统计工作，由于各种原因可能由政府委托给或招标给非政府组织机构，赋予政府统计职能，完成政府统计工作任务的政府统计生产方式，一般不允许私营组织机构承担，国立大学和政府研究机构、民间非营利组织机构都可以是政府的委托对象。

我国的政府统计生产，几乎没有政府委托的先例。其实，这是对政府统计生产方式理解的误解。一些政府统计任务，由有雄厚统计科研力量的国家重点大学组织一些大学完成一项政府统计工作，可能比政府统计部门直接完成，无论在社会可接受程度与效果、调查成本、科学设计、数据质量控制、分析研究上都具有突出的优势，此外，在培养统计专门人才上还会发挥直接的作用，产生积极效果。特别是，对于一些政府统计内容比较新、调查过程复杂、探索与研究成分较大、开创性强的政府统计，可以采取间接的政府统计生产方式进行是一种最好的选择。

对于两种政府统计生产方式深刻理解的重要意义，主要是对政府统计生产资源配置与平衡发展上的认识有直接的重要作用。政府统计资源具有很大的弹性，特别是在统计人力资源上，要把政府统计系统工作人员之外的社会资源有一个基本的估计，作为政府统计资源的基础和后备。在发展政府统计上，可以任务与资金投入先行，政府统计系统的人力资源不足时，可以采用一些间接的政府统计生产方式，当实施一段时间后，再从价格质量与成本效益等方面分析，可以逐步转化为政府直接的政府统计生产方式，当然，有些政府统计一直采取由大学组织的政府统计生产方

① 政府统计的直接生产方式，依据统计机构主体分类，包括国家统计局系统和部门统计系统所作的统计，他们都是政府统计职能下直接执行的政府统计工作。

式也是可以的，关键的是要看社会效果。这方面美国做得最好，例如，芝加哥大学全国民意研究中心（NORC）、密歇根大学数据中心（ISR）承担了许多政府部门委托的统计调查和分析研究项目，一些调查的连续性在数十年，这两家机构的60多年的发展史，不仅为政府统计工作做出贡献，更重要的是发展成为世界著名的统计调查与分析研究机构，培育了大量的统计专家，也培养了大量统计与分析的高级专门人才。

六、加强政府统计生产力系统中的创新能力建设

按照适应政府统计生产力的发展要求，国家统计系统的组织机构及其功能设置是统计体系改革与发展的重要组成部分，对于实现统计新世纪发展非常重要，因此，必须从统计体制与组织创新的高度，深刻认识并追求改革发展。

世界银行课题组研究报告①，提出了国家统计局的组织机构及功能设置不合理。所谓统计局组织机构及功能设置不合理，根本的是不适应统计生产力的发展，或束缚统计生产力的发展，主要是从执行和完成各种统计任务的有效性上与预定的科学目标往往差距较大，或者运营成本与统计供给目标不匹配，以及统计生产过程分层成本不平衡配置等问题。在统计机构改革研究与实践中，突出垂直管理，完善现行的法律框架赋予国家统计局以实权，实施它对基层统计机构和统计部门的统计机构行使有效的管理和监控手段，但是，由于缺乏从政府统计体系内容，包括科学的长期的统计数据体系建设内容、系统内在的龙脉基准和基础、统计信息搜集主次关系、统计工作与其他实际部门机构单位工作关系，特别是实际的信息条件与敏感性等的现实影响，以及把这些内容作为政府统计生产系统的一项动态能力建设的认识与研究，导致许多问题的不断产生和蔓延。事实上，国家统计局非常强调了统计内容和统计方法全国上下一致的双严格管理，但是，面对我国特大型国家和特别复杂的庞大统计系统，上下严格一致的改革与统计内容和统计方法变动工作，都成为一项巨大工程，因此，面对落后地区和发达地区条件差距非常大的情况，追求统计方法和统计内容高度一致，就造成比较困难和难以创新发展的尴尬局面。但是，政府统计生产力是服从于区域经济发展和社会进步的总生产力要求的，在国家统计局的统计方法研究不能持续提供创新并满足几类不同条件下的统计现实情况要求，那么，实际的结果就会严重阻碍了发达地区的统计方法和统计内容的创新。

根据笔者的研究，第一，要以国民经济核算体系内容并分类统计数据之间的龙脉关系，按照信息搜集、整理加工的整个生产过程，做出国家统计局系统上下分层工作关系与内容控制关系的科学分工，包括统计成本的配置与奖励机制，设计我国政府统计生产力布局实施系统。这是政府统计生产力与资源配置的直接层面。第

① 世界银行课题组：中国统计体系改革发展战略研究报告，2008年10月。

二，要设计政府统计生产力创新机制和分层管理模式，没有创新就没有发展的生命力，也不可能保证持续解决实际问题的能力。政府统计创新能力应该体现和产生于整个统计生产力系统中的资源投入产出效率之中。

长期以来，国家统计局系统在顶层严把制度设计和方法设计的发展创新，不把基层及各级政府统计部门的创新能力纳入政府统计生产力系统的运营之中，但是，由于顶层设计和方法研究的创新人员和资源配置相对太少，上下系统的实务内容适时掌握缺乏细节，因此导致国家统计局系统创新能力严重缺乏，甚至在上级领导压迫紧急任务而被迫做出一些不切合实际的所谓创新举措，造成极不好的影响。分析问题成因，主要是国家统计局政府统计生产力系统中的创新能力布局和分工严重缺位。我们的研究观点是：将统计创新分成三个类别工作内容纳入统计生产力系统之中。（1）统计数据和分类标准的发展创新，包括实施国际标准和建设中国标准，即创新的龙头由国家统计局设置机构直接操作和管理，但具有各级的代表性统计机构参与。（2）针对统计数据和分类标准，在全系统鼓励大家积极创新统计方法，即鼓励各级统计机构积极开展统计方法创新，并设置奖励机制。具体执行可以分成两类，一类统计方法创新是国家统计局研究出来的全国统一的统计方法，在地方没有创新方法的条件下必须实施，这项工作是首先要保障的，即必要条件。二类统计方法创新是地方各级统计机构针对本地区统计工作的实际条件研究提出的统计方法创新内容，但必须经过国家统计创新方法专家委员会严格审查通过的统计方法可以试行实施。（3）成立全国统计创新专家委员会，负责审查、评估、监督统计数据和分类标准创新，负责审查、评估、监督各级统计机构的统计方法创新的具体工作，实现用科学研究管理支持统计创新有效纳入统计生产力系统之中成为推动力。

按照上述描绘的轮廓，在统计体系创新能力的三个组成部分之间重新调整职责和职能，这对于国家统计局系统统计工作的持续发展和能力建设的顺利实施是至关重要的。因此，职责和功能的重新划分必须十分仔细地去研究设计。在这里需要再次强调，大力提高我国统计体系的潜在能力，包括具有很强统计研究开发能力的大学、科研机构建立稳定关系，使其成为政府统计生产强有力的、高效的和成本节约型支持的关联合作单位，扩大政府统计生产。如果不采取措施改组现行的统计体系和能力建设结构布局，我们将面临失败的高风险，改革与完善我国政府统计体系将无法有效地贯彻执行。还应该指出的是，新的改革思路和措施，原则上是在统计内容、数据标准和分类标准上实现国际接轨的高水平建设目标，但是在统计方法上，特别是在动态能力建设上要充分基于中国的实际情况提出，并引入创新机制和机构组织设计，保障分阶段持续有效的发展。

参考文献

［1］原鹏飞．国际官方统计大会论文综述［J］．统计研究，2013（5）．

［2］赵彦云，吕先宇．肩负使命，全面发展统计科学及其应用［J］．统计研究，2012（11）．

［3］高敏雪，穆旖旎．中国统计年鉴：政府统计窗口建设的回顾与展望［J］．统计研究，2012（8）．

[4] 赵彦云，吴翌琳．基于实物量数据的文化产业增加值核算模型研究 [J]．统计研究，2009 (2).

[5] 赵彦云，伍业锋．GDP：20 世纪最伟大的发明之一 [J]．统计研究，2001 (7).

[6] 赵彦云．社会科学及管理中的统计学 [J]．中国统计，2001 (4).

统计方法在生物医学领域应用的点滴①

易丹辉②

摘　要： 统计方法在生物医学领域有着很多应用。纵向数据分析主要用于个体重复观测数据的规律寻找分析；当大量因素影响结局指标，特别是这些因素有很多是类别变量，二分类或多分类时，运用变量选择的 Group Lasso 方法能够很好地解决重要影响因素的筛选。当评价指标有多个时，如纵向变化结局指标和生存时间指标同时需要考察时，可以构建纵向和生存的联合模型加以分析。

当研究的对象不可直接观测为潜变量时，可以构建结构方程模型加以分析。观测数据随时间变化时，可以假定其生成过程为一光滑曲线，构建函数型数据模型加以分析。若现象之间带有网状结构，可以运用社会网络分析方法研究。

关键词： 纵向　联合模型　结构方程　函数型数据　社会网络

Retrospect of Statistical Methods in Biomedical Applications

Yi Danhui

Abstract: Statistical methods can be applied in many biomedical cases. Longitudinal analysis is mainly being used to finding the pattern of individual repetitive observations. When the outcome or indexes required to be evaluated are influenced by a large number of factors, especially many of them are categorical variables, say, bivariate or multivariate, the variable selection method Group Lasso can be applied to select the important factors. When the indexes are more than one, simultaneously analyzing the longitudinal changeable outcome and survival time, for example, we can construct the joint model of longitudinal and survival model.

Key words: longitudinal, joint model, structural equation model, functional data, social network

进入 21 世纪的十多年来，我在生物医学领域运用统计方法作了点滴，有了些许感悟。应该感谢张尧庭老师，是他将我推荐给了中医的人，2002 年便开始参与中国中医科学院亚健康的中医调查。应该感谢陈希孺老师，是他作为中国人民大学的兼职教授，不顾劳累，应邀于 2004 年 2 月专门为我们讲授“广义线性模型”这门课程。

---

① 本成果受到中国人民大学 2017 年度“中央高校建设世界一流大学（学科）和特色发展引导专项资金”和教育部人文社会科学重点研究基地重大项目《基于大数据的精准医学生物统计分析方法及其应用研究》（16JJD910002）的支持。

② **易丹辉**，中国人民大学统计学院教授，博士生导师，主要研究方向：预测与决策、生物医学统计。

2003 年初，突如其来的 SARS 使得人们措手不及，中国中医科学院的研究者和大夫们冒着生命危险到临床采集了患者的数据，很想利用这些数据分析研究中医介入治疗的效果。我很荣幸加入了这个分析者的队伍，开始进入生物医学统计领域的研究。2003 年加入 SARS 中医介入治疗的分析，对我是一个挑战，带领研究生们从数据整理入手，不厌其烦地一遍一遍核对、筛选，进行数据在不同数据库之间的转换；反复了解背景，探讨分析方法，尝试了几乎所有学过的方法，又从网上检索了最新的各种可能使用的统计分析方法；同时通过在美国读博士的学生，了解有关纵向数据处理的方法，阅读文献、了解软件使用，经过艰辛的努力，为中西医结合治疗 SARS 的疗效评价提供了有利的依据，从此进入中医药的定量研究领域。在纵向数据模型的学习和讨论过程中，我开始扩展了对时间序列分析的理解和认识，第一次知道了 GEE（Generalized Estimating Equations）方法。原来梁宫仪和 S. L. 塞格尔（Kung - Yee Liang & S. L. Zeger）在 1986 年就引入了 GEE 方法，用来处理具有相关性的数据，这些数据如果没有响应变量之间的相关性，可以建立广义线性模型。而同一个体的重复测量会存在相关性，如糖尿病患者治疗过程中不同时间检测的糖化血红蛋白，中风病患者不同时间测量的 NIHSS 值等，如果考虑不同药物或治疗方案是否有效，可以将不同个体随时间变化的数据整合分析探讨规律，并不要求所有观测者具有相同的时间点，观测的时间点至少有三个就可以构建模型，真是太奇妙了！

对某种疾病患者采用两种不同治疗方案，方案 1 和方案 2，基线、1 周、2 周分别观测了患者的某指标，结果见图 1 - 1 和图 1 - 2 所示。图 1 - 3 是两组平均值结果。

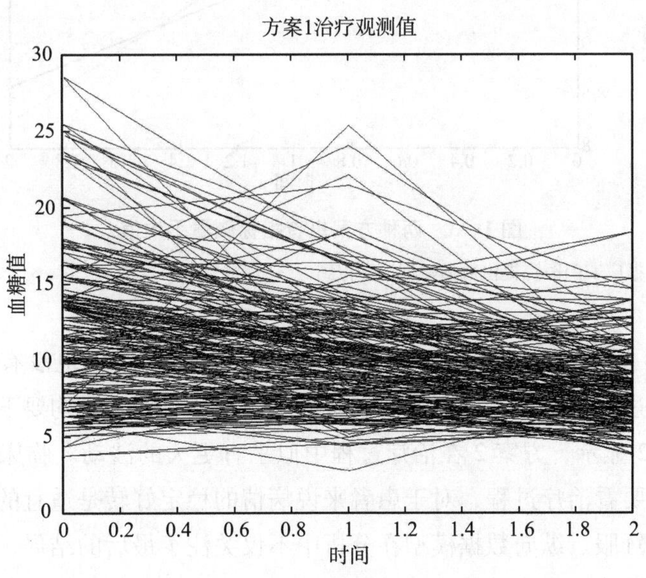

图 1 - 1　方案 1 患者指标测量值

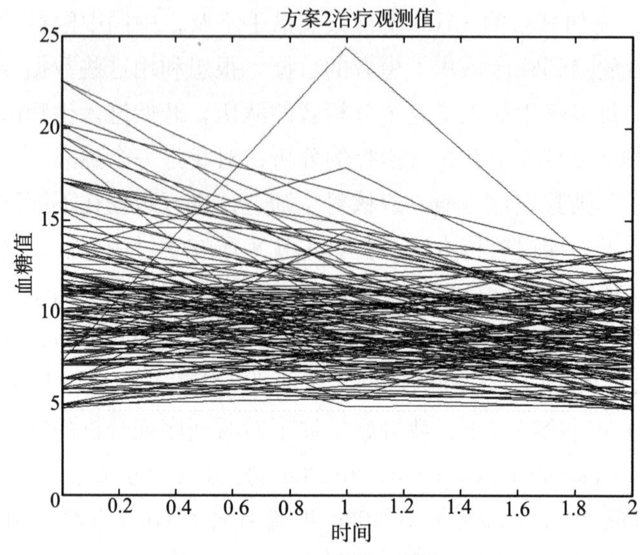

图 1-2　方案 2 患者指标测量值

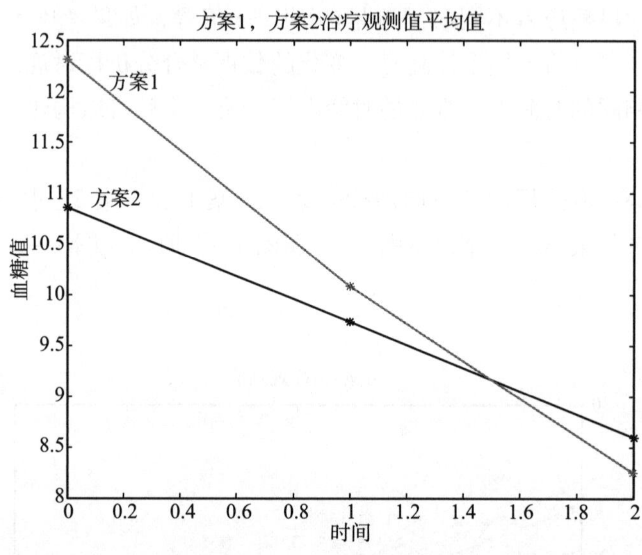

图 1-3　两种方案患者指标测量平均值

资料来源：根据广安门医院提供数据整理计算得到。

从图 1-3 看，可能在基线检验两组没有显著差异，结局也没有显著差异，但是将整个治疗过程结合考察，可以看出方案 1 似乎比方案 2 平均要下降得更多。图 1-1 和图 1-2 显示，方案 2 在治疗过程中似乎有更大的波动。临床治疗不仅要看治疗结果，还要看治疗过程，对于患者来说病情的稳定好转是适宜的，病情在大波动中变化并不舒服。纵向数据模型在分析中不仅关注了最后的结局，同时考虑了变化的过程，这种分析比单纯检验在某种情况下更适合用于疗效评价。

面对老年髋关节手术的大量数据，在上百个变量中寻找具有哪些特征的人更容易手术死亡，为临床大夫提供可借鉴的评价量表，无疑又是一个挑战。当我们运用机器学习方法从中筛选出十几个重要变量后，又结合项目反应理论、二阶因子模型进行条目筛选，为编制简洁的量表奠定基础。当我们从上百个变量选出 10 个变量并根据程度不同分别赋予分值时，那种愉悦的心情无法用言语表达！

中医与西医不同，中医不是仅针对病，而是更关注人；中医药的治疗在于调理人体的阴阳平衡，经络通畅，气血运作，很多人都从切身感受到：西医西药治“标”，见效快而不治“本”；中医中药治“本”，见效慢却能“去根”。可能从单一结局指标看，中医的结果与西医没有显著差异，但是，多结局指标综合是否会有显著差异？这使得我们不得不考虑中医介入治疗是否会使得患者有更好的综合疗效。如在临床治疗中风（脑卒中）的研究中，衡量脑卒中严重程度的日常测量量表有 NIHSS 得分、残疾情况 mRS 得分、生存质量，还有国际公用的客观结局指标——死亡率、死亡时间、疾病复发时间等；癌症患者中医介入治疗是否可能延长中位生存、改善生活质量等。当评价指标（因变量）中同时存在纵向评价指标和时间资料时，就需要采用联合模型进行分析。联合分析通过构建纵向评价指标和时间资料的联合分布函数，在考虑两类指标之间相关关系的基础上，采用最大似然估计的方法对模型进行估计，既可以实现对两类评价指标的联合评价，也可以对指标之间相互关系的强度和方向进行衡量。

传统联合模型（joint models）的一般形式为，

纵向数据部分： $$y_{ij} = \mu_i(s_{ij}) + X_{1i}^T(s)\beta_1 + W_{1i}(s_{ij}) + \varepsilon_{ij} \quad (1-1)$$

时间数据部分： $$h(t|X_i) = h_0(t)\exp(X_{2i}^T\beta_2 + W_{2i}(t)) \quad (1-2)$$

纵向指标和事件发生时间指标的联合分析主要体现在两个方面：一是 $X_{1i}^T(s)\beta_1$ 和 $X_{2i}^T\beta_2$ 具有一些相同的解释变量；二是 $W_{1i}(s_{ij})$ 和 $W_{2i}(t)$ 是对同一受试个体的随机效应的度量。

当用联合模型分析评价中风患者中医介入治疗后的效果时，发现确实在某种情况下，中医介入治疗效果不错。这再一次为深入研究中医疗效增强了信心。看来中医并不是不能进行量化分析，关键是从什么角度？用什么方法？有什么样的数据作支撑？联合模型不仅是纵向和生存的联合，还可以是纵向的联合，线性回归的联合等，生物医学统计的发展，给解决实际问题，提供了多种多样的工具和手段；实际数据的丰富，也为进一步改进和发展原有方法提出了要求。在不断解决实际问题中，研究的能力在提升，研究的方法在改进，也让我们越来越体会到生物医学统计的美妙。

肝移植患者术后的精神健康相关生活质量（MCS）和心理社会哪些因素有关？若 PHCS 表示自我效能；PSSS 表示社会支持；COPNING 表示应对，COPNING－A 表示回避，COPNING－AR 表示屈服，COPNING－C 表示面对；CAHS 表示健康认知评价，CAHS－T 表示威胁，CAHS－H 表示伤害，CAHS－C 表示挑战；能够从临床经验和护理理论上构建图 1－4 的结构关系，是否可以利用调查收集的数据估计模型？当我们根据结构方程模型的理论和方法，估计出这个结构关系时，我们对统计方法在生物医学领域的应用又有了进一步理解。

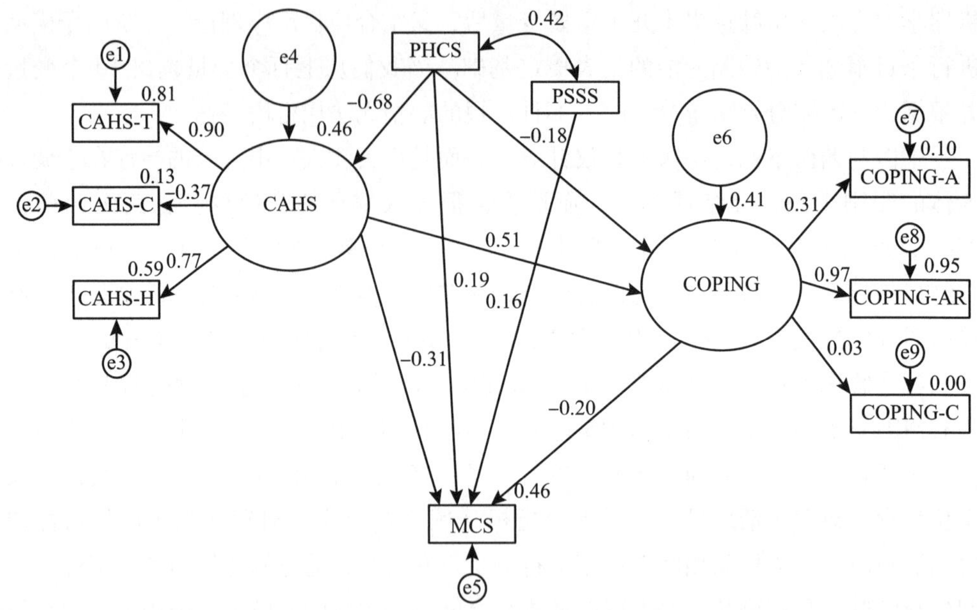

图1-4　心理因素、社会因素与精神健康生活质量关系

资料来源：北京中医药大学护理学院。

拿到仪器监测的老年人动态心率、呼吸频率、血氧饱和度、体温等数据资料后，是否可以使用这些数据综合测定老年人的宗气？通过几种模型构建都没有很好的模型形式和结果，于是，尝试采用见图1-5所示的二阶因子模型，构建宗气指数测度。

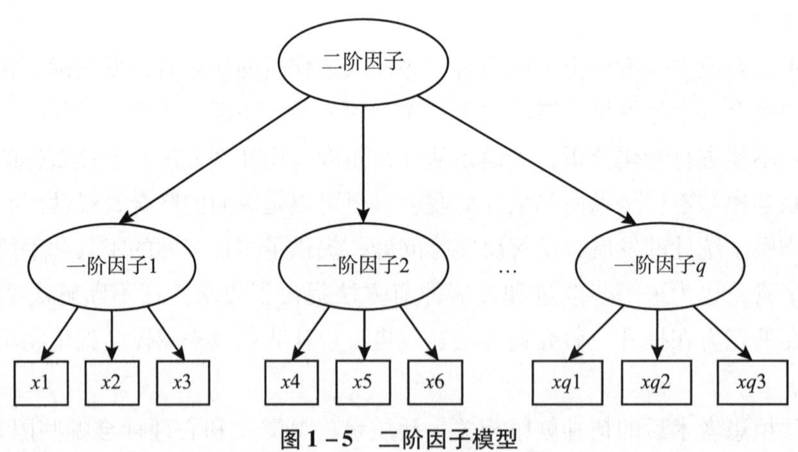

图1-5　二阶因子模型

利用上午测得数据构建模型见图1-6所示。结果表明，心率与宗气的路径系数为0.8807，血氧与宗气的路径系数为-0.6177，体温与宗气的路径系数为0.5295，呼吸与宗气的路径系数为0.9062。从相关性角度看，心率和呼吸是与宗气最紧密的两大因素，这与中医关于宗气的界定不谋而合。

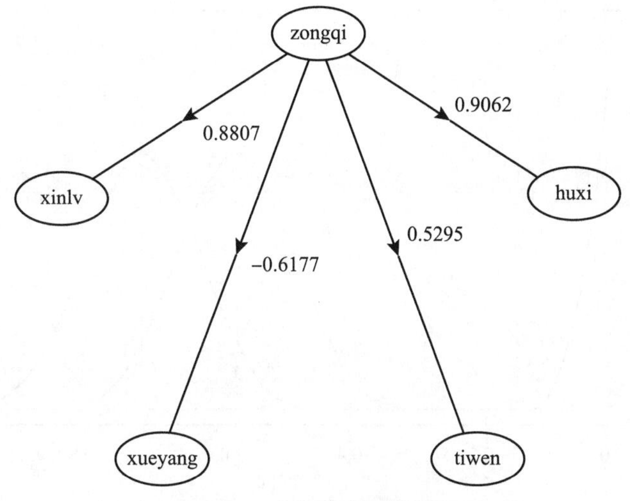

图1-6　宗气指数初始模型

资料来源：根据中国中医科学院中医基础理论研究所提供数据计算得到。

借助二阶因子模型得到不同老年人的宗气得分，但是否可以分类？如何分类？考虑测量得到的心率、呼吸、血氧、体温都是随时间变化的数据，用均值（中位数）分析，会损失很多信息，这时，函数型数据分析方法给我们提供了另外一个思路。

函数型数据分析（Functional Data Analysis，FDA）由 J. 拉姆齐（Jim Ramsay）于 1991 年首次提出。其与传统统计分析方法的本质区别，在于将所观测的离散的点不看作一串数字，而是用曲线进行拟合，看作一个整体，基于此对数据进行分析。离散数据拟合的假设为，临近的两个离散点的潜在产生过程是光滑的。

获得的离散数据，转换成函数型数据，需要用到基函数的线性组合。基函数，是一系列独立的已知函数 ϕ_k。将 K 个基函数进行线性组合可以得到拟合离散数据很好的近似函数曲线。常用的基函数有 B 样条基（非周期性数据）和傅里叶基（周期性数据）。傅里叶基函数曲线见图 1-7 所示，B 样条基函数曲线见图 1-8 所示。

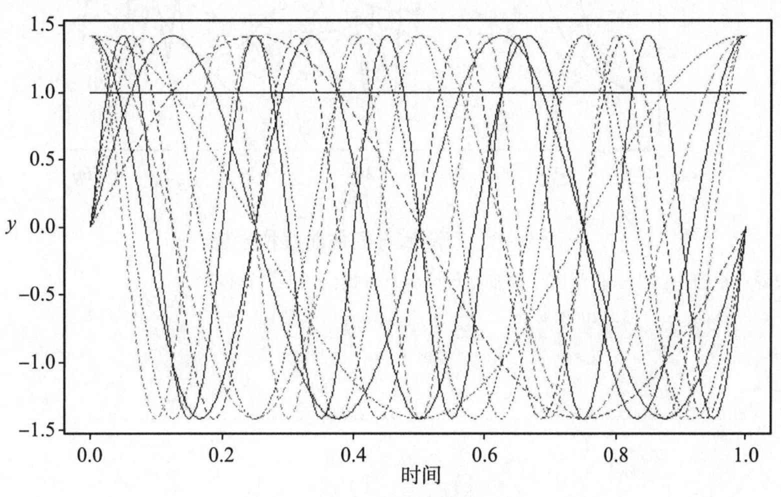

图1-7　傅里叶基函数曲线

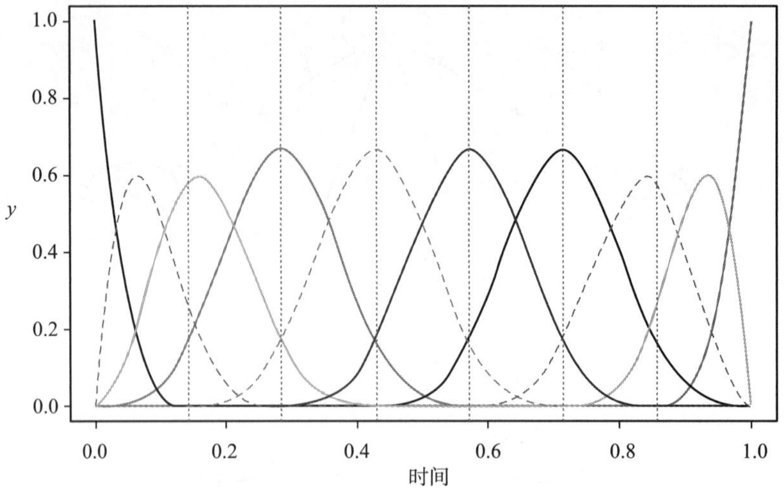

图 1-8　B 样条基函数曲线

基函数对于时间函数曲线的拟合，可以看作是连续函数曲线在 K 维基函数空间中的投影。对所拟合的光滑曲线采用不同定义的距离可以对函数型数据进行聚类，探索各条曲线之间相似度和动态变化规律，挖掘出曲线所蕴含的更多内在信息。

将测量的老年人某天 13 点 ~18 点心率数据进行函数化处理，得到图 1-9。图 1-9 中细实线代表某老年人含某些缺失的观测值，粗实线代表对其进行函数曲线拟合的值。将所有观测者数据进行函数化后聚类，得到图 1-10。图 1-10 中实线是第一类，长虚线是第二类，短虚线是第三类。

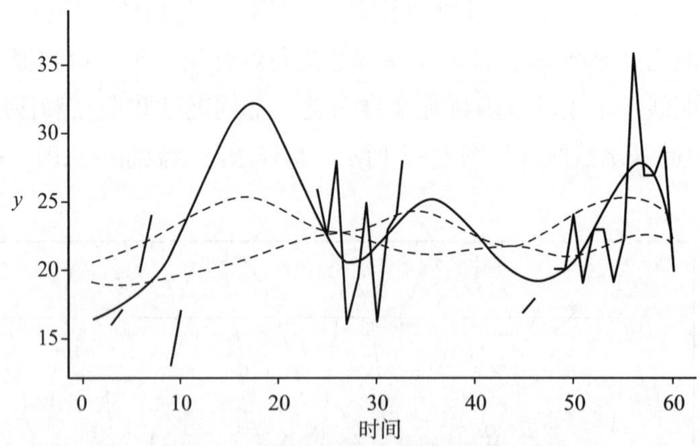

图 1-9　观测值与函数曲线拟合值

资料来源：根据中国中医科学院中医基础理论研究所提供数据计算得到。

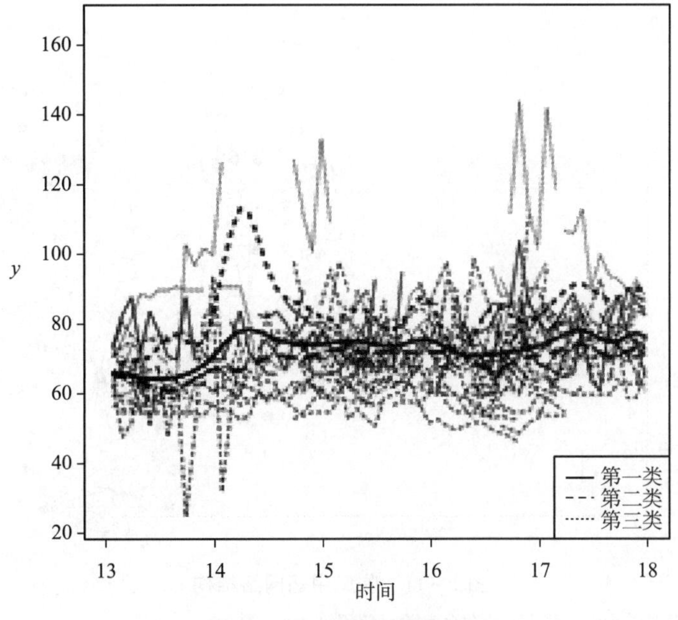

图1-10　心率曲线聚类

资料来源：根据中国中医科学院中医基础理论研究所提供数据计算得到。

可以看出，在心率方面，第三类人的心率较快，且波动较大，在13点~14点出现了明显的峰值；第一类人和第二类人的心率均较为平稳，其中第二类人的心率相比于第一类人更慢。

在分析指标节点间多层次结构关系时，既需要考虑指标群内指标节点间的关系，又需要考虑指标群内外的指标节点间的关系；既要按照一定标准，把一个网络中的各个指标节点分成几个离散的子集，又不能使同一个指标群体内指标节点相距太远；既要实现对指标节点的划分，形成指标子群体，又要研究出不同指标群体之间的关系，实现指标子群体的凝聚，形成指标群体。这样就可以实现对复杂网络中指标节点间多层次结构关系的探讨。在临床用药的网络结构分析中，采用了块模型方法，把一个网络中各个患者的用药按照一定标准分成几个离散的子集。根据整体网络密度、子网络（子结构）密度矩阵及关系矩阵，得到如图1-11的子结构关系图。图1-11中展示出子结构间关系的两种情况：孤立状态和关系状态。图1-11中左侧的结构反映孤立状态，表明基于目前的数据信息，对应的药物组合不存在与其他子结构中药物的合并使用情况，或者可能性很小。

晚期癌症患者中医介入治疗是否会延长中位生存？是否能提高生活质量？具有什么特征的人群通过治疗会有更好的结果？是否有目前方法治疗无效的人群？中医症状与基因结合是否可以找出人群特征？为了研究的需要，我们又走进了基因。

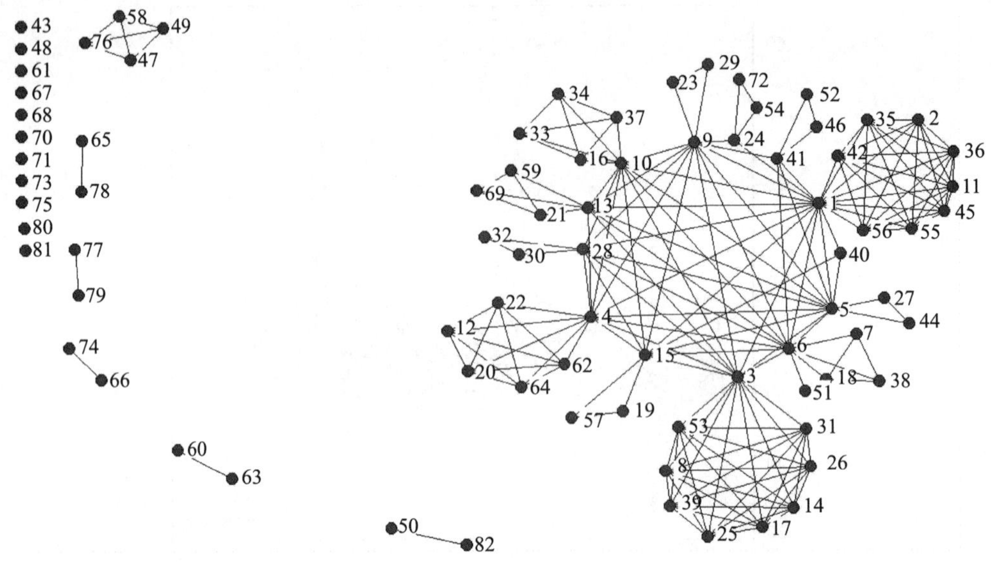

图 1－11　临床用药网络结构

资料来源：根据长春中医药大学提供的数据计算得到。

面对实际数据，一种种新方法被运用，一个个新问题被提出，一篇篇论文开始发表，……人真的很奇妙，身体的、生理的、心理的各个方面都有数不尽的数据；大自然很奇妙，人与自然的和谐保护着人，人与自然的失衡毁灭着人，规律何在？用数据说话，让数据告诉我们规律！这就是生物医学统计的魅力！

大数据时代的来临，统计是否还有用？答案是肯定的：统计依然大有可为！我们正面临挑战，但我们不惧怕挑战，我们已经处理了一些复杂数据，我们还将继续努力，在健康医疗大数据面前作更多的研究，造福国民，造福人类！这是生物医学统计承担的责任和使命！

相信年轻的后来者，相信统计的同仁，会昂首挺胸更大踏步地前行！

感谢中国人民大学，给我们提供了这么广阔的一个平台！感谢和我一起共事的老师们，感谢与我同行的学生们，没有他们的勤奋和钻研，就没有今天这点点滴滴！

谨以此文献给中国人民大学建立 80 周年、中国人民大学统计学院建立 65 周年、中国人民大学公共卫生与预防医学硕士点建立 10 周年。

技术变化冲击下的数理统计变革与思考[①]

王　星[②]　金勇进[③]　孙怡帆[④]　刘文卿[⑤]　蒋　妍[⑥]

摘　要： 当社会进入大数据时代，数理统计的教学和科研环境已发生根本性的变化。这是每一位从事统计学教育和科研工作者都在观察和思考的问题，传统的数理统计文化如何在技术变化的冲击下转型并获得发展，创新力得到激发的关键要素是什么？本文将从这几年数理统计教研室团队文化实践活动出发，探索在"双一流"建设目标牵动下一个基层组织获得持续发展的关键要素，给出未来发展的若干思考。

关键词： 统计学组织变革　创造性动力　双一流

The Change and Thinking of Mathematical Statistics Facing the New of Technological Updating

Wang Xing　Jin Yongjin　Sun Yifan　Liu Wenqing　Jiang Yan

Abstract：When the society enters into the era of big data，statistics teaching and research environment get great change which absorbing statistical educators and scholars to observe and think about every day. How to face this challenge and develop its culture to increase its impact of transformation and development for a traditional Mathematical statistics，what kind of key factors is for innovation? Starting from the team culture activities of mathematical statistics teaching and research section in recent years，the article explores the basic elements of team's sustainable development under the guidance of "double top class" construction goals，and gives some thoughts on future development.

Key words：Statistical Challenge，Creative power，Double top university

一、引　　言

近年来，国家明确了"一流大学"和"一流学科"的"双一流"高等学校建

① 基金支持：本成果受到中国人民大学"2017 年度中央高校建设世界一流大学和特色发展引导专项资金支持"，项目批准号 297217000021。

② **王星**，中国人民大学应用统计中心和统计学院，副教授，研究方向为非参数统计、网络算法和机器学习。

③ **金勇进**，中国人民大学应用统计中心和统计学院，教授，研究方向为抽样调查理论与方法。

④ **孙怡帆**，中国人民大学应用统计中心和统计学院，副教授，研究方向为复杂网络和深度学习。

⑤ **刘文卿**，中国人民大学应用统计中心和统计学院，讲师，研究方向为质量控制和实验设计。

⑥ **蒋妍**，中国人民大学应用统计中心和统计学院，副教授，研究方向为抽样调查技术与方法。

设目标和建设方案。中国人民大学统计学科在“双一流”建设之初占据了较好的位置，入选“双一流”A类建设名单，排在统计学科前列。数理统计教研室成立于20世纪50年代，是中国人民大学统计学院一支传统的统计学教学科研团队。近几年来通过“985”和“双一流”学科建设项目，立足一级学科、面向国际前沿、在发掘创新活力，激发前进动力的实践上不断开拓进取，扎实奋进取得了新的发展。

二、凝心聚力，教研室工作稳步发展

数理统计教研室作为数理统计基层教学组织，是落实统计学核心教学任务、促进教师教学发展、组织开展学术研究和承担群体性教学研讨的基本教学单位，教研室的凝聚力直接影响统计学专业的整体教学质量、创新动能和科研高度。

近几年，教研室在学院和全体教师的支持下，广泛联络国内外有关高校、科研机构和社会组织，开展了一系列具有社会影响力的学术活动，在组织学科建设、学术交流、举办各种形式的统计学术报告会、研讨会和统计教学师资培训，人才培养等方面做了大量的工作，为中国统计教育和发展做出了积极贡献。

概括起来，教研室在以下四方面开展了有效的工作。

（一）加强对外联系，直面技术变化，学术成果丰富

在统计学院所倡导的“见证今天，展望未来”的号召下，教研室加大了青年骨干教师的对外交流工作，数理统计教研室先后组织了多场课程改革和教材国内外经验交流会。多名教师金勇进、田茂再、张波、王星、孙怡帆、蒋妍和褚挺进等专业课教师每年安排不少于1个月的国外交流访问，增强与国内外学术同行的密切联系，学习先进经验，交流统计思维。学术交流的另一个特色是广泛收集新技术对统计教学和科研的新变化，思索在技术变化中统计教学和科研的新机遇、新形式和新内涵。图2-1为2017年10月24日统计学院数理统计教研室老师参加中国商业统计协会30年年会和国际数据挖掘会议的留影，期间与新加坡国立、澳大利亚墨尔本大学和我国台湾地区国际知名统计学家座谈，围绕学科发展，梯队建设，硬件设施和数据运营等方面进行交流与讨论，思考如何将统计学研究的最新进展及在AI领域的应用问题带入到大学课堂。

在合作交流的基础上，数理统计教研室近10年承担国家自然科学基金、国家社会科学基金课题研究；教育部重大科研项目25项，多项决策咨询研究成果被政府部门采用。在《斯堪的纳维亚统计月刊》《医学统计杂志》《计算统计和数据分析》《多元统计分析》（*Scandinavian Journal of Statistics*, *Statistics in Medicine*, *Computational Statistics and Data Analysis*, *Journal of Multivariate Analysis*）、《统计研究》等刊物发表论文150篇；在清华大学出版社、中国人民大学出版社等出版著作

（含教材）30 余部，清华大学出版社出版专著 6 部，在国内的统计学本科教学和研究生教学中发挥重要作用。

图 2－1　统计学院数理统计教师参加中国商业统计协会 30 年年会和国际数据挖掘会议

（二）开展以数据科学与大数据为主题的学术调研活动

数理统计教研室十分重视开展集体学术交流活动。定期召开学术年会，进行学术交流，提升内部互信，关注教育本质。2015 年，数理统计教研室共举办小型研讨活动 5 场，讨论制定数理统计学院三年规划方案，以发挥学科优势，开拓创新领域；研讨如何挖掘教师潜能服务学校和学院整体学科建设目标；制定了包括科研探索、教学创新、人才培养、队伍建设以及自主创新、服务能力建设和合作与交流等方面的学科建设内容。2016 年，教研室组织部分教师赴苏州大学进行学术交流（见图 2－2）。王星老师首先就如何在学科建设中发挥学科群的优势作用与数学科学院书记朱建刚教授交换想法，就交叉学科为统计学科的教学机遇进行探讨，就互联网大数据背景下统计学科的基础教育的变革进行展望；金勇进教授对教育部重点研究基地对提升研究生培养质量方面谈了自己的观点，苏州大学数学科学院唐煜老师详细介绍了苏州大学数科院统计学专业的生源、培养特色和学生课程建设情况。双方就专业硕士与学术硕士的培养特点进行相互交流，专业硕士校外导师的聘请基本条件，教学激励的相关举措和提升科研成果的质量进行经验分享。之后，教研室赶赴中国人民大学苏州校区进行“大数据时代的统计基础课程改革与教学方法创新研讨会”，与刘甡老师交流苏州校区的建设经验，与公共管理学院王克平老师交流开放型实践教学体系的构建以及校企合作案例开发经验。

图 2-2　2016 年 11 月数理统计老师在苏州大学数学系交流通会

2017 年 6 月，教研室组织了与西安交通大学经济与金融学院围绕大数据人才培养模式的交流活动（见图 2-3）。研讨期间明确了大数据时代数理统计对经济和金融的重要性及数理统计学在金融经济领域的重要地位。西安交通大学经济与金融学院统计学相关专业教师就统计学教学科研及人才培养工作与我院金勇进、王星、孙怡帆、何晓群、蒋妍和刘文卿老师进行了深入探讨。王星首先对我院基本情况进行介绍，并就大数据为统计学一级学科提供的机遇和挑战与学院严明义教授进行了探讨。金勇进教授介绍应用统计中心教育部重点研究基地建设经验。孙怡帆介绍我院在大数据人才培养方面已开展的工作，包括特色项目“五校联合大数据专业硕士”的培养方案及课程设置，及我院数据挖掘中心为提高学生数据分析能力而举办的各项学术交流活动。

图 2-3　统计学院数理统计教研室组织在西安交通大学进行调研访问通会

（三）开展教学培训活动，探索研究型教学

自2010年以来，统计学院已先后举办过11期专业课程师资培训，近20期面向政府统计的专业培训，来自全国各高校教师及企事业单位从业人员共计3000余人参加培训。培训的目标是强化数据使用意识，推动跨领域的数据分享和应用，引领区域层面上的数据获取和处理技术；创造学员之间合作机缘，努力营造数据组织文化氛围，提升学员的数据思维习惯，提出具体明确的评价标准，编制优秀教学案例和实践指南供教师学员参考。

2014年以来，我院统计学专业本科《非参数统计研究性课程》获学校审批，成为统计学院首批以教学改革为中心，全面推动课程教学方式和学习方式转变的实验课程。该课程旨在培养统计专业数据分析、决策和信息形成的能力，培养理念概括为“洞察+驱动+修复”的诊所式研究能力。诊所式研究能力由洞察发现问题、数据驱动解决问题和信息有机修复三种能力构成。课程通过一系列问题导向的统计案例实验，将统计原理、方法、数据分析技术与应用有机融合，提高学生在数理统计、非参数统计、数据分析计算以及数据理解方面的综合技能。课程通过文献、案例和实验，尊重数据的特点和研究规律，不是用现成工具和分析套路理解复杂数据，而是引导学生在数据的背景和问题中寻找思考的契机和数据的着力点，在不同领域，不同任务中通过有机地组合模型发展递进式决策数据领导力。而金勇进、杜子芳和蒋妍教授组织的抽样技术课程体系建设，探讨如何助力学生的大学生创业竞赛等专题，同样也在帮助学生树立由有意义的问题所引导的数据分析理念（见图2-4）。

图2-4 统计学院数理统计教研室组织教学科研建设沟通会

（四）引企入校，引数入队，搭建校企合作平台

2016年6~10月，国家天文台与概率论与数理统计教研室共同探讨宇宙学与统计学的交叉研究，探讨如何在强大的宇宙前景中捕获来自宇宙早期的微弱信号是目前所有宇宙再电离试验的挑战问题。去除强大前景的基本假设是：宇宙前景信号由同步辐射主导，在频率空间辐射呈现光滑的幂律谱特征。在观测的信号中，减去

一个幂律成分或一个多项式，则可以去除前景的影响。相反，背景待测信号在频率空间是有结构的，如果频率范围选择的合适（如20MHz），则适当地去除平滑结构的操作，可以去除前景而保留宇宙早期的再电离21cm信号。过去几年国际上主要的去除前景的方法以参数化方法为主，参数的方法强烈地依赖多项式的形式，在实际应用中有诸多限制。而另一类是非参数方法，可以解决噪声稀疏，结构数量和形状不固定下的噪声结构发现，这次交流活动为我们开辟新的天文大数据算法架构提供了重要机遇。

当今互联网飞速发展，互联网核心人才供不应求，这个时候，如果能抓住机遇，站在“互联网+”的风口上顺势而为，就一定会使学生的创新性腾飞起来，而抓住互联网+的人就一定能够有所未来。为培养我院数理统计学在互联网人才，2017年10月，统计学院组织了数理统计互联网金融人才培养产学研结合交流会。我院数理统计师生与“京东金融”共同探讨互联网时代数据科学家的机遇与职业定位，会议期间主要围绕数据科学人才的培养、培养怎样的人和如何培养三个根本问题，给师生提供与互联网行业精英进行面对面交流的机会。同学们一致认为，来自实务界的应用为同学们思考学术训练与职场能力的关系打开了“一扇窗”，让他们认识到科学研究与未来职业定位的关系，了解未来工作中的挑战与机遇（见图2-5）。

图2-5　统计学院数理统计教研室开展丰富多彩的引企入校（左）和引数入队（右）研讨活动

三、未来发展思考

（一）搭建更高水平的教学科研平台

在“双一流”新的历史条件下，教研室将更加充分利用“一级学科”平台资源，以数理统计为基石带动和大数据与统计研究院的教学科研的双向融合，统计学院的数理统计团队有传统的教学优势，而新成立的大数据与统计研究院科研国际化程度高，大力开展精心组织策划高质量的前瞻性、学术性的报告会、研讨会等活动，学习国际先进经验，探讨如何将前沿的统计科研成果及时地纳入到基础教学中，发挥各自所长，形成交叉支持优势，以此来破解基层教学组织的“空心化”难题提升团队的教学科研整体水平。

（二）加强交流与合作，推动统计科研成果转化

发挥本科数据科学专业的身份优势，广泛联系政府、企（事）业单位、科研院所、高等院校和相关社团，搭建产、学、研结合平台，促进相互之间的交流与合作。努力克服“小作坊式”的单兵作战，逐步调整为更加符合大数据复杂问题研发客观规律的基础研究、算法研发、数据保障和运营中心等，争取多承接一些研究课题，自主部署科研项目，推动科技成果转化，提高研究成果的社会效益和经济效益。

（三）夯实学术活动精品，聚集统计研究

继续办好学术论坛活动，鼓励学生以团队方式参加学术会议，增强学生科研能力，为促进校际之间的相互交流与学习发挥积极作用。举办不同层次的、实用性强的统计数据科学培训班，提高统计人才的研究与应用能力。办好数据论坛，聚集统计人才，碰撞统计新格局，新认识，塑造活动精品，打造数理统计学术品牌。

（四）积极推动大数据研究

当今，各类交易、交互、传感等电子数据正以几何级速度增长，统计生产方式更加多源多样，强劲地推动着生产生活方式的变革，大数据时代给我们带来巨大挑战的同时，也迎来了难得的发展机遇。数理统计要紧紧围绕“统计和学习”，认真研究建立大数据技术标准体系问题，针对大数据多源性的特点，研究分析不同尺度数据之间的衔接和不同口径数据源之间的整合问题。要站在大数据研究与应用的最前沿，紧紧围绕大数据在统计工作中应用的关键问题，提出具有科学性、前瞻性的研究成果。

（五）关注数据领军人才培养

统计学院已成立“创新人才培养计划”专项领导小组，其学员主要是有学术创新潜力的优秀本科高年级学生，而师资主要来自于海外一流大学。培养能够问鼎世界级统计学术奖项的统计先锋人才是我国高等统计教育的重要组成部分。从大数据产业的发展来看，中国在一些技术方面已经在国际上超前，国家也亟须大量数据科学方面的领军人才，不同学科之间的融合、跨领域的建模、数据分析的团队技巧

和不同尺度空间的学习热情都是新时代领军人才所必备的能力。在国家大力发展一流人才的大背景下，团队在领军教育领域的工作显然大有可为，做好这方面的工作，也会为团队带来较强的发展空间与发展活力。

大数据时代，不确定性问题正在向低可预测性、高复杂性、学科融合的趋势发展，统计分析既不同于数学建模也不同于计算建模，而是在数据所提供给统计的问题中改加建模，对于统计组织和组织文化而言，持久的合作互信和尊重数据研究的客观规律是获得持续发展的关键要素。不低估不排斥任何一个伙伴，主动积极地接触学习新领域、新知识，寻求一切可以促进合作的机会点，培养用新思维和新技术解决有意义问题的直觉，增强沟通交流，进而高效率、高质量地提出创新性解决思路。我们必将用突破原有框架、开拓新领域、确立新决策的创造性统计思维来迎接数据问题所带来的全新时代。

参考文献

[1] 王亚男，张景焕，创造力研究的新领域：合作创造力，心理科学进展 [J]. 2010，Vol 18，No. 184 - 190.

[2] 赵彦云，艾春荣，统计学学科建设实施工作方案，2017 年 11 月，内部资料.

小微企业多重抽样框问题研究[①]

万舒晨[②] 金勇进[③]

摘 要：大数据背景下，多种数据来源都可以形成小微企业的抽样框，其中多个部门的行政记录自然就可以形成多重抽样框。本文系统研究了小微企业多重抽样框的理论和实际应用，探讨了单个抽样框中丢失目标总体单位问题的改进方法，弥补了抽样总体与目标总体不一致的缺陷。通过研究，有效地控制了小微企业调查中抽样框的误差，在大数据背景下赋予小微企业抽样调查新的活力。

关键词：小微企业 多重抽样框 抽样框误差 大数据

The Research on Multiple – frame Surveys of the Small and Micro Enterprises

Wan Shuchen Jin Yongjin

Abstract：On the background of big data, many data sources can form the sampling frames of the small and micro enterprises, and the administrative records of many government departments can form the multiple-frame spontaneously. This paper systematically study the theory and application of the multiple-frame surveys in the small and micro enterprises, and discuss the improvement method to solve the problem about missing the units of target population in the single sampling frame, then correct the shortcomings of the mismatching between the sampling population and the target population. The research of this paper can effectively control the sampling frame error, and vitalize the sampling of the small and micro enterprises on the background of big data.

Key words：Small and Micro Enterprises, Multiple – frame, Sampling Frame Error, Big Data

一、引 言

改革开放以后，伴随着我国国民经济的高速发展，小微企业发展迅速，其在促

① 基金项目：全国统计科学研究重点项目《小微工业企业抽样调查问题研究》（2013LZ34）；北京市社科基金重点项目《基于北京市地理分布的空间抽样设计研究》（14JGA022）；国家社科基金项目《大数据背景下非概率抽样的统计推断问题研究》（15BTJ014）。

② **万舒晨**，中国人民大学统计学院在读博士生，高级统计师，就职于国家统计局，研究方向为抽样调查理论与方法。

③ **金勇进**，教育部重点研究基地“应用统计科学研究中心”主任，中国人民大学统计学院教授，博士研究生导师，湖北经济学院“楚天学者”，研究方向为抽样调查理论与方法。

进经济发展、增加就业岗位、维护社会稳定等方面的作用尤为突出。近年来，随着我国“大众创业、万众创新”活动的开展，以及商事制度改革进一步简政放权，小微企业的发展得到了大力支持，因而小微企业的抽样调查数据受到党、政府和社会各界的高度关注。

众所周知，小微企业新增、消亡变动频繁给抽样框的维护带来了难度，导致抽样总体与目标总体出现了一定差异，造成了抽样框误差的出现。本文主要考虑丢失目标总体单位即抽样框未完全覆盖目标总体时的抽样框误差，此种情况对指标总量和均值的影响较大，并且这种抽样框误差在仅利用单个抽样框的前提下很难避免。

一般而言，政府统计可以应用的大数据主要来源有行政记录数据、商业记录数据、互联网数据三类，实际上每种数据来源都可以形成小微企业的一个抽样框。其中，小微企业行政记录主要来自于统计、工商、税务、质检和劳动保障等多个部门，多个部门的行政记录自然就可以形成多重抽样框。因而，本文主要研究小微企业多重抽样框的理论和实际应用，通过构造多重抽样框提高对目标总体的覆盖程度，力争解决小微企业调查中丢失目标总体的抽样框误差问题。

二、多重抽样框研究的主要进展

多重抽样框的思想主要体现在：一次抽样调查过程中，当无法实现单个抽样框完整覆盖目标总体或者建立完整覆盖目标总体的单个抽样框成本较高时，可同时利用两个或者两个以上的抽样框组合，来实现对目标总体的较好覆盖。显然，多重抽样框方法自身最大的问题在于可能导致同一个总体单元重复出现在多个抽样框中，加大了该总体单元被选中的概率，并且多重抽样框之间的重复单位很难有效清除。对于此问题，有学者研究了相应的解决方法。

（一）双重抽样框设计及估计

多重抽样框设计中最简单的形式就是采用两个抽样框，称为双重抽样框。很多学者利用分离或组合的不同思路，提出了各种估计量，具体包括 Hartley 估计量、Lund 估计量、Fuller - Burmeister 估计量、伪极大似然估计量和单框估计量等。并且，S. L. 洛尔和 J. N. K. 罗（S. L. Lohr & J. N. K. Rao）给出了双重抽样框中各种估计量及其渐近方差的统一形式。

（二）多重抽样框设计及估计

相比于双重抽样框，多重抽样框的设计及估计方式相对更为复杂。S. L. 洛尔和 J. N. K. 罗研究得到了多重抽样框中伪极大似然估计量的结论；R. J. 卡萨迪和 M. G.

西尔肯（R. J. Casady & M. G. Sirken）根据样本单位所属抽样框的个数，研究了基于抽样框重数的估计量（Multiplicity Estimator）。

三、小微企业多重名录抽样框的研究

在小微企业抽样调查的实践中，行政记录主要来自于统计、工商、税务、质检和劳动保障等多个部门；并且，商业记录数据和互联网数据均有可能构成小微企业的名录抽样框。因而，小微企业名录抽样框的来源广泛，可以考虑开展多重名录抽样框在小微企业抽样调查中的理论和应用研究。

在多重名录抽样框的实际应用中，同一个企业可能同时出现在多个名录抽样框中，造成在多个名录抽样框中重复出现的某些企业的入样概率大幅增加，使得各入样企业单位具体属于哪些抽样框的归类问题变得十分复杂，增大了多重抽样框中重叠部分的估计难度。对此，本文考虑在实际应用中采取基于抽样框重数的估计量（Multiplicity Estimator），该估计量无须知道每个样本单位具体属于哪些抽样框，仅需知道每个样本单位所属抽样框的个数，不受入样单位被错误归类的影响。

为了引入基于抽样框重数的估计量，首先记示性函数 $I_i(c)$ 为：

$$I_i(c)=\begin{cases}1, & 若\ i\in 划分范围\ c\\ 0, & 若\ i\notin 划分范围\ c\end{cases},\quad c=1,\ \cdots,\ 2^T-1 \tag{3-1}$$

由于划分范围互相不重叠，故可将目标总体总值表示为：

$$Y=\sum_{c=1}^{2^T-1}\sum_{i\in\cup_{t=1}^{T}A_t}I_i(c)y_i \tag{3-2}$$

记示性函数 $I_i(A_t)$ 为：

$$I_i(A_t)=\begin{cases}1, & 若\ i\in 抽样框\ A_t\\ 0, & 若\ i\notin 抽样框\ A_t\end{cases},\quad t=1,\ \cdots,\ T \tag{3-3}$$

并且，记样本单位 i 的重数为 $r_i=\sum_{t=1}^{T}I_i(A_t)$，表示该样本单位 i 所属于的抽样框的个数。进一步地，通过交换求和号并利用 $\sum_{c=1}^{2^T-1}I_i(c)=1$，可将目标总体总值表示为如下各个抽样框进行组合的公式形式：

$$\begin{aligned}Y&=\sum_{c=1}^{2^T-1}\sum_{i\in\cup_{t=1}^{T}A_t}I_i(c)y_ir_i^{-1}r_i=\sum_{c=1}^{2^T-1}\sum_{i\in\cup_{t=1}^{T}A_t}I_i(c)y_ir_i^{-1}\sum_{t=1}^{T}I_i(A_t)\\&=\sum_{t=1}^{T}\sum_{i\in\cup_{t=1}^{T}A_t}I_i(A_t)y_ir_i^{-1}\sum_{c=1}^{2^T-1}I_i(c)=\sum_{t=1}^{T}\sum_{i\in\cup_{t=1}^{T}A_t}I_i(A_t)y_ir_i^{-1}\\&=\sum_{t=1}^{T}\sum_{i\in A_t}y_ir_i^{-1}\end{aligned} \tag{3-4}$$

对应式（3-4），可引入基于抽样框重数的无偏估计量 $\hat{Y}_{mul}$：

$$\hat{Y}_{mul}=\sum_{t=1}^{T}\sum_{i\in S_t}(y_ir_i^{-1}/\pi_i^t) \tag{3-5}$$

其中，S_t 为从抽样框 A_t 抽取的样本，π_i^t 为抽样框 A_t 中样本单位 i 的入样概率。特别地，当在各个抽样框中均采取简单随机抽样方法时，式（3-5）中基于抽样框重数的无偏估计量为：

$$\hat{Y}_{mul,srs} = \sum_{t=1}^{T} \sum_{i \in S_t} (y_i r_i^{-1} N_t / n_t) \quad (3-6)$$

其中，N_t 为抽样框 A_t 中小微企业的总体单位数，n_t 为从抽样框 A_t 中抽取的样本 S_t 中所包含的样本企业单位数。

对于基于抽样框重数的估计量，其方差及估计量有如下定理。

定理1　当在 T 个抽样框中均采用简单随机抽样方法时，对于式（3-6）中基于抽样框重数的估计量 $\hat{Y}_{mul,srs}$，其方差以及对应的方差无偏估计量分别为：

$$V(\hat{Y}_{mul,srs}) = \sum_{t=1}^{T} \frac{N_t - n_t}{n_t(N_t - 1)} [N_t \sum_{i \in A_t} y_i^2 r_i^{-2} - (\sum_{i \in A_t} y_i r_i^{-1})^2] \quad (3-7)$$

$$v(\hat{Y}_{mul,srs}) = \sum_{t=1}^{T} \frac{N_t - n_t}{n_t(n_t - 1)} [N_t \sum_{i \in S_t} y_i^2 r_i^{-2} - \frac{N_t}{n_t} (\sum_{i \in S_t} y_i r_i^{-1})^2] \quad (3-8)$$

证明：记 $z_i = y_i r_i^{-1}$，则式（3-6）变为 $\hat{Y}_{mul,srs} = \sum_{t=1}^{T} \sum_{i \in s_t} (z_i N_t / n_t)$。由于各个抽样框中的抽样操作是独立进行的，故有：

$$\begin{aligned} V(\hat{Y}_{mul,srs}) &= \sum_{t=1}^{T} N_t^2 \left(1 - \frac{n_t}{N_t}\right) \frac{1}{n_t} \frac{\sum_{i \in A_t} (z_i - \bar{Z}_t)^2}{N_t - 1} \\ &= \sum_{t=1}^{T} \frac{N_t - n_t}{n_t(N_t - 1)} N_t \left[\sum_{i \in A_t} z_i^2 - \frac{(\sum_{i \in A_t} z_i)^2}{N_t} \right] \\ &= \sum_{t=1}^{T} \frac{N_t - n_t}{n_t(N_t - 1)} [N_t \sum_{i \in A_t} y_i^2 r_i^{-2} - (\sum_{i \in A_t} y_i r_i^{-1})^2] \end{aligned}$$

由式（3-6），可得方差式（3-7），对应也可得其方差估计公式即式（3-8），故定理得证。当忽略有限总体校正系数时，由定理1可得其方差和方差估计量分别为：

$$V(\hat{Y}_{mul,srs}) = \sum_{t=1}^{T} \frac{N_t}{n_t(N_t - 1)} [N_t \sum_{i \in A_t} y_i^2 r_i^{-2} - (\sum_{i \in A_t} y_i r_i^{-1})^2] \quad (3-9)$$

$$v(\hat{Y}_{mul,srs}) = \sum_{t=1}^{T} \frac{N_t}{n_t(n_t - 1)} [N_t \sum_{i \in S_t} y_i^2 r_i^{-2} - \frac{N_t}{n_t} (\sum_{i \in S_t} y_i r_i^{-1})^2] \quad (3-10)$$

记 $S_{mul,t}^2 = \frac{\sum_{i \in A_t} y_i^2 r_i^{-2} - (\sum_{i \in A_t} y_i r_i^{-1})^2 / N_t}{N_t - 1}$，则方差式（3-9）变为：

$$V(\hat{Y}_{mul,srs}) = \sum_{t=1}^{T} (N_t^2 S_{mul,t}^2 / n_t) \quad (3-11)$$

下面，对基于抽样框重数的估计量，考虑如下线性成本费用的限制：

$$C = C_0 + \sum_{t=1}^{T} C_t n_t \quad (3-12)$$

其中，C 和 C_0 分别表示总调查费用和初始固定费用，C_t 表示在对第 t 个抽样框中样本单位开展调查时的单个企业调查费用。在此，利用拉格朗日优化方法考虑获得给定调查费用下的最小方差，相应可得样本量 n_t 的最优取值为：

$$n_{t,opt} = (C - C_0) N_t \sqrt{S_{mul,t}^2 / C_t} / (\sum_{q=1}^{T} N_q \sqrt{C_q S_{mul,q}^2}),\ t = 1, \cdots, T \quad (3-13)$$

再将式（3-13）代入式（3-9），得给定调查费用下的最小方差为：

$$V_{opt}(\hat{Y}_{mul,srs}) = (\sum_{t=1}^{T} N_t \sqrt{C_t S_{mul,t}^2})^2 / (C - C_0) \tag{3-14}$$

四、小微企业多重名录抽样框和区域抽样框组合设计研究

在小微企业抽样调查的实践中，多重名录抽样框虽然一定程度上提高了抽样总体对目标总体的覆盖程度，但往往仍无法形成对目标总体的全覆盖。因而在采用多重名录抽样框设计时，需要考虑加入区域抽样框进行组合设计。区域抽样框可按照地理区域界线进行划分，小微企业坐落于对应的地理区域中，区域抽样框不会漏掉任何企业，因而采用区域抽样框能够做到对目标总体的全覆盖；但在调查前无法获知区域内企业具体的名单和相应的详细名录信息，不清楚区域内具体有多少企业，也不知道企业具体属于哪个地理区域。而名录抽样框中含有企业的具体名录信息，但掌握的企业名单往往不足，存在遗漏。因此，在小微企业抽样调查中进行多重名录抽样框和区域抽样框的组合设计能够有效利用两者的优点，并能利用区域抽样框弥补名录抽样框的不足，从而在多重抽样框设计的基础上进一步提高对目标总体的覆盖程度。

从而，本节考虑多重名录抽样框和区域抽样框组合设计的相关研究。在小微企业抽样调查实践中，可考虑对多重名录抽样框部分采取简单随机抽样，应用基于抽样框重数的估计量；区域抽样框考虑以行政区域地块界限进行分割建立抽样框，每个地块包含本行政区域内的所有小微企业，并且针对区域抽样框考虑采取整群抽样的方法，对抽中的样本区域群中的企业进行全面调查。在多重名录抽样框和区域抽样框的组合设计中，对两种类型抽样框的重叠划分部分可分别进行一般设计和筛选法设计两种不同设计方法的研究。

（一）重叠划分部分的一般设计

对于多重名录抽样框和区域抽样框的组合，可见图4－1进行“虚拟”划分：区域抽样框记为A框，多重名录抽样框作为一个整体记为B框。将区域抽样框A划分为两个部分，分别是仅属于区域抽样框中的企业记为a，以及区域抽样框A中属于多重名录抽样框整体B中的企业记为ab。对于多重抽样框整体B，显然有$ab = B$，$N_{ab} = N_B$。

进一步地，对于重叠部分的多重名录抽样框中的样本企业估计结果和区域抽样框中区域样本估计结果，采用η和$1-\eta$进行加权估计，设计总体目标估计量如下：

$$\hat{Y}_u(\eta) = K_A \bar{y}_{u,a} + \eta K_A \bar{y}_{u,ab(A)} + (1-\eta)\hat{Y}_{B,mul} \tag{4-1}$$

其中，K_A为区域抽样框中区域群的总个数，k_A为从区域抽样框A抽中的样本区域群个数；$\bar{y}_{u,a} = \sum_{i=1}^{k_A} y_{a_i}/k_A$为样本区域群中落在划分范围$a$的群指标均值，

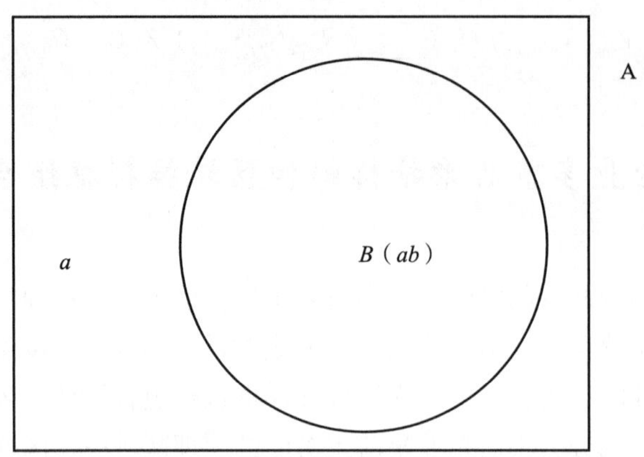

图4-1 多重名录抽样框和区域抽样框组合设计的“虚拟”划分

$y_{a_i}=\sum_{j=1}^{N_{a_i}}y_{a_{ij}}$ 为第 i 个样本群中落在划分范围 a 的群指标总量，$y_{a_{ij}}$ 为第 i 个样本区域群中落在划分范围 a 的第 j 个企业单位指标值；$\bar{y}_{u,ab(A)}=\sum_{i=1}^{k_A}y_{ab(A)_i}/k_A$ 为样本区域群中落在划分重叠范围 ab 的群指标均值，$y_{ab(A)_i}=\sum_{j=1}^{N_{ab(A)i}}y_{ab(A)_{ij}}$ 为第 i 个样本区域群中落在划分重叠范围 ab 的群指标总量，$y_{ab(A)_{ij}}$为第 i 个样本区域群中落在划分重叠范围 ab 的第 j 个企业的指标值；$\hat{Y}_{B,mul}=\sum_{t=1}^{T}\sum_{i\in s_t}(y_i r_i^{-1}N_{B,t}/n_{B,t})$，$N_{B,t}$为多重名录抽样框 B 的第 t 个名录抽样框 B_t 中小微企业的总体单位数，$n_{B,t}$为从 B_t 中抽取的样本 S_t 中所包含的样本企业单位数；$\eta\in[0,1]$ 为重叠部分的加权系数。

显然，式（4-1）中的总体目标的估计量 $\hat{Y}_u(\eta)$ 为无偏估计量，当忽略整群抽样和简单随机抽样的有限总体校正系数时，其对应的近似方差为：

$$V[\hat{Y}_u(\eta)]=\frac{K_A^2}{k_A}S_{u,a}^2+\eta^2\frac{K_A^2}{k_A}S_{u,ab(A)}^2+2\eta\frac{K_A^2}{k_A}S_{u,a,ab(A)}^2+(1-\eta)^2\sum_{t=1}^{T}\frac{N_{B,t}^2}{n_{B,t}}S_{B,mul,t}^2 \tag{4-2}$$

其中，$S_{u,a}^2=\frac{\sum_{i=1}^{K_A}(Y_{a_i}-\bar{Y}_{u,a})^2}{K_A-1}$，$Y_{a_i}$为第 i 个群中落在划分范围 a 的群指标总量，$\bar{Y}_{u,a}=\sum_{i=1}^{K_A}Y_{a_i}/K_A$ 为落在划分范围 a 的群指标总体均值；$S_{u,ab(A)}^2=\frac{\sum_{i=1}^{K_A}(Y_{ab(A)_i}-\bar{Y}_{u,ab(A)})^2}{K_A-1}$，$Y_{ab(A)_i}$为第 i 个区域群中落在划分重叠范围 ab 的群指标总量，$\bar{Y}_{u,ab(A)}=\sum_{i=1}^{K_A}Y_{ab(A)_i}/K_A$ 为落在划分范围 ab 的群指标总体均值；$S_{u,a,ab(A)}^2=\frac{\sum_{i=1}^{K_A}(Y_{a_i}-\bar{Y}_{u,a})(Y_{ab(A)_i}-\bar{Y}_{u,ab(A)})}{K_A-1}$；$S_{B,mul,t}^2=\frac{\sum_{i\in B_t}y_i^2r_i^{-2}-(\sum_{i\in B_t}y_ir_i^{-1})^2/N_t}{N_t-1}$。

在区域抽样框和多重名录抽样框中分别进行整群抽样和简单随机抽样，两个抽样框中单个企业的调查成本往往不同，为了节省总体调查成本，因而需要考虑利用如下的线性费用函数进行样本量的分配：

$$C = C_0 + C_A n_A + \sum_{t=1}^{T} C_{B,t} n_{B,t} = C_0 + C_A \sum_{i=1}^{k_A} N_{A_i} + \sum_{t=1}^{T} C_{B,t} n_{B,t}$$

$$= C_0 + C_A \bar{n}_A k_A + \sum_{t=1}^{T} C_{B,t} n_{B,t} \tag{4-3}$$

其中，C_A 表示对区域抽样框中样本单位调查时的单个企业调查费用，$C_{B,t}$表示对多重名录抽样框 B 的第 t 个名录抽样框 B_t 中样本单位开展调查时的单个企业调查费用，$n_A = \sum_{i=1}^{k_A} N_{A_i}$ 表示从区域抽样框 A 中抽取的样本企业单位数，$\bar{n}_A = n_A/k_A = \sum_{i=1}^{k_A} N_{A_i}/k_A$ 表示从区域抽样框 A 中进行整群抽样所抽取样本群中的每个样本群包含的平均企业单位数，$N_{A_i} = N_{a_i} + N_{ab(A)_i}$ 为第 i 个样本群中的所有企业单位数。由于 $\bar{n}_A$ 随抽取的具体样本区域整群不同而有所变化，但 $E(\bar{n}_A)$ 为一常数，可记为$\bar{N}_A$，并且显然有 $\bar{N}_A = (\sum_{i=1}^{K_A} N_{A_i})/K_A$，因而可对成本费用式（4－3）取期望有：

$$E(C) = C_0 + C_A E(\bar{n}_A) k_A + \sum_{t=1}^{T} C_{B,t} n_{B,t} = C_0 + C_A \bar{N}_A k_A + \sum_{t=1}^{T} C_{B,t} n_{B,t} \tag{4-4}$$

结合式（4－2）和式（4－14），定义拉格朗日函数并利用优化方法得样本量 k_A 和 $n_{B,t}(t=1, \cdots, T)$ 确定时 η 的最优取值为：

$$\eta_{opt \mid k_A, n_{B,t}(t=1,\cdots,T)} = \left(\sum_{t=1}^{T} \frac{N_{B,t}^2}{n_{B,t}} S_{B,mul,t}^2 - \frac{K_A^2}{k_A} S_{u,a,ab(A)}^2 \right) \Big/ \left(\sum_{t=1}^{T} \frac{N_{B,t}^2}{n_{B,t}} S_{B,mul,t}^2 + \frac{K_A^2}{k_A} S_{u,ab(A)}^2 \right) \tag{4-5}$$

将式（4－5）代入式（4－2），可得样本量 k_A 和 $n_{B,t}(t=1, \cdots, T)$ 确定时的最小方差为：

$$\begin{aligned} V_{opt \mid k_A, n_t(t=1,\cdots,T)}[\hat{Y}_u(\eta)] = {} & \frac{K_A^2}{k_A} S_{u,a}^2 + \frac{\left(\sum_{t=1}^{T} \frac{N_{B,t}^2}{n_{B,t}} S_{B,mul,t}^2 - \frac{K_A^2}{k_A} S_{u,a,ab(A)}^2 \right)^2}{\left(\sum_{t=1}^{T} \frac{N_{B,t}^2}{n_{B,t}} S_{B,mul,t}^2 + \frac{K_A^2}{k_A} S_{u,ab(A)}^2 \right)^2} \frac{K_A^2}{k_A} S_{u,ab(A)}^2 \\ & + 2 \frac{\sum_{t=1}^{T} \frac{N_{B,t}^2}{n_{B,t}} S_{B,mul,t}^2 - \frac{K_A^2}{k_A} S_{u,a,ab(A)}^2}{\sum_{t=1}^{T} \frac{N_{B,t}^2}{n_{B,t}} S_{B,mul,t}^2 + \frac{K_A^2}{k_A} S_{u,ab(A)}^2} \frac{K_A^2}{k_A} S_{u,a,ab(A)}^2 \\ & + \frac{\left(\frac{K_A^2}{k_A} S_{u,ab(A)}^2 + \frac{K_A^2}{k_A} S_{u,a,ab(A)}^2 \right)^2}{\left(\sum_{t=1}^{T} \frac{N_{B,t}^2}{n_{B,t}} S_{B,mul,t}^2 + \frac{K_A^2}{k_A} S_{u,ab(A)}^2 \right)^2} \sum_{t=1}^{T} \frac{N_{B,t}^2}{n_{B,t}} S_{B,mul,t}^2 \end{aligned} \tag{4-6}$$

通过优化方法，同样可得 η 确定时样本量 k_A 和 $n_{B,t}(t=1, \cdots, T)$ 的最优取值：

$$k_{A,opt \mid \eta} = \tau K_A \sqrt{(S_{u,a}^2 + \eta^2 S_{u,ab(A)}^2 + 2\eta S_{u,a,ab(A)}^2)/(C_A \bar{N}_A)} \tag{4-7}$$

$$n_{B,t,opt \mid \eta} = \tau N_{B,t} \sqrt{(1-\eta)^2 S_{B,mul,t}^2 / C_{B,t}} \tag{4-8}$$

其中，$\tau = [E(C) - C_0] / \{ K_A \sqrt{C_A \bar{N}_A (S_{u,a}^2 + \eta^2 S_{u,ab(A)}^2 + 2\eta S_{u,a,ab(A)}^2)} + \sum_{t=1}^{T} N_{B,t} \sqrt{C_{B,t}(1-\eta)^2 S_{B,mul,t}^2} \}$。

将式（4-7）和式（4-8）代入式（4-2），可得给定 η 时的最小方差为：

$$V_{opt\mid\eta}[\hat{Y}_u(\eta)] = \frac{\left[K_A\sqrt{(C_A\overline{N}_A)(S_{u,a}^2+\eta^2S_{u,ab(A)}^2+2\eta S_{u,a,ab(A)}^2)}+\sum_{t=1}^{T}N_{B,t}\sqrt{C_{B,t}(1-\eta)^2S_{B,mul,t}^2}\right]^2}{[E(C)-C_0]} \quad (4-9)$$

对比多重名录抽样框和区域抽样框组合设计，如果仅使用对目标总体完全覆盖的区域抽样框的单抽样框设计进行整群抽样，对应式（4-1）可取 $\eta=1$，故仅使用区域抽样框进行整群抽样设计中指标的总体无偏估计量为：

$$\hat{Y}_{u,1} = K_A\bar{y}_{u,a}+K_A\bar{y}_{u,ab(A)} = K_A\bar{y}_{u,A} \quad (4-10)$$

其中，$\bar{y}_{u,A}=\sum_{i=1}^{k_A}y_{A_i}/k_A$ 为样本区域群的群指标均值，$y_{A_i}=\sum_{j=1}^{N_{A_i}}y_{A_{ij}}$ 为第 i 个样本群指标总量，N_{A_i} 为第 i 个样本区域群中总体单位个数，$y_{A_{ij}}$ 为第 i 个样本区域群中第 j 个企业单位指标值。由符号定义，有 $\bar{y}_{u,A}=\bar{y}_{u,a}+\bar{y}_{u,ab(A)}$。该估计量对应的方差为：

$$V(\hat{Y}_{u,1}) = \frac{K_A^2}{k_A}(S_{u,a}^2+S_{u,ab(A)}^2+2S_{u,a,ab(A)}^2) = \frac{K_A^2}{k_A}S_{u,A}^2 \quad (4-11)$$

其中，$S_{u,A}^2=\frac{\sum_{i=1}^{K_A}(Y_{A_i}-\overline{Y}_{u,A})^2}{K_A-1}$，$Y_{A_i}$ 为第 i 个区域群的群指标总量，$\overline{Y}_{u,A}=\sum_{i=1}^{K_A}Y_{A_i}/K_A$ 为区域群指标总体均值。由于 $Y_{A_i}=Y_{a_i}+Y_{ab(A)_i}$ 及 $\overline{Y}_{u,A}=\overline{Y}_{u,a}+\overline{Y}_{u,ab(A)}$，显然有 $S_{u,A}^2=S_{u,a}^2+S_{u,ab(A)}^2+2S_{u,a,ab(A)}^2$。此时，考虑调查成本费用限制的期望为：

$$E(C)=C_0+C_A\overline{N}_Ak_A \quad (4-12)$$

由式（4-12）可得 $k_A=[E(C)-C_0]/C_A\overline{N}_A$，代入式（4-9）有：

$$V(\hat{Y}_{u,1}) = \frac{C_A\overline{N}_AK_A^2}{E(C)-C_0}(S_{u,a}^2+S_{u,ab(A)}^2+2S_{u,a,ab(A)}^2) = \frac{C_A\overline{N}_AK_A^2}{E(C)-C_0}S_{u,A}^2 \quad (4-13)$$

进一步地，对比式（4-9）和式（4-13），有如下定理。

定理2　在采取相同调查成本总费用期望 $E(C)$ 的限制下，并且 η 的取值根据经验事先确定，当区域抽样框 A 和多重名录抽样框 B 中，各名录抽样框的单个企业调查成本满足下式时，利用多重名录抽样框和区域抽样框组合设计的估计量方差 $V_{opt\mid\eta}[\hat{Y}_u(\eta)]$，小于单独使用区域抽样框进行整群抽样时估计量的方差 $V(\hat{Y}_{u,1})$：

$$\sum_{t=1}^{T}\frac{\sqrt{C_{B,t}}}{\sqrt{C_A}}N_{B,t}\sqrt{(1-\eta)^2S_{B,mul,t}^2} < K_A\sqrt{\overline{N}_A}\left(\sqrt{S_{u,a}^2+S_{u,ab(A)}^2+2S_{u,a,ab(A)}^2}-\sqrt{S_{u,a}^2+\eta^2S_{u,ab(A)}^2+2\eta S_{u,a,ab(A)}^2}\right) \quad (4-14)$$

特别地，当各名录抽样框的单个企业调查成本区别不大，即 $C_{B,t}=C_B$ 时，有：

$$\frac{C_B}{C_A} < \frac{K_A^2\overline{N}_A}{\left[\sum_{t=1}^{T}N_{B,t}\sqrt{(1-\eta)^2S_{B,mul,t}^2}\right]^2}\left(\sqrt{S_{u,a}^2+S_{u,ab(A)}^2+2S_{u,a,ab(A)}^2}-\sqrt{S_{u,a}^2+\eta^2S_{u,ab(A)}^2+2\eta S_{u,a,ab(A)}^2}\right)^2 \quad (4-15)$$

例如，在采取相同调查成本总费用期望 $E(C)$ 的限制下，并当 $S^2_{B,mul,t}=S^2_{B,mul}$ 为常数、$S^2_{u,a}=S^2_{u,ab(A)}=S^2_{u,a,ab(A)}=\frac{1}{4}\overline{N}_A^2S^2_{B,mul}$、$K_A\overline{N}_A=0.9\sum_{t=1}^{T}N_{B,t}$、$\overline{N}_A=6$ 且 $C_{B,t}=C_B$ 为常数时，对应多重名录和区域抽样框中单个企业调查成本的不同比值 C_B/C_A 以及不同的加权系数 η，计算多重名录抽样框和区域抽样框组合一般设计的估计量的方差 $V_{opt\mid\eta}[\hat{Y}_u(\eta)]$ 与单独使用区域抽样框进行整群抽样时估计量的方差 $V(\hat{Y}_{u,1})$ 的比值，即 $V_{opt\mid\eta}[\hat{Y}_u(\eta)]/V(\hat{Y}_{u,1})$ 的结果见表 4－1 所示。

表 4－1　多重名录和区域抽样框组合一般设计与区域抽样框整群抽样估计量方差比值 $V_{opt\mid\eta}[\hat{Y}_u(\eta)]/V(\hat{Y}_{u,1})$

调查成本比值 C_B/C_A	加权系数 η				
	0.00	0.25	0.50	0.75	1.00
0.00	0.250	0.391	0.563	0.766	1.000
0.25	0.528	0.632	0.745	0.868	1.000
0.50	0.674	0.749	0.829	0.912	1.000
0.75	0.797	0.846	0.896	0.947	1.000
1.00	0.909	0.932	0.954	0.977	1.000
1.215	1.000	1.000	1.000	1.000	1.000
1.25	1.014	1.011	1.007	1.004	1.000
1.50	1.114	1.085	1.056	1.028	1.000

由表 4－1 可知：当 $C_B/C_A=1.215$ 时，$V_{opt\mid\eta}[\hat{Y}_u(\eta)]/V(\hat{Y}_{u,1})=1$；而当 $C_B/C_A<1.215$ 时，只要加权系数 $\eta<1$ 时，均有 $V_{opt\mid\eta}[\hat{Y}_u(\eta)]/V(\hat{Y}_{u,1})<1$，此时多重名录抽样框和区域抽样框一般组合设计的效率较高，表 4－1 验证了定理 2 的结论。此时，由于整群抽样效率相对较低，即使多重名录抽样框的单个企业调查成本高于区域抽样框，但由定理 2 可知只要多重名录抽样框不高于 1.215 倍的区域抽样框的单个企业调查成本，多重名录抽样框和区域抽样框一般组合设计的效率仍然相对较高。

（二）重叠划分部分的筛选法设计

1. 筛选法设计及其估计研究

在多重名录抽样框和区域抽样框组合设计中，由于名录抽样框中已列明企业的名录信息较为清晰和整群抽样效率相对较低等原因，可考虑采取筛选法设计。具体来说，对于重叠划分范围 ab 中的企业，可抽取样本企业仅在多重抽样框 B 中进行调查，而无须在区域抽样框 A 中进行重复调查；而划分范围 a 中的企业仅出现在区域抽样框中，需要采取整群抽样的方法，在样本区域群中进行提前的筛选操作，筛选出仅属于划分范围 a 内的企业后进行调查。此时，多重名录抽样框中 B 的企业名单信息在调查前能够提前获知，仅属于区域抽样框 A 且不属于多重抽样框 B 中的企业（仅属于划分范围 a 的企业）需要通过对样本区域群进行筛选操作后才能获知相应的企业名单。因而，实际调查中以多重名录抽样框为基础，区域抽样框 A 起到对多重名录抽样框 B 较好的补充作用。实际应用中，在式（4－1）中取 $\eta=0$，可得目标总体指标的筛选法估计量为：

$$\hat{Y}_s = K_A \bar{y}_{u,a} + \hat{Y}_{B,mul} \tag{4-16}$$

再由式（4－2）和 $\eta=0$，当忽略整群抽样和简单随机抽样的有限总体校正系数时，可得该估计量的方差为：

$$V(\hat{Y}_s) = \frac{K_A^2}{k_A} S_{u,a}^2 + \sum_{t=1}^{T} \frac{N_{B,t}^2}{n_{B,t}} S_{B,mul,t}^2 \tag{4-17}$$

由于，对区域抽样框中抽中的某个样本区域群范围（如区域抽样框以村委会或居委会为基本区域单位进行建立，抽中的样本区域单位即为某个具体的村委会或居委会）内的小微企业进行筛选核查，需要耗费一定的人力物力成本，从而确认哪些企业是属于划分区域 a，即仅属于区域抽样框而不属于多重名录抽样框，因而考虑如下的线性成本费用的限制：

$$C = C_0 + C_{a(s)} n_a + C_A n_a + \sum_{t=1}^{T} C_{B,t} n_{B,t} = C_0 + C_{a(s)} k_A \bar{n}_a + C_A k_A \bar{n}_a + \sum_{t=1}^{T} C_{B,t} n_{B,t} \tag{4-18}$$

其中，C、C_0、C_A 和 $C_{B,t}$的定义同式（4－3），$C_{a(s)}$ 表示从样本区域范围内筛选核查出仅属于区域抽样框的企业的单个筛选（核查）成本，$n_a = \sum_{i=1}^{k_A} N_{a_i}$ 表示从区域抽样框 A 中抽取的 k_A 个样本群中落在划分范围 a 的样本企业单位个数，并记 $\bar{n}_a = (\sum_{i=1}^{k_A} N_{a_i})/k_A$ 。$\bar{n}_a$ 随样本区域群不同而有所变化，但显然有 $E(\bar{n}_a)$ 为一常数，记 $\bar{N}_a = E(\bar{n}_a)$ ，并有 $\bar{N}_a = (\sum_{i=1}^{K_A} N_{a_i})/K_A$ ，故对成本费用式（4－18）取期望有：

$$E(C) = C_0 + C_{a(s)} k_A \bar{N}_a + C_A k_A \bar{N}_a + \sum_{t=1}^{T} C_{B,t} n_{B,t} \tag{4-19}$$

结合方差式（4－17）和成本费用函数期望式（4－17），定义拉格朗日函数，通过优化方法可得样本量 k_A 和 $n_{B,t}(t=1, \cdots, T)$ 的最优取值分别为：

$$k_{A,opt} = \tau_s K_A \sqrt{S_{u,a}^2/[(C_{a(s)} + C_A)\bar{N}_a]} \tag{4-20}$$

$$n_{B,t,opt} = \tau_s N_{B,t} \sqrt{S_{B,mul,t}^2/C_{B,t}} \tag{4-21}$$

其中，$\tau_s = \dfrac{E(C) - C_0}{K_A \sqrt{(C_{a(s)} + C_A)\bar{N}_a S_{u,a}^2} + \sum_{q=1}^{T} N_{B,q} \sqrt{C_{B,q} S_{B,mul,q}^2}}$。将式（4－20）和式（4－21）代入式（4－17），可得最小方差为：

$$V_{opt}(\hat{Y}_s) = \frac{[K_A \sqrt{(C_{a(s)} + C_A)\bar{N}_a S_{u,a}^2} + \sum_{q=1}^{T} N_{B,q} \sqrt{C_{B,q} S_{B,mul,q}^2}]^2}{E(C) - C_0} \tag{4-22}$$

进一步地，对比式（4－9）和式（4－22），可得如下定理。

定理 3　对于多重名录抽样框和区域抽样框组合设计，在采取相同调查总成本费用期望 $E(C)$ 的限制下，并且 η 的取值根据经验事先确定，当筛选核查成本 $C_{a(s)}$ 满足下式时，筛选法估计量方差 $V_{opt}(\hat{Y}_s)$ 小于一般设计估计量方差 $V_{opt|\eta}[\hat{Y}_u(\eta)]$：

$$\frac{C_{a(s)}}{C_A} < \frac{\left\{\sqrt{\overline{N}_A(S^2_{u,a}+\eta^2 S^2_{u,ab(A)}+2\eta S^2_{u,a,ab(A)})} - \eta\sum_{t=1}^{T}\left[(N_{B,t}/K_A)\sqrt{(C_{B,t}/C_A)S^2_{B,mul,t}}\right]\right\}^2}{\overline{N}_a S^2_{u,a}} - 1 \tag{4-23}$$

特别地，当多重名录抽样框中各名录抽样框的单个企业调查成本 $C_{B,t}=C_B$ 为常数时，有：

$$\frac{C_{a(s)}}{C_A} < \frac{\left\{\sqrt{\overline{N}_A(S^2_{u,a}+\eta^2 S^2_{u,ab(A)}+2\eta S^2_{u,a,ab(A)})} - \eta\sqrt{C_B/C_A}\sum_{t=1}^{T}\left[(N_{B,t}/K_A)\sqrt{S^2_{B,mul,t}}\right]\right\}^2}{\overline{N}_a S^2_{u,a}} - 1 \tag{4-24}$$

例如，在采取相同调查成本总费用期望 $E(C)$ 的限制下，当 $S^2_{B,mul,t}=S^2_{B,mul}$ 为常数、$S^2_{u,a}=S^2_{u,ab(A)}=S^2_{u,a,ab(A)}=\frac{1}{4}\overline{N}_A^2 S^2_{B,mul}$、$K_A\ \overline{N}_A=0.9\sum_{t=1}^{T}N_{B,t}$、$C_{B,t}=C_B$ 为常数、$\overline{N}_A=6$、$\overline{N}_a=3$ 且 $\eta=0.5$ 时，对应多重名录和区域抽样框调查成本的不同比值 C_B/C_A 以及区域抽样框 A 中单个企业的筛选成本和调查成本的不同比值 $C_{a(s)}/C_A$，计算多重名录抽样框和区域抽样框组合筛选法估计量方差 $V_{opt}(\hat{Y}_s)$ 与一般设计估计量方差 $V_{opt|\eta}[\hat{Y}_u(\eta)]$ 的比值，即 $V_{opt}(\hat{Y}_s)/V_{opt|\eta}[\hat{Y}_u(\eta)]$ 的结果见表 4-2 所示。

表 4-2　多重名录和区域抽样框组合筛选法设计与一般设计估计量方差的比值 $V_{opt}(\hat{Y}_s)V_{opt|\eta}[\hat{Y}_u(\eta)]$

调查成本比值 C_B/C_A	区域抽样框 A 中筛选成本与调查成本的比值 $C_{a(s)}/C_A$						
	0.00	0.25	0.50	1.00	1.19	1.25	1.50
0.00	0.222	0.278	0.333	0.444	0.487	0.500	0.556
0.25	0.452	0.519	0.584	0.709	0.755	0.769	0.828
0.50	0.549	0.619	0.686	0.813	0.859	0.874	0.934
0.75	0.622	0.693	0.761	0.890	0.937	0.951	1.012
1.00	0.683	0.755	0.824	0.953	1.000	1.015	1.075
1.25	0.736	0.809	0.878	1.007	1.054	1.069	1.129
1.50	0.782	0.856	0.925	1.055	1.102	1.116	1.176

见表 4-2 所示，当多重名录抽样框 B 和区域抽样框中 A 中的调查成本比值 C_B/C_A 固定时，筛选法估计量的方差与一般估计量方差的大小比较取决于区域抽样框 A 中筛选成本与调查成本的比值 $C_{a(s)}/C_A$ 的大小。当 C_B/C_A 和 $C_{a(s)}/C_A$ 取值均不太大时，有 $V_{opt}(\hat{Y}_s)/V_{opt|\eta}[\hat{Y}(\eta)]<1$，意味着筛选法估计量的方差小于一般估计

量的方差。特别地，在多重名录和区域抽样框的调查成本满足 $C_{B,t}=C_B=C_A$ 的条件下，当区域抽样框 A 中筛选成本与调查成本的比值 $C_{a(s)}/C_A<1.19$ 时，筛选法设计的效率相对较高，验证了定理3的结论。此时，由于多重名录抽样框和区域抽样框一般设计中重叠部分的整群抽样调查的效率相对较低，因而即使从样本区域范围内筛选出仅属于区域抽样框的企业的单个筛选核查成本高于对其调查的成本，但只要不高于1.19倍，筛选法设计的效率仍然相对较高。

2. 筛选法设计的筛选操作方法

通过上述相关研究，在多重名录抽样框无法及时完整覆盖目标总体时，多重名录和区域抽样框组合的筛选法设计不失为一种较好的符合实际的方法。在筛选法的实际应用中，将多重名录抽样框中的企业称为名录企业，从中抽取的样本企业单位称为名录样本企业；将建立多重名录抽样框后新增的仅属于区域抽样框的企业称为非名录企业，其中抽取的样本企业单位称为非名录样本企业。对区域抽样框和多重名录抽样框分别进行抽样，可得到样本区域群和名录样本企业。由于调查前往往无法获得非名录企业的名单，即无法获得划分范围 a 的企业名录，故非名录样本企业需要在正式调查前通过对样本区域群中的企业进行核查筛选才能获得。在进行具体核查筛选时，可使用非名录样本企业核查筛选表（见表4－3所示）。

表4－3　非名录样本企业核查筛选表

样本区域代码：________________　样本区域名称：________________

一、该样本区域中的名录企业

1. 该样本区域中名录抽样框1中的名录企业

序号	企业代码	企业名称

……

T. 该样本区域中名录抽样框T中的名录企业

序号	企业代码	企业名称

二、该样本区域中筛选出的非名录企业

序号	企业代码	企业名称

在使用多重名录抽样框和区域抽样框的组合设计时，样本群区域的调查员可采用上述非名录样本企业核查筛选表进行实地核查筛选。其中，表4－3的第一部分“该样本区域中的名录企业”可由统计机构根据收集的多个部门的名录抽样框进行整理获得，将第 t 个部门名录抽样框中（$t=1$，…，T）落在该样本区域的名录企业对应整理在表中第一大部分的第 t 个名录抽样框的名录企业部分；第二部分“该样本区域中筛选出的非名录企业”，则需要调查员将该样本区域中实地排查的企业

逐个与第一部分各名录抽样框中的名录企业比对，从而筛选核查出不在第一部分的企业名单，将其填入第二部分，即为筛选出的非名录企业。实际调查中，在企业正式填报相关统计报表前，应准确及时地将非名录样本企业筛选出来，切实落实好政府统计中关于调查单位确定的“先进库，再有数”的基本原则。另外，使用多重名录抽样框时的非名录样本企业核查筛选表，可随着调查期的延续反复利用，每个调查期前将新筛选出的非名录样本企业填入表格第二部分，从而形成该样本区域累计的非名录样本企业名单。

五、实证模拟研究

（一）实证研究背景

在小微企业抽样调查的实践中，由于名录抽样框往往存在缺失单位，因而本文在多重名录抽样框的基础上，重点研究了区域抽样框和多重名录抽样框的组合设计。这里针对小微企业的抽样调查，运用区域整群抽样方法、区域抽样框和多重名录抽样框的一般设计方法以及筛选法设计方法共三种设计的相关理论进行实证研究。本节主要针对区域抽样框和双重名录抽样框组合设计（见图5-1）的情形进行相关实证模拟研究，比较不同设计的实证结果，验证前文研究中的相关定理结论。

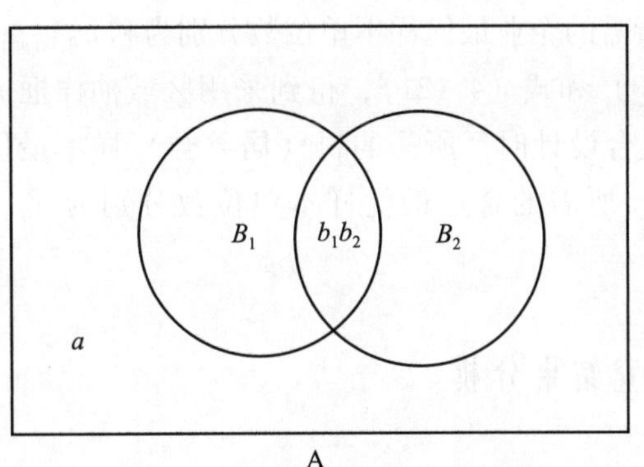

图5-1 区域抽样框和双重名录抽样框的组合设计

（二）实证研究案例

具体地，某地区两个政府部门行政记录中的小微企业共有360511个，即为模拟的目标总体，并且已知该地区共有23622个村（居委会）。见图5-1所示，23622个村（居委会）自然形成区域抽样框A，每个村（居委会）包含一定数量的小微企业，能够实现对目标总体的全覆盖（实际调查中无法掌握区域抽样框中每个村委会或居委会中的所有小微企业名单，这里仅仅是为了实证模拟研究中对比不同抽样设计方法的模拟调查结果）；两个部门行政记录中具有相同组织机构代码的企业共有124219个，即为图5－1中的划分范围 b_1b_2；为了体现名录抽样框存在的缺失单位情况，从两个部门的行政记录的不相同企业中各自随机挑选部分企业做移出处理来模拟名录抽样框的缺失单位，显然这部分缺失企业形成图5－1中的划分范围 a，仅出现在区域抽样框A中，且划分范围 a 共有企业157528个；最后，见图5－1，将两个部门行政记录各自进行移出处理后剩余企业形成的名录库分别记为名录抽样框 B_1 和 B_2，分别有企业154258个和172944个。显然，模拟的双重名录抽样框共有企业154258＋172944－124219＝202983（个），而目标总体的企业个数为360511个，两者差异较大，模拟的双重名录抽样框存在较为严重的缺失单位情况，故需要加入理论上对目标总体完全覆盖的区域抽样框A，进行如图5－1中的区域抽样框和双重名录抽样框的组合设计。

进一步地，结合实际调查情况，令调查总费用 C 的期望为 $E(C)=405233.26$ 元，初始固定调查费为 $C_0=100000$ 元，从样本区域范围内筛选核查出仅属于区域抽样框企业的单个筛选成本为 $C_{a(s)}=20$ 元，区域抽样框中样本单位调查时的单个企业调查费用为 $C_A=50$ 元，双重名录抽样框 B_1 和 B_2 中样本单位调查时的单个企业调查费用为 $C_{B,1}=C_{B,2}=50$ 元。并且，由模拟的区域抽样框 A 可得每个村（居委会）所包含企业的平均单位数 $\overline{N}_A=15.26$ 个。根据式（4－12），得到单独采用区域抽样框A进行整群抽样时所需的村（居委会）样本个数为 $k_A=400$；根据式（4－7）和式（4－8），得到采用区域抽样框A以及双重名录抽样框 B_1 和 B_2 的一般组合设计（$\eta=0.5$）时，所需村（居委会）的最优样本个数为 $k_{A,opt\mid\eta}=379$，名录抽样框 B_1 和 B_2 所需的企业最优样本单位数分别为和 $n_{B,1,opt\mid\eta}=137$ 和 $n_{B,2,opt\mid\eta}=186$；根据式（4－20）和式（4－21），得到采用区域抽样框A和双重名录抽样框 B_1 和 B_2 的筛选法组合设计时，所需的村（居委会）样本最优个数为 $k_{A,opt}=526$，名录抽样 B_1 框和 B_2 所需的企业最优样本单位数分别为 $n_{B,1,opt}=507$ 和 $n_{B,2,opt}=687$。

（三）实证研究结果分析

下面对模拟的区域抽样框A和双重名录抽样框 B_1 和 B_2，分别采取区域整群抽样、双重名录抽样框和区域抽样框的一般组合设计（以下简称一般组合设计）、双重名录抽样框和区域抽样框的筛选法组合设计（以下简称筛选法组合设计）共三种方法，进行实际抽样。并且，为保证抽样结果的稳定性，不因一次抽样的随机性引起结果的较大偏差，对三种抽样方法的模拟过程均重复抽样10000次，从而对比三种抽样方法下估计量的结果。针对模拟结果的估计量定义相对平均偏差（Relative Average Deviation，RAD）和均方误差根（Root Mean Square Error，RMSE）：

$$RAD=\left(\frac{1}{K}\sum_{k=1}^{K}\hat{Y}-Y\right)/Y\times 100\% \tag{5-1}$$

$$RMSE = \sqrt{\frac{1}{K}\sum_{k=1}^{K}(\hat{Y} - Y)^2} \qquad (5-2)$$

其中，Y 为真值，这里指该地区小微工业企业主营业务收入目标总量；$\hat{Y}$ 为 Y 的估计量，指该地区小微企业主营业务收入的估计量；$K = 10000$ 为重复抽样的次数。*RAD* 用来衡量估计量与真值的偏差程度，*RAD* 绝对值越小表明估计量与真值的偏差越小；*RMSE* 用来衡量估计量的变化程度，其平方即为均方误差，等于估计量偏差的平方加上方差，并且对于无偏估计量，均方误差就等于方差。

由表 5 - 1 可以看出，三种抽样方法下估计量的相对平均偏差都很小，近似等于 0，这正好验证了三种抽样设计中估计量无偏性的结论，此时均方误差就近似等于方差，因而可用均方误差根衡量三种抽样方法下估计量方差的大小关系。由表 5 - 1 可知，三种抽样方法下的估计量中，区域整群抽样估计量的方差最大，其次是一般组合设计抽样估计量，筛选法组合设计抽样估计量的方差相对最小。显然，容易验证式（4 - 14）和式（4 - 23）均成立，进而验证了定理 2 和定理 3 的结论。因而，在相关条件的假设下，小微企业抽样调查中往往应该优先选用多重名录抽样框和区域抽样框的筛选法组合设计。

表 5 - 1　　三种抽样方法的实证模拟结果

区域整群抽样		一般组合设计抽样		筛选法组合设计抽样	
RAD	RMSE（亿元）	RAD	RMSE（亿元）	RAD	RMSE（亿元）
0.024%	1703	-0.013%	1255	-0.042%	674

进一步地，在三种抽样方法下的每一次抽样中，可分别根据方差公式（4 - 9）、式（4 - 13）和式（4 - 22）构造 95% 置信区间，并可做出是否包含真值的判断。结果显示：针对区域整群抽样、一般组合设计抽样及筛选法组合设计抽样共三种抽样方法，重复进行的 10000 次抽样中，出现 95% 置信区间不包含该地区小微企业主营业务收入真值的次数分别为 494 次、498 次和 489 次，显然均较为符合实际情况。

六、总　　结

在当前经济形势发展中，小微企业的抽样调查数据受到高度关注。大数据背景下，如何将行政记录等数据源引入到小微企业的实际抽样调查中来，是一个非常现实的问题。本文在大数据背景下，探讨了如何利用行政记录等多种数据来源的名录抽样框有效促进实际调查，系统研究了小微企业中多重抽样框的理论和实际应用，并结合区域抽样框的建立，进一步研究了多重名录抽样框和区域抽样框组合设计下的调查理论和实际应用。通过相关研究，本文解决了当前小微企业调查中单个抽样框中目标单位丢失较为严重的问题，有效控制了小微企业调查的抽样框误差，在大数据背景下赋予小微企业抽样调查新的活力。

参考文献

[1] Hartley, H. O.. *Multiple Frame Surveys* [C]. Proceedings of the Social Statistical Section, ASA, 1962: 203 - 206.

[2] Lund, R. E.. *Estimators in Multiple Frame Surveys* [C]. Proceedings of the Social Statistics Section, American Statistical Association, 1968: 282 - 288.

[3] Fuller, W. A., and Burmeister, L. F.. *Estimators for Samples Selected From Two Overlapping Frames* [C]. Proceedings of the Social Statistics Section, American Statistical Association, 1972: 245 - 249.

[4] Rao, J. N. K. and Skinner, C. J.. *Estimation in Dual Frame Surveys with Complex Designs* [C]. Proceedings of the Survey Methods Section, Statistical Society of Canada, 1996: 63 - 68.

[5] Bankier, M. D.. *Estimators based on several strafied samples with applications to multiple frame surveys* [J]. J. Amer. Statist. Assoc., 1986, 81 (396): 1074 - 1079.

[6] Kalton, G. and Anderson, D. W.. *Sampling Rare Populations* [J]. Journal of the Royal Statistical Society, Ser. A, 1986, 149 (1): 65 - 82.

[7] Skinner, C. J.. *On the efficiency of Raking Ratio estimation for multiple frame surveys* [J]. Journal of the American Statistical Association, 1991, 86 (415): 779 - 784.

[8] Lohr, S. L. and Rao, J. N. K.. *Inference from Dual Frame Surveys* [J]. Journal of the American Statistical Association, 2000, 95 (249): 271 - 280.

[9] Lohr, S. L. and Rao, J. N. K.. *Estimation in Multiple-frame Surveys* [J]. Journal of the American Statistical Association, 2006, 101 (475): 1019 - 1030.

[10] Casady, R. J. and Sirken, *M. G. A multiplicity estimator for multiple-frame sampling* [C]. Proceedings of the Survey Research Methods Section, American Statistical Association, 1980: 601 - 605.

国民账户体系中的国内总收入指标研究[①]

林　洪[②]

摘　要： 国民账户体系（SNA）本身存在着一系列理论和逻辑问题。而国内生产总值（GDP）是测度经济增长的重要指标，也被证明有固有的缺陷。而知之不多的国内总收入（GDI）能够更早预测经济衰退，并且其准确性高于GDP。近年美国和世界银行的经济学家对其十分关注，且SNA1993、SNA2008对实际GDI也有述及。要对该指标需从其概念、属性与内涵上进行辨析，提升其在核算体系中的基础地位和宏观经济分析的核心作用。

关键词：GDI　实际GDI　概念辨析

National Accounts System of Domestic Income Indicators Research

Lin Hong

Abstract：National accounts system itself，there are a series of theory and logic problems. Gross domestic product（GDP）is an important index to measure economic growth，but at the same it has been shown to have inherent weaknesses. Gross domestic income（GDI）which is unacquainted can predict the recession earlier and more accurately than GDP. Recently the United States and the World Bank economists are very concerned about this indicator，and SNA1993，SNA2008 has referred to the actual GDI. The goal of this paper is to analyze the concept，discriminate the connotation of GDI and to conduct basic research for the nature and application of GDI.

Key word：Gross Domestic Income（GDI），Real Gross Domestic Income，Concept Distinction

一、问题的提出

国民经济核算体系（System of National Accounts，SNA）历经六十余年，迄今已发展、修订了四个版本，分别是SNA1953、SNA1968、SNA1993、SNA2008。参与修订的国际组织也由联合国一家发展到世界银行、欧洲委员会、国际货币基金组

① 文获得国家社科基金项目“基于GNI、GDP性质及占比指标分析视角的国民经济核算核心指标变迁研究”（项目批准号：15BTJ006）的资助。

② **林洪**，男，1958年11月生，江西萍乡人，经济学博士。中国人民大学计划统计学院1986级统计研究生，现为深圳市维度统计与大数据研究院院长、广东财经大学经济学院教授，担任中国统计学会理事、中国统计教育学会常务理事、广东省统计学会副会长。研究方向为经济统计与国民经济核算。

织、经合组织五家。经过不断地修订，使得国民核算体系更加适当新经济体系的要求，更加成熟化和适用化。世界各国一般以此为依据，结合自身国情制订本国的国民经济核算体系。它在整个宏观经济的分析与国民经济管理中占有非常重要的位置。在很大程度上，如果没有国民经济核算数据，宏观经济分析就没有刻画与衡量的基础，不利于宏观经济分析与国民经济政策制定。

用最简洁的语言评述了 SNA 的演进过程和各国核算对其进行的参照和运用。在吸收和研究的过程中，也发现 SNA 本身存在着一系列理论和逻辑问题。譬如关于经济利益中心的定义，关于最终（产品）价值的表述，关于财产收入的理论划分与界定，关于“三方等价原则”与增加值核算的三种方法对应的问题，关于投入产出表中“最初投入”的逻辑问题，等等。这些问题表明，SNA 存在众多的“bag”，离一个所谓核算的“标准手册”尚有较大距离。这里结合中国核算实际，就人们不太关注的核算指标本身展开分析。

2017 年 7 月，我国国务院正式批复了《中国国民经济核算体系 2016》（CSNA2016）。该方案在 2002 年核算体系的基础上，主要在基本框架、基本概念和核算范围、基本分类、基本核算指标以及基本核算方法等五个方面进行了系统修订。对实施 CSNA2016 的意义，国家统计局从反映国民经济运行状况的有效工具、建构经济统计的基本框架、开展国际比较的重要依据三个方面作了强调。但如上所述，SNA 并非人们所想象的那么完美。它存在的问题有理论性的（如综合性生产理论、财产收入理论等）、有概念性的（如最初投入与中间投入的逻辑匹配等）、指标性的（如 GDP 计算与运用）和方法性的（如一个指标多种计算方法）等，究其根本，就是 SNA 自身存在众多理论与逻辑错误，这些问题或多或少会带入 CSNA2016 中，应该未雨绸缪加以重视。未说明这一点，本文选取了一个国内总收入（GDI）指标，来做剖析，以期对国民经济核算研究有所贡献。

在国民经济核算体系中，指标的运用是一个很重要的问题，尤其是核心指标的运用。国民生产总值（Gross National Product，GNP，后更名为国民总收入 GNI）和国内生产总值（Gross Domestic Product，GDP）在 SNA 中先后成为了整个国民经济核算的核心指标，同时也是衡量宏观经济状况的最重要指标。随着经济的发展，现行 GDP 核算的局限性愈发明显，GDP 再也不是一个万能的指标，该指标只反映经济性，不能反映社会性、政治性和国民性。尤其在经济衰退时期，不能够清晰且准确地展现经济的实际状况。各地政府陆续取消 GDP 考核，公众对 GDP 的质疑愈发强烈，破除“唯 GDP 论”已成为共识。

不破不立，而立在其中，既然 GDP 不再是宏观经济分析中唯一的、甚至排他的指标，那么在核算指标中还有怎样的指标能发挥其应有的作用呢？注意在 SNA1993、SNA2008 中，有一个比较奇怪的现象，那就是两个版本的账户体系都存在一个称之为实际国内总收入（Real Gross Domestic Income，实际 GDI）的指标。有意思的是，这个指标的“江湖地位”一直不明确：首先，在国民账户体系即 SNA 的“手册”中它不是一个单独表述，而总是要在国内总收入（Gross Domestic

Income，GDI）之前冠以“实际”二字；其次，是账户体系未将其作为专用术语、缩略语将其纳入手册之中；再次，是包括中国在内、极少有国家和地区用到这个指标，而且没有出现在与价格和物量核算相关的任一账户中。接下来的问题是，为什么在1993年版和2008年版两个版本的账户体系中都提出和保留这个指标呢？

现在，情况又有了新的变化：国内总收入（GDI）已开始成为包括美联储在内的组织机构衡量经济状况的新宠。近年来，美国一部分经济学家（Jeremy Nalewaik，2006；Paul Ashworthd，2015等）认为国内总收入（GDI）能比GDP更好地衡量美国经济周期的变化，提出将GDI作为评价国家经济的核心指标。D. W. 乔根森（Dale W. Jorgenson，2010）认为，相比GDP，国内总收入能更为清晰且准确地发展经济的实际状况。尤其在经济衰退时期，GDI能够更早预计经济衰退，并且准确性高于GDP。D. J. 费科斯勒和B. T. 格里姆（Dennis J. Fixler & Bruce T. Grimm，2008）利用美国1997～2006年的GDP与GDI数据，研究了二者的可靠性，结论是美国经济分析局（BEA）统计出来的GDI数据是较为可靠的，并准确地反映了美国经济的实际情况。美国学者在这方面进行了部分相关的研究，而国内没有学者进行这方面相关的研究，仅有赵彦云（2001）、刘丹丹（2014）进行GDP研究时提到GDI相关的概念，没有进行详细的专门探讨。除美国之外，世界银行（WB）对这一指标也非常关注，它在2013年9月就推算了美国、日本、中国和印度四个国家过去三十多年的GDI，并作了简要分析。

SNA1993、SNA2008关于GDI的讨论用的是一个限制性概念——实际GDI。那么美国、世界银行提出的GDI与实际GDI有什么区别？其概念是一致的吗？至少目前还没有看到有学者进行这方面的研究，显然，对GDI和实际GDI，值得做一番概念、内涵上的比较研究。

二、GDI核算的现状与比较研究

世界各国衡量一个经济体的表现，通常都以GDP作为主要依据，但随着经济的发展，GDP逐渐暴露出许多问题。由于GDP指标的产出性质，它无力承担反映一个经济体的全貌的任务。在美国，相比于产出，华尔街的经济学家们更看重收入。美国经济分析局提出用国内总收入（Gross Domestic Income，GDI）来衡量经济的实际情况。世界银行也关注了GDI，并对指标进行了计算和公布。这两者都计算和公布GDI指标，它与SNA中的“实际GDI”是不是一回事呢？美国经济分析局和联合国计算的GDI两者的概念、核算范围、计算方式、数据来源是一致的吗？它们在指标数值上分的差别在哪里呢？

（一）概念

世界银行所说的“GDI”，是在生产最终产品与服务的时候国民从中获得的总收入，其实指的就是收入法的 GDP。美国经济学者认为 GDI 是经济活动创造的薪资、获利、税收。还有学者指出从经济理论上看，GDI 是指一国内在一定时期运用其生产要素所创造的总收入，也就是收入法的 GDP，似乎从理论上作比较，两者相差不大。但 SNA2008 定义的收入应该是针对各种要素的收入，而 GDI 的核算范围已经不仅仅是要素的收入了，对收入的界定产生了泛化和随意化，这不利于对二者间的 GDI 做比较，也不利于在世界银行和美国经济分析局之间对其 GDI 数据作比较。更要紧的是，仅仅是算法名称上让人看上去收入法 GDP 好像变成一个收入的指标，其实不然，GDP 不会由于它的算法的改变而产生性质的改变，GDP 依然是一个产出（生产）性质的指标，同样的，GDI 无论怎样定义，它的“用以衡量国内生产所形成的总收入的购买力”的收入性质不会改变。

（二）核算范围

从含义上看，世界银行主要核算的范围是居民家庭的工资、房租、利润、利息向及其他收入和企业、政府部门的利润、利息及其他收入；美国学者主要核算的是一切生产商品和服务带来的收入和利润，其中，从范围角度来看，世界银行与美国学者提出 GDI 核算范围似乎是一致的，均包含工资和薪金、企业利润、净利息收入以及经营者的收入，其所包含的机构单位也是一致的。但是二者的核算范围比 SNA 更加广泛，SNA 有关收入的范围，是限制在要素收入和财产收入的范围之内的。很显然，财产收入到今天还是一个在理论上没有固化的范畴，SNA2008 甚至想通过建构一个“经济所有权”的概念来获得对财产收入更好的解释。即便如此，收入、利润等概念依然不能与 SNA 体系中的形成最终产品的要素收入以及财政收入相对应（另文讨论）。

（三）计算方式

根据前面的定义和核算范围，世界银行计算的 GDI，等于 GDP 加上贸易调整的差额。该贸易差额通过用净出口选择进口价格指数进行平减而得到贸易收益（或损失）来表示。而美国学者认为的国内总收入（GDI）在算法上，是指在 GDI 等于收入法 GDP 的基础上，再加上补贴、净利息等其他支出。由此看出二者在计算上，均与 GDP 在等式上存在一定的关系，计算方式上存在一定的区别。

（四）数据来源

美国经济分析局编制的美国国民收入和产出账户把 GDI 纳入国内收入和产出账户中，其账户中交易者分为四类部门：个人、企业、政府和国外。美国经济分析局并指出 GDI 是由雇员报酬、生产税与进口税、补贴、净营业盈余和固定资本消耗构成，从理论上看，GDI 等于 GDP，但是由于数据不同，导致二者之间存在一个“统计误差”，该统计误差记为收入的一部分。A. E. 霍尔德伦和 B. T. 格里姆（Alyssa E. Holdren & Bruce T. Grimm，2008）针对 GDI 的数据来源进行了比较详细的分析，指出 GDI 的数据包括就业和工资的测量、养老金和雇主提供的医疗保险数据、纳税申报信息、私人公司的财务报表数据和政府支出估计的数据。其中职工的工资和薪酬来自美国劳工统计局员工的季度普查，该数据比月度就业数据更全面，还包括领导者的薪酬、奖金和行使股票期权获得的收入。GDI 的数据来源相对来说比较广泛，其数据类型也不一致，主要包括全面数据、直接指标数据、间接指标数据和基于趋势的数据四种类型。世界银行的数据来源于世界银行国民经济核算数据以及经济合作与发展组织国民经济核算数据，该数据在 GDP 的基础上再加上贸易调整，该指标主要是通过推算出来的结果。SNA 与美国经济分析局的 GDI 的数据来源有所不同，SNA 所指的数据来源来源于四大机构部门，虽有界定，但数据来源的口径不一，必然会使得 GDI 在两者间不一致。

（五）二者的数量关系

美国经济分析局与世界银行均给出 GDI 的数据，由于数据来源、计算方式不一，导致二者的数量大小也不一样。从表 2－1 和图 2－1 可以看出，1960～2014 年二者不同核算的美国 GDI 一直处于增长的趋势，尤其是美国经济分析局的 GDI 增长更快；在 2010 年之前世界银行的 GDI 高于美国经济分析局，从 2010 年美国经济局的稍微高于世界银行的，可能因为随着数据的可获得性以及指标的逐渐修正，使得二者的数据越来越接近。但这只是一种猜测，并没有有力的依据来证明两者计算的数据有趋同的趋势。恰恰相反，这似乎还印证了该指标存在泛化和随意性的问题。

表 2－1　WB、BEA 测算的美国“GDI”　单位：10 亿美元

年份	世界银行的“GDI”	美国经济分析局的“GDI”
1960	3115.69	544.60
1961	3188.81	564.30
1962	3385.05	605.20
1963	3531.84	640.10
1964	3737.07	685.80
1965	3977.62	743.00
1966	4237.73	809.90
1967	4350.38	858.30
1968	4562.49	939.30
1969	4706.81	1018.30

续表

年份	世界银行的“GDI”	美国经济分析局的“GDI”
1970	4871.96	1070.60
1971	5024.20	1158.30
1972	5283.32	1275.30
1973	5579.99	1422.50
1974	5507.17	1541.40
1975	5501.63	1675.70
1976	5798.33	1857.10
1977	6049.30	2066.70
1978	6384.41	2333.40
1979	6572.66	2587.40
1980	6510.72	2818.60
1981	6687.17	3174.30
1982	6574.15	3338.30
1983	6893.96	3584.00
1984	7401.93	4002.10
1985	7716.82	4295.50
1986	7981.26	4513.40
1987	8241.27	4829.70
1988	8590.67	5253.10
1989	8904.60	5593.50
1990	9060.94	5888.20
1991	9068.00	6085.70
1992	9386.33	6428.40
1993	9651.51	6726.40
1994	10043.78	7172.00
1995	10313.43	7573.50
1996	10709.90	8043.60
1997	11212.72	8596.20
1998	11749.72	9149.30
1999	12295.98	9698.10
2000	12769.13	10384.30
2001	12914.95	10736.80
2002	13150.35	11050.30
2003	13499.95	11524.30
2004	13998.62	12283.50

续表

年份	世界银行的“GDI”	美国经济分析局的“GDI”
2005	14443.58	13129.20
2006	14820.61	14073.20
2007	15082.13	14460.10
2008	14942.85	14619.20
2009	14619.24	14343.40
2010	14964.37	14915.10
2011	15180.63	15556.30
2012	15538.16	16358.50
2013	15902.21	16840.80
2014	16288.38	17560.10

资料来源：美国经济分析局和世界银行。

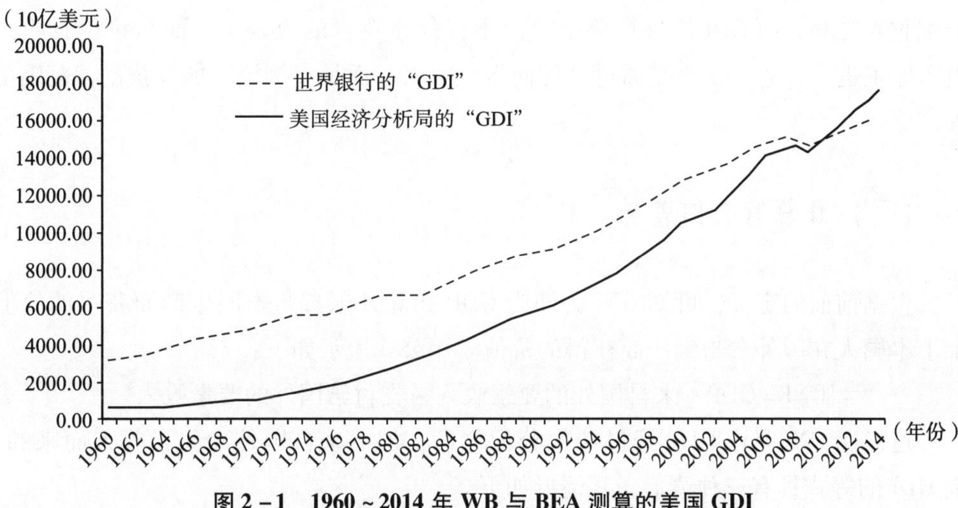

图 2-1　1960～2014 年 WB 与 BEA 测算的美国 GDI

三、GDI、GNI 的核算方法比较研究

徐高（2015）提出 GDP 并非唯一衡量经济总量的唯一指标，存在许多与 GDP 类似的补充指标。例如衡量国内总需求更为合理的国内总支出（GDE）指标，衡量国民总收入更为合理的 GNI 指标，或衡量国内总收入的 GDI 指标。可见 GNI、GDI 都是衡量经济总量的指标，二者都是收入性指标。可是二者所指的“收入”是一致的吗？同时，本文在第二部分进行了世界银行、美国经济分析局测算的美国“GDI”比较，指出两者提出的 GDI 所核算的收入范围与 SNA 的核算范围存在不一致性，而 GNI 的核算范围与 SNA 的核算范围是一致的。这里从 GDI 的概念、性质、数量关系、应用等角度入手对这两个指标进行辨析比较。

（一）核算范围的差异

简单地从名称来看，国民总收入（GNI）的英文为 Gross National Income，而国内总收入（GDI）的英文为 Gross Domestic Income，一个强调的是“国民”概念，是本国国民在国内或国外生产的总值（由产出能力决定的总收入）；另一个强调的是“国内”，强调的是在本国地域上所创造的总收入。二者的核算范围也可以从概念中体现出来。

SNA2008 之 16.48 对 GNI（GNP）定义为所有常住机构单位或部门应收的初始收入总额。美国学者从经济理论上认为 GDI 是指一国内在一定时期运用其生产要素所创造的总收入，但是实际 GDI 的核算范围已经不仅仅是要素的收入了，而是将整个税收收入算了进去。SNA2008 之 15.188 对实际国内总收入（实际 GDI）的表述是用以衡量国内生产所形成的总收入的购买力生的总收入的购买力，即衡量国内生产引致的收入的购买力。GNI 体现的是分配的结果，是指所有常住单位的初次分配收入之和。而 GDI 的核算范围已经不仅仅是要素的收入了，而是将税收收入也考虑了进去，它不仅不是通过分配而得到收入，而是直接核算加以获得，范围更加广泛。

（二）计算方式的差异

根据前面的定义，可知 GNI 为即为 GDP 扣除外国参与本国生产而获得的价值加上本国人在国外参与生产而获得的价值。用公式表示如下：

GNI = GDP + 来自国外的要素收入 - 支付给国外的要素收入

这说明 GNI 是由 GDP 经过初次分配之后，加上来自国外净要素收入而来的。而 GDI 的等式具有三种情形，其情形如下。

（1）世界银行提出通过计算工资（周薪、月薪等）、房租、利润、利息及其他收入来衡量居民家庭所获得的国内总收入，加上通过计算利润、利息及其他收入来衡量企业和政府部门所获得的国内总收入得到 GDI。该计算方式好像与 SNA 中 GDP、GNI 没有很大的关联，但也是从居民、企业和政府三部门机构单位进行计算。

（2）美国学者提出 GDI 为收入法 GDP 的基础上，再加上补贴、净利息等其他支出计算在内，该计算方式与 SNA 的轨道存在偏差，好像与 GNI 没有很大的关联。

（3）SNA2008 之 15.188 提出贸易条件变化引起的贸易损益就是实际 GDI 变化和 GDP 变化之差，并没有给予计算方法，但是 SNA2008 之 15.189 提出计算实际收入通常先计算实际 GDI，指出实际 GDI = 国内生产总值物量 + 由于贸易条件变化引起的贸易损益，实际 GDI 加上从国外得到的实际初始分配收入减去向国外支付的实际初始分配收入等于实际国民收入，说明实际 GDI 考虑了价格因素，实际 GDI 与 GNI 不能进行转化，但是可以转化成实际 GNI。

（三）数量差异比较

根据前面的分析，二者都是收入指标，但是二者在定义、核算范围上存在差异，并二者在计算上实际不存在转化关系，但是二者都与 GDP 具有一定的联系，势必导致二者在数据存在一定的差异。因此根据世界银行计算出来中国的 GNI 与 GDI 数据进行分析。具体数据见表 3－1 以及二者差额变动趋势见图 3－1 所示。

表 3－1　　1990～2015 年中国 GNI 与 GDI 的数量差异　　单位：亿元

年份	GNI	GDI	GNI 与 GDI 之差
1990	56263.72	37520.00	18743.72
1991	61470.89	40850.00	20620.89
1992	70136.15	46540.00	23596.15
1993	79706.46	53750.00	25956.46
1994	90123.61	60920.00	29203.61
1995	98854.69	67870.00	30984.69
1996	108782.88	74440.00	34342.88
1997	119113.74	81020.00	38093.74
1998	127927.09	87100.00	40827.09
1999	138057.06	92620.00	45437.06
2000	149901.30	99780.00	50121.30
2001	162047.33	108390.00	53657.33
2002	177468.49	118960.00	58508.49
2003	195958.56	130870.00	65088.56
2004	216444.75	144610.00	71834.75
2005	240098.74	160740.00	79358.74
2006	271946.70	179360.00	92586.70
2007	311883.43	204250.00	107633.43
2008	343298.93	219440.00	123858.93
2009	372711.28	248680.00	124031.28
2010	411265.16	264118.38	147146.78
2011	448217.58	286800.70	161416.88
2012	486837.32	314125.20	172712.12
2013	521578.01	341319.37	180258.64
2014	564898.90	373923.46	190975.44
2015	600686.13	407968.22	192717.91

资料来源：世界银行。

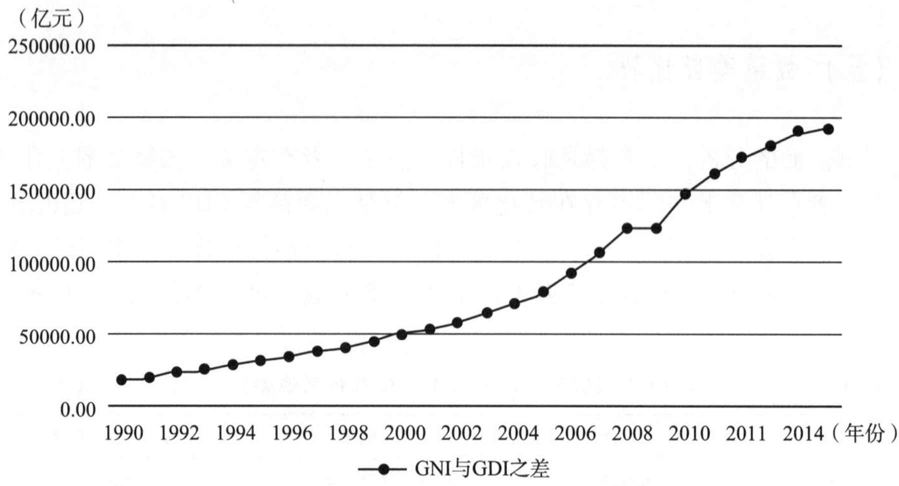

图3-1 1990~2014年中国GNI与GDI之差变化趋势

(四) 应用范围上的差异

从指标性质来看，GNI和GDI都是收入指标，均侧重于收入，但是二者在概念上、核算范围上均不同，这必然会导致在应用上的不同。GNI多用于衡量收入、分配领域，则一般用于反映初次分配的总量；反映初次分配结构；分析各国的贫富差异程度。而GDI本身是一个新的指标，由于在定义上、计算方式上存在一定的模糊，仅能根据当前学者对于它的应用进行总结：一方面在经济衰退情况下，更好准确反映经济的真实现状。经济学家J. 奈尔威克（Jeremy Nalewaik）于2006年在其公布的一篇报告中曾指出，在预测经济衰退上，GDI要优于GDP。其后，GDI能够更为清晰且准确地展现经济的实际状况。另一方面，衡量国民经济福利。U. 库里（Ulrich Kohli，2004）指出当贸易条件改善时，实际GDP往往低估了实际的国内收入和福利的增加，他建议采用实际国内总收入即实际GDI来衡量国民经济福利。

四、学界、核算部门与SNA对“实际GDI”的理解

在SNA2008之15.188中写到：实际国内总收入（实际GDI）用以衡量国内生产所形成的总收入的购买力。贸易条件变化引起的贸易损益就是实际GDI变化和GDP物量变化之差。远在1981年（注意，这个时点早于SNA1993），美国经济分析局开始出版RGDI的估计，当时被称为“核心GDP、GNP”（Command - Basis GDP、GNP），而SNA1993初次提到实际GDI，1993SNA之16.151说明按不变价计算的国内生产总值与实际国内总收入（GDI）之间的基本差别。不变价的国内生产总值实质上是产出物量计算值，它可以在经济总体层次上以双重缩减法计算，也就是从以前年度或固定基年的购买者价格估计的最终支出总额减去按以前年度或某一固定基年基本价格计值的进口额。这种计算值实质上国内生产出的物量计算值，即

使它包括了进口税以及可能的某些其他不属于常住住户生产者总额增加值的产品税。二者提到的实际 GDI 是否一致，因此，本文对二者提出的实际 GDI 概念、内涵进行辨析和比较。

（一）概念上的差异

对“实际 GDI”，美国学者将其视为核心 GDP（GNP）。当 GNP 是国民经济运行的核心指标时，称为核心 GNP，随着 GNP 改用 GNI 之后，GDP 成为国民经济运行的主体，逐渐称为“核心 GDP”。E. F. 丹尼森（E. F Denision，1967）对核心 GDP 测量的概念进行了讨论，指出核心 GNP 在衡量真实 GNP 时考虑了贸易条件的改变对一国购买力的影响。同时 U. 库里（2006）指出实际 GDI 与实际 GDP 的主要区别是贸易收益（或损失），该概念与 SNA1993 之 16. 152 提出按不变价计算的国内生产总值与实际国内总收入的变化差别为“贸易收益（或损失）”是一致的，而 SNA2008 之 15. 188 对实际国内总收入（实际 GDI）的表述是用以衡量国内生产所形成的总收入的购买力。SNA2008 体现的是对产品购买力的考量，与此形成对照，美国学者、SNA1993 提出的实际 GDI 是在对实际 GDP 进行衡量时，应贸易条件的改变而变的，而 SNA2008 只不过对实际 GDI 给予了更加明确的概念，从概念的角度来看，其实三者的含义是一致的。

（二）表达式上的差异

在表达式上的差异主要体现在于价格指数的选择以及计算方式的选择上。美国不同学者以及美国经济分析局所指的实际 GDI 存在着一定的细微的差异性。大多数文献认为实际 GDI = 名义 GDP/P^*，P^* 为价格平减指数。而对价格平减指数，目前的选择和做法主要分为两种。

第一，选择进口价格指数作为价格平减指数，该指数运用较为广泛，W. 科尔曼（William Coleman，2008）从凯恩斯主义的角度来进行考量，指出实际 GDI 在支出法计算国内生产总值的基础上，进口、出口的增加值进行出口价格进行平减来进行计算的，即支出法 GDP 再除以进口价格指数。E. F. 丹尼森（1981）指出美国经济分析局计算“核心 GDP”（后期为“实际 GDI”）时采用进口的价格指数进行平减，其计算公式为

$$B_{t,0}^{L}=\frac{y_{D,t}+y_{X,t}(p_{X,t}/p_{M,t})-y_{M,t}}{y_{D,0}+y_{X,0}-y_{M,0}} \tag{4-1}$$

式（4-1）中，$B_{t,0}^{L}$为在 t 时期的“核心 GDP”，$y_{D,t}$为 t 时期的国内吸收，是指一国或经济体一定时期内最终消费（包括家庭最终消费和政府最终消费）与总资本形成综合之和。$y_{X,t}$为 t 时期现价计算的出口，$y_{M,t}$为 t 时期现价计算的进口，$p_{X,t}$为 t 时期出口价格指数，$p_{M,t}$为时期进口价格指数，$y_{D,0}$为基期的国内吸收，$y_{X,0}$为基期

现价计算的出口，$y_{M,0}$为基期现价计算的进口。

美国经济分析局、澳大利亚统计局和世界银行也是进口价格指数作为价格平减指数。E. F. 丹尼森（1960）为使用进口价格指数做平减指数提出了理论依据，他认为若把对外贸易的目的定位在是获得进口品上，则在实际 GDI 测算中采用进口价格指数作为平减指数，此时贸易逆差可以通过削减进口品来减少，贸易盈余可以用来购买额外的进口品。

第二，选择国内最终支出指数作为价格平减指数，J. 纳尔沃克（Jeremy Nalewaik，2010）指出实际 GDI = GDP/国内最终支出平减指数，国内最终支出价格指数包括了家庭最终消费、政府最终消费、固定资本形成总额和存货的价格。U. 科尔（2006）认为选择国内最终支出价格指数作为价格平减指数的原因主要为以下两点：一方面，从国民账户理论的角度来看，名义 GDP 等于名义 GDI，可以表明，GDI 价格平减指数，定义为名义 GDP 除以实际 GDI，然后简单地等同于国内支出的价格。但这也意味着，实际 GDI 可直接由国内支出平减价格名义 GDP 来获得。另一方面，与进口价格指数、出口价格指数或是进出口价格指数的各类平均数相比，国内支出价格指数属于非贸易相关指数，是独立于贸易账户的指数，所以其运用起来更方便与灵活，思路不同于贸易相关指数。

美国学者及经济分析局均认为名义 GDP 等于名义 GDI，再进行价格指数进行平减，就可获得实际 GDI，这其实是一种误解，是将指标的性质混同了。性质的不同会造成实际二者的不一致。并且名义 GDP 中包括国内收入和净出口。对于二者，应该采用不同价格进行平减，故直接用同种价格指数进行平减是错误的、不可取的，并且与 SNA 提出的实际 GDI 也是不一致的。SNA 提出的实际 GDI 给予了明确的表达式，而针对价格指数平减给予了相关的建议。在 SNA2008 之 15.189 实际 GDI 的表达式中，认为实际 GDI 等于国内生产总值物量加上由于贸易条件变化引起的贸易损益，即实际 GDI = 物量 $GDP - T$，T 为贸易损益。贸易损益 T 的公式为：

$$T = \frac{X - M}{P} - \left\{\frac{X}{P_x} - \frac{M}{P_m}\right\} \qquad (4-2)$$

式（4-2）中，X = 按现价计算的出口；M = 按现价计算的进口；P_x = 出口价格指数；

$P_m = P_x$ - 以某一选定定值标准化为对比基数的价格指数

就价格指数的选择而言，SNA2008 提出了四种可能的选择。它们分别为进口价格指数、出口价格指数、进口价格指数与出口价格指数的平均值，以及与贸易无关的一般价格指数（如国内最终支出总额的价格指数或消费者价格指数等），但并没有给出哪种指数明确的优劣以及适应范围，P 的选择选择有时会对结果产生实质性的影响，同时在选择价格指数的计算也有不同，选择特恩奎斯特指数、拉氏指数和帕氏进行计算，这也是 SNA2008 中实际 GDI 不能计算的原因，当然，也不排除正是由于这个原因，导致实际 GDI 没有出现在综合账户之中。因此，在衡量实际 GDI 时，对式（4-2）中 P 的选择以及价格指数计算方式的选择有时可能是很敏感的，即这一问题也还没有达成一致意见。

五、几点认识与思考

（一）GDI 指标更富有“弹性”

通过 GDI、实际 GDI 概念、内涵的辨析，可以发现 GDI 指标更富有“弹性”。它体现在以下三个方面。

其一，GDI 既然在概念上靠拢收入法的 GDP，则两者在概念上的一致掩盖了其在性质上的不一致，这就带来了一个非常明显的问题。SNA2008 定义的收入应该是针对各种要素的收入，所谓收入法 GDP 计算得到的指标依然是生产性质的指标，用收入法计算只不过是“借道”计算生产指标而已，这与 GDI 指标的性质已是南辕北辙了，这是很大的“弹性”，但也有可能误导大众，而且对收入的界定产生了泛化和随意化，必须作一澄清。

其二，其核算内容和基本核算单位的“弹性”增大。学者们认为 GDI 是经济活动创造的薪资、获利、税收。显然核算内容增加了，它不单单是所谓要素收入和财产收入还包括房租、利润、利息、其他收入和企业、政府部门的利润、利息，甚至包括一切生产商品和服务带来的收入和利润。这些表述，脱离了账户体系的逻辑表达（比方交易活动、比方机构部门，等等），变得越来越不受账户体系的约束，这就模糊了指标的性质，产生了对该指标的泛化和随意性的理解，这有可能会对账户体系产生影响，应该引起重视。

其三，从目前美国学者、美国经济分析局和世界银行对 GDI 指标的定义及核算内容看，有关 GDI 的核算理论和方法有可能是“脱轨”的，即脱离了 SNA 的轨道。换句话说，实际上 GDI 指标已经不完全是 SNA 所能约束和解释的了，现在不知道在哪一个账户中能表达 GDI 这个指标，指标的性质与应用尚在评估之中，世界绝大多数国家也并未计算和应用此指标进行分析，反过来对这个指标是否还能成为核算的核心指标，以及在账户体系中存在的必要性，都有比较多的疑问。

（二）GDI 研究和运用趋势

相比于纯粹的国民账户体系中的收入指标，GDI 更像是有点“应景”和拼凑。而且它与 SNA2008 中的实际 GDI 在内涵、核算内容都有很大的不同，美国学者和世界银行推崇的 GDI，是对经济宏观层面的实际收入状况体现（且不分指标性质、不分交易活动），而 SNA2008 中的实际 GDI 是则是购买力的体现，指标属性差异很大。未来的 GDI 将向何处发展，这是个问题。本文有如下判断。

判断一：有越来越多的国家（地区）和国际组织会关注及运用国内总收入（GDI）这个指标，GDI将会更多地取代GDP，作为衡量经济发展总体状况的核心指标。也就是把GDI真正纳入SNA体系中对其进行系统研究。在这个过程中，有关GDI的概念、内容、算法、数据来源均需要进一步讨论和明确。这个方向要解决的问题包括与国民总收入（GNI）的关系和理论解释、指标可比和在账户体系中的体现和地位，等等。

判断二：该指标逐渐退化成一个“中介”和“调节”指标，也就是SNA2008所说“是一个仅以实际形式存在的概念”。或者将其直接视为GDI就是GDI，无须纳入SNA中，这个指标与账户体系实行脱钩，它只是各国（地区）和国际组织进行经济总体评价的自由选项指标，无所谓重要和约束力以及可比性。这样的话，“实际国内总收入（GDI）”就应该直接从SNA去除掉，以正视听，让我们的注意力回到国民总收入（GDI）上来。

判断三：不排除由于GDI的提出和在账户体系中的长期停留，使我们有兴趣去寻找SNA在理论性、逻辑性、严谨性和表述统一性中存在诸多问题（另文论述）。

从上述研究得到的启示：在研究解决GDI及相关核算问题的同时，应该破除长期以来对SNA的迷信和盲从，认真起来看，正是由于“五龙治水”（EC、IMF、OECD、UN、WB），造成了SNA从理论、逻辑、方法、指标甚至体系的一系列难以自圆其说的混乱。因此，有必要重新审视国民经济核算理论与指标体系方法，推动其变革、协调与创新，更好地发挥SNA2008与CSNA2016的核心指标在宏观经济分析、政策制订实施中的作用。

参考文献

[1] Dale W. Jorgenson. *Designing a New Architecture for the U. S. National Accounts* [J]. The Annals of The American Academy, 2010 (9): 63 - 74.

[2] Dennis J. Fixler and Bruce T. Grimm. *The Reliability of the GDP and GDI Estimates* [J]. Survey of Current Business, 2008 (1): 16 - 32.

[3] 赵彦云，伍业锋. GDP：20世纪最伟大的发明之一 [J]. 统计研究，2001 (7): 52 - 56.

[4] 刘丹丹. 国际经验：代表性国家的现价GDP核算方法 [A]. 见：蒋萍. 国民经济核算理论与中国实践 [C]. 北京：中国人民大学，2014：196 - 209.

[5] Bruce T. Grimm and Robert P. Parker, *Reliability of the Quarterly and Annual Estimates of GDP and Gross Domestic Income. Survey of Current Business*, December 1998.

[6] Alyssa E. Holdren and Bruce T. Grimm, *Gross Domestic Income. Survey of Current Business*, December 2008.

[7] 徐高. 中国经济数据解读完全手册 [J/OL]. http: //wallstreetcn. com/node/217404.

[8] 中国国家统计局国民经济核算司等译. 国民经济核算体系 (SNA - 2008) [M]. 北京：中国统计出版社，2011.

[9] 中国国家统计局国民经济核算司等译. 国民经济核算体系 (SNA - 1993) [M]. 北京：

中国统计出版社，1995.

[10] Ulrich Kohli. Real GDP, *Real Domestic Income*, *and Terms - of - Trade Changes* [J]. Journal of International Economics, 2004 (62): 83 - 106.

[11] Denison, E. F. *Why Growth Rates Differ: Postwar Experience in Nine Western Countries*. Washington D. D., 1967.

[12] Kohli, Ulrich. Real GDP, *Real GDI and Trading Gains: Canada, 1981 - 2005*. International Productivity Monitor, 2006 (13): 45 - 46.

[13] William Coleman. *Gauging Economic Performance Under Changing Terms of Trade: Real Gross Domestic Income or Real Gross Domestic Product*? Economic Papers Vol. 27 No December 2008 pp. 329 - 343.

[14] Denison, E. F.. *International transactions in measures of the nation's production. Survey of Current Business*. 1981 (61): 17 - 28.

[15] Nicholson J. L.. *The Effects of International Trade on the Measurement of Real National Income* [J]. The Economic Journal, 1960 (9): 608 - 612.

[16] Jeremy Nalewaik. *On the Income-and Expenditure - Side Measures of Output*. Bookings Papers on Economic Activity, Spring 2010.

[17] 杨华. 中国对外贸易对国民经济福利的影响 [D]. 北京：北京第二外国语学院，2013.

处理组特征选择的信用评分模型[①]

何晓群[②]　胡小宁[③]　夏利宇[④]

摘　要：在建立信用评分模型时，需要建立众多的虚拟变量。组特征选择技术可以将相关的虚拟变量以组为单位进行特征选择。利用组特征选择技术建立信用评分模型比 Lasso 更加合理。本文将 Group Lasso – Logistic 模型和 Group MCP – Logistic 模型应用于信用评分实践，数值模拟和实证建模都表明，基于组特征选择的 Logistic 模型的预测准确率要高于 Lasso – Logistic 模型。

关键词：信用评分　Group Lasso – Logistic 模型　Group MCP – Logistic 模型　特征选择

Credit Score Model Based on Feature Selection with Grouped Variables

He Xiaoqun　Hu Xiaoning　Xia Liyu

Abstract: Dummy variables would be established in the analysis of personal credit evaluation. It is more reasonable that model selection method with grouped variable should be used in the establishment of personal credit evaluation model, because it could accept or reject dummy variables with group. The paper applied Group Lasso – Logistic model and Group MCP – Logistic model to personal credit evaluation. The simulation and demonstration showed that the prediction accuracy of model with grouped variable selection is more superior compared with Lasso – Logistic model.

Key words: Personal credit evaluation, Group Lasso – Logistic model, Group MCP – Logistic model, Feature selection

一、引　言

消费信贷在我国迅速发展，对拉动经济增长起到了一定的促进作用。但其中也隐藏着很大的潜在风险，即信贷资产不能及时有效地收回。因此，急需建立完善的信用评价体系，从而降低信贷风险。信用评分的核心是依据现有的指标体系建立信用评分模型，根据信用评分模型对信贷申请企业或个人进行评分，从而决定是否给

---

① 基金项目：基金项目：教育部人文社会科学重点研究基地重大项目《企业信用评级的统计模型研究与应用评价》(15JJD910002)。

② **何晓群**，中国人民大学统计学院、中国人民大学应用统计科学研究中心教授、博士生导师，主要研究方向是信用评级，六西格玛管理。

③ **胡小宁**，西北农林科技大学理学院讲师，经济学博士，主要研究方向是应用数理统计。

④ **夏利宇**，中国人民大学统计学院博士研究生，主要研究方向是信用评级模型。

予贷款。

20 世纪 60 年代以前，信用评分方法主要是专家判断法和打分卡方法等主观判断法（郑大川，2013），该方法过度依赖主观判断而影响了信用评价的客观性。在现代信用评价分析中，应用最广泛的方法可分为统计分析方法（判别分析法、Logistic 模型和贝叶斯方法等）和机器学习方法（决策树、支持向量机和神经网络模型等）两大类。姜明辉等（2004）阐述了 k－近邻判别分析法的思想，建立了基于 k－近邻判别分析法的信用评估模型。梁琪等（2014）建立了随机效应的 Logistic 模型，分析了沪深两市中小上市企业的财务失败风险。丁东洋等（2013）从模型构建、估计方法和模型比较等三个方面对贝叶斯方法在度量信用风险中的应用进行了文献综述。庞素琳和巩吉璋（2009）建立了基于决策树 C5.0 算法的银行信用评级模型。隋学深等（2014）构建了基于支持向量机的银行贷款风险等级分类真实性审计二分类预测模型。李晓峰和徐玖平（2010）运用 BP 神经网络构建了商业银行客户信用综合评估模型。同时，有许多学者将多个统计分析或机器学习方法结合起来，建立信用评分模型。石庆焱（2005）建立了基于神经网络－logistic 回归的混合两阶段信用评分模型。徐晓萍和马文杰（2011）运用判别分析法和决策树对非上市中小企业违约风险进行分析。杨胜刚等（2013）将决策树与 BP 神经网络模型相结合，构建了信用评估的两阶段组合模型。除了上述方法之外，许多新的信用评分方法也不断涌现出来。莫茜等（2008）将 Logistic 模型和马尔科夫链相结合，综合考虑客户行为状态变化，建立了动态信用评分模型。魏秋萍和张景肖（2012）建立了基于偏最小二乘方法的信用评分模型。魏秋萍等（2012）建立了基于核函数法进行拒绝推断的信用评分模型。张仕斌和许春香（2013）建立了基于云模型理论的信任评估方法，可以防止在复杂网络环境下的信用炒作。统计分析方法和机器学习方法相比较，后者虽然预测精度较高，但稳健性差，且建模过程基本上是一个“黑箱”，模型的解释性不强；前者在模型稳健性和可解释性上有很大的优势（石庆焱，2005）。

统计分析方法中，由于 Logistic 模型计算方法简单、预测准确率高、变量解释能力强，从而最受学者关注（胡心瀚等，2012）。但当涉及的变量很多时，直接使用 Logistic 模型也存在问题：一方面，多重共线性会影响模型的解释性和预测准确性；另一方面，一些无关自变量的选入，会干扰变量关系之间的理解，增加模型的复杂度（方匡南等，2014）。因此，变量选择是信用评价问题的重点和难点（Piramuthu，2006）。杜婷（2012）利用粗糙集方法精简数据集属性个数，并将其与支持向量机相结合应用于信用评估实践。梁琪（2005）运用主成分分析方法进行降维，消除指标共线性问题，并将其与 Logistic 模型结合分析我国上市公司的信用数据。现代统计分析方法中常用的特征选择方法还有最优子集法和逐步回归法，但这些方法计算量大，且不稳定，当数据有微小变化时，可能得到完全不同的模型，其结果往往是局部最优解，并非全局最优解，尤其当变量个数大于样本量时，方法失效（张景肖等，2012）。Lasso（Tibshirani，1996）是一种将特征选择和参数估计相结合的变量选择方法，其在大规模数据变量模型中具有良好的特征选择能力，因此该方法一经提出就迅速成为特征选择领域研究的热点。方匡南等（2014）将 Lasso 与 Logistic 模型相结合，应用到信用预警中，建立了 Lasso – Logistic 信用评分模型。但在信用评价问题研究中，许多解释变量是属性变量，对其进行数量化后引入大量的虚拟变量。在利用最优子集、逐步回归或 Lasso 进行特征选择时，只能选择某个虚拟变量，而不是将相关的虚拟变量作为整体进行选择。组特征选择技术能有效地解决上述问题。

国外对于组特征选择的理论研究已经比较成熟，但国内对其的研究非常少见。本文将介绍组特征选择中常用的 Group Lasso 和 Group MCP 算法在 Logistic 模型中的应用，通过数值模拟比较 Group Lasso – Logistic 模型、Group MCP – Logistic 模型和 Lasso – Logistic 模型在特征选择上的效果，并将基于组特征选择的 Logistic 模型用于建立信用评分模型。

二、理论模型

假设（$\boldsymbol{x}_i$，y_i）为独立同分布的观测值，$i=1, 2, \cdots, n$。$\boldsymbol{x}_i$ 为可分为 G 组的 p 维向量 $\boldsymbol{x}_i \in R^n$，因变量为二分类变量，$y_i \in \{0, 1\}$。自变量可以是连续型变量，也可以是分类变量。假设第 g 组自变量的自由度为 df_g，$\boldsymbol{x}_i = (\boldsymbol{x}_{i,1}^T, \cdots, \boldsymbol{x}_{i,g}^T, \cdots, \boldsymbol{x}_{i,G}^T)^T$，$g=1, \cdots, G$，$\sum_{g=1}^{G} df_g = p$，$\boldsymbol{x}_{i,g} \in R^{df_g}$。

因变量“成功”的概率 $p_{\beta(\boldsymbol{x}_i)} = P_\beta(Y=1 \mid \boldsymbol{x}_i)$ 可以用如下模型表示：

$$\log\left\{\frac{p_{\beta(\boldsymbol{x}_i)}}{1 - p_{\beta(\boldsymbol{x}_i)}}\right\} = \eta_{\beta(\boldsymbol{x}_i)} = \beta_0 + \sum_{g=1}^{G} \boldsymbol{x}_{i,g}^T \beta_g \tag{2-1}$$

其中，β_0 表示截距，β_g 是第 g 组变量对应的系数向量，β 是整个系数向量。

Lasso – Logistic 回归模型（方匡南等，2014）中的系数估计值 $\hat{\beta}_\lambda$ 可以通过最小化下面凸函数估计得到：

$$S_\lambda(\beta) = -l(\beta) + \lambda \sum_{j=1}^{p} |\beta_{j,g}| \tag{2-2}$$

其中，$\beta_{j,g}$ 为第 j 个自变量（在第 g 组中）对应的系数，$j=1, \cdots, p$，$g=1, \cdots, G$，$l(\beta)$ 是对数似然函数：

$$l(\beta) = \sum_{i=1}^{n} \{y_i \eta_{\beta(\boldsymbol{x}_i)} - \log[1 + \exp\{\eta_{\beta(\boldsymbol{x}_i)}\}]\} \tag{2-3}$$

式（2 – 2）中 $\lambda \sum_{j=1}^{p} |\beta_{j,g}|$ 为 Lasso 的惩罚项，可见其将不同组的变量不加区别地放在一起，没有考虑到变量的组效应，下面介绍的基于组特征的惩罚模型可以解决 Lasso 的问题。

（一）Group Lasso – Logistic 模型

Group Lasso – Logistic 回归模型（Meier et al.，2008）中的系数估计值 $\hat{\beta}_\lambda$ 可以通过最小化下面函数估计得到：

$$S_\lambda(\beta) = -l(\beta) + \lambda \sum_{g=1}^{G} s(df_g)\|\beta_g\|_2 \quad (2-4)$$

其中，$s(\cdot)$ 用于重新调整对参数向量 β_g 自由度的惩罚。除非特别说明，$s(df_g) = (df_g)^{1/2}$。截距不受惩罚。$\lambda \geqslant 0$ 是调整参数，用于控制惩罚的大小。通常来说，随着 λ 的增大，选入模型的参数数量就会减小。λ 的大小可以根据 AIC、BIC 或 Cross – validation 等进行选择。

式（2 – 4）中 $\lambda \sum_{g=1}^{G} s(df_g)\|\beta_g\|_2$ 为 Group Lasso 的惩罚项，可见其惩罚是直接作用在组上的，这样的结果是，某组变量要么整体保留在模型中，要么整体被剔出模型。因此，Group Lasso 仅能实现组特征间的选择，并不能实现组内特征的选择。Group MCP 可以解决组内特征的选择问题。

（二）Group MCP – Logistic 模型

MCP（Zhang，2007）惩罚的形式为：

$$f_{\lambda,\omega}(\theta) = \begin{cases} \lambda\theta - \dfrac{\theta^2}{2\omega}, & \theta \leqslant \omega\lambda \\ \dfrac{1}{2}\omega\lambda^2, & \theta > \omega\lambda \end{cases} \quad (2-5)$$

$\lambda \geqslant 0$ 决定惩罚的大小，ω 是影响惩罚范围的调整参数。

Group MCP（Breheny et al.，2009）的形式为：

$$\sum_{g=1}^{G} f_{\lambda,b}\left(\sum_{k=1}^{df_g} f_{\lambda,a}(|\beta_{g,k}|)\right) \quad (2-6)$$

其中，$\beta_{g,k}$ 为第 g 组中第 k 个自变量对应的系数，a、b 分别是内层惩罚和外层惩罚的调整参数，分别实现了组内特征的选择和组特征之间的选择，通常取 $b = df_g a\lambda/2$。

将 Group MCP 惩罚加载到 Logistic 模型中，参数 $\hat{\beta}_\lambda$ 可以通过最小化下面函数估计得到：

$$S_\lambda(\beta) = -l(\beta) + \sum_{g=1}^{G} f_{\lambda,b}\left(\sum_{k=1}^{df_g} f_{\lambda,a}(|\beta_{gk}|)\right) \quad (2-7)$$

三、数值模拟

基于式（2 – 1）产生数据，其中，系数向量为：

$$\beta=(\underbrace{2,\ -3,\ 0,\ 0,\ 0,\ 0}_{6},\ \underbrace{B_7,\ B_8,\ \cdots,\ B_{18}}_{12})^T$$

模型中共有18个协变量，其中前6个为连续型变量，后12个为属性变量。具体生成办法如下：

$x_i\sim N(0,\ 1)$，第i和第j个协变量的相关系数$Cor(x_i,\ x_j)=0.4^{|i-j|}$，$i$、$j=1,\ \cdots,\ 18$。当$i=7,\ \cdots,\ 18$时，对协变量进行如下转换：

$$x_i=\begin{cases}1, & x_i\leqslant\Phi^{-1}(1/3)\\2, & \Phi^{-1}(1/3)<x_i\leqslant\Phi^{-1}(2/3)\\3, & x_i>\Phi^{-1}(2/3)\end{cases}$$

其中，$\Phi(x)$为标准正态分布函数。令：

$$f_i=\log\left\{\frac{p(y=1\mid x)}{1-p(y=1\mid x)}\right\}=\sum_{i=1}^{6}x_i^T\beta_i+\sum_{i=7}^{18}\sum_{j=1}^{2}B_{ij}I(x_i=j)$$

响应变量

$$y_i\sim Binary(1/(1+\exp(-f_i)))$$

其中，$I(x_i=j)$为示性函数（Indicator Function），$\varepsilon\sim N(0,\ 1)$，$B_7=(1,\ -1.5)$，$B_8=(2.5,\ -2)$，$B_9=(1.5,\ 3)$，$B_{10}=(-1,\ 0)$，$B_{11}=(0,\ 2)$，$B_{12}=\cdots=B_{18}=(0,\ 0)$。因此该模型中，非零系数变量为10个，零系数变量为20个。

本文的模拟和后面的计算都使用统计软件R，其中Lasso的计算用到了Glmnet程序包，Group Lasso和Group MCP的计算用到了Grpreg程序包。500次模拟试验的结果见表3-1所示。

表3-1　　500次模拟试验结果

	Lasso	Group Lasso	Group MCP
正确识别连续型变量的个数	5.178	3.832	5.904
正确识别组（属性）变量的个数	—	4.966	9.950
正确识别零系数变量的个数	15.840	5.848	19.264
非零系数个数	13.122	24.068	9.202
系数均方根误差	0.457	0.218	0.228
预测准确率	0.875	0.904	0.890

资料来源：笔者整理。

其中，系数均方根误差为

$$RMSE=\frac{1}{K}\sum_{k=1}^{K}\sqrt{\frac{1}{p}\sum_{i=1}^{p}(\hat{\beta}_{ik}-\beta_i)^2}$$

其中，$p=30$，$K=500$。

由表3-1可以看出，三种方法对于连续型变量的识别正确率Group MCP最高，Lasso次之；在原始模型的12个组特征中，Group MCP平均识别正确的个数比

Group Lasso 要高，而 Lasso 模型并不是基于组特征进行变量选择，不具备组特征识别功能，因此，Lasso 方法在该项目无法统计；在原始模型 20 个零系数变量中，Group MCP 的识别正确率最高；原始模型中，非零系数变量有 10 个，三个模型识别变量的结果表明，Group MCP 模型的复杂度最低且最接近于原始模型，Group Lasso 模型的复杂度最高；三个模型的系数均方根误差 Group Lasso 最小，Lasso 模型最大——是 Group Lasso 的 2 倍还多；预测准确率 Group Lasso 模型最高，Lasso 模型最低。

对于信用评价分析中，涉及很多属性变量，在建模过程中必定要为这些属性变量设置虚拟变量，对于各组虚拟变量在做特征选择时，如果不考虑组效应是不合理的，而且数值模拟的结果也表明组特征选择模型在预测准确率上也要优于 Lasso。因此，基于组特征选择的 Logistic 模型更适合用来建立信用评分模型。下面将结合具体的信用卡消费信贷违约数据建立基于组特征选择的信用评分模型。

四、信用评分模型

（一）数据来源

本文的研究数据为某银行信用卡中心提供的客户数据，共 4626 条记录，该数据集记录了客户的一些基本信息，数据变量见表 4－1 所示，共有 17 个方面的信息：信用卡申请书来源方式、拥有信用卡张数、使用信用卡频率、户籍所在地理区域、户籍所在地都市化程度、性别、婚姻状况、学历、职业、平均月收入、平均月开销、住房情况、家庭平均月收入、家庭平均月信用卡刷卡金额、共同居住人口数、年龄和是否为瑕疵户。其中年龄是连续型数据，其他变量都是属性数据。在建模分析时，将年龄做标准化处理，对各个属性变量设置相应的虚拟变量。

将是否为瑕疵户作为因变量 y，其为二分类变量，定义瑕疵户（$y=0$）为信用"差客户"，非瑕疵户（$y=1$）为信用"好客户"；其余 16 个信息作为自变量，其中 15 个为属性变量，1 个连续型变量，对属性变量设置虚拟变量后，模型中共有 65 个自变量。

原始数据集 4626 条记录中，仅有 290 条瑕疵户，其余 4336 条为非瑕疵户，两类数据之间存在着严重的不平衡，如果直接用来建模将会影响样本量小这一类数据的预测准确性（HaiboHe，2009），即会降低瑕疵户的预测准确率，这与我们的研究目的相背离。因此，本文将运用 RandomUndersampling 方法（HaiboHe，2009）对原始数据集进行平衡化处理。

分别从瑕疵户和非瑕疵户中随机抽取 50 条数据构成测试集；然后对剩余数据做平衡化处理，从非瑕疵户中随机抽取 260 条数据，使非瑕疵户和瑕疵户数据的比例大致为1:1，并将其和剩余的瑕疵户数据共同构成训练集，训练集共500条数据。

表4-1　　变量说明

字段/变量	符号	取值说明
信用卡申请书来源方式	x1_1，x1_2，x1_3，x1_4，x1_5，x1_6，x1_7	x1_1=1：邮寄，x1_1=0：其他；x1_2=1：现场办卡，x1_2=0：其他；x1_3：=1：电话，x1_3=0：其他；x1_4=1：亲签亲访，x1_4=0：其他；x1_5=1：亲访，x1_5=0：其他；x1_6=1：亲签，x1_6=0：其他；x1_7=1：本行VIP，x1_7=0：其他；x1_1~x1_7都为0：除上述方式外的其他方式
拥有信用卡张数	x2_1，x2_2	x2_1=1：1张，x2_1=0：其他；x2_2=1：2张，x2_2=0：其他；x2_1~x2_2都为0：大于或等于3张
使用信用卡频率	x3_1，x3_2	x3_1=1：经常用，x3_1=0：其他；x3_2=1：偶尔用，x3_2=0：其他；x3_1~x3_2都为0：很少用
户籍所在地理区域	x4_1，x4_2，x4_3	x4_1=1：北部，x4_1=0：其他；x4_2=1：中部，x4_2=0：其他；x4_3=1：南部，x4_3=0：其他；x4_1~x4_3都为0：东部
户籍所在地都市化程度	x5_1，x5_2	x5_1=1：省会城市，x5_1=0：其他；x5_2=1：一般城市，x5_2=0：其他；x5_1~x5_2都为0：城镇
性别	x6	x6=1：女，x6=0：男
婚姻状况	x7	x7=1：未婚，x7=0：已婚
学历	x8_1，x8_2，x8_3，x8_4	x8_1=1：小学及以下，x8_1=0：其他；x8_2=1：初中，x8_2=0：其他；x8_3=1：高中，x8_3=0：其他；x8_4=1：专科，x8_4=0：其他；x8_1~x8_4都为0：大学及以上
职业	x9_1，x9_2，x9_3，x9_4，x9_5，x9_6，x9_7，x9_8	x9_1=1：学生，x9_1=0：其他；x9_2=1：管理职位，x9_2=0：其他；x9_3=1：专业技术人员，x9_3=0：其他；x9_4=1：事务职位，x9_4=0：其他；x9_5=1：销售服务人员，x9_5=0：其他；x9_6=1：农林渔牧自营，x9_6=0：其他；x9_7：工商业者，x9_7=0：其他；x9_8=1：家庭主妇，x9_8=0：其他；x9_1~x9_8都为0：无工作
平均月收入	x10_1，x10_2，x10_3，x10_4，x10_5，x10_6，x10_7	x10_1：无收入，x10_1=0：其他；x10_2=1：2300元以下，x10_2=0：其他；x10_3=1：2301-4600元，x10_3=0：其他；x10_4=1：4601-6900元，x10_4=0：其他；x10_5=1：6901-9200元，x10_5=0：其他；x10_6=1：9201-11500元，x10_6=0：其他；x10_7=1：11501-13800元，x10_7=0：其他；x10_1~x10_7都为0：13801元以上
平均月开销	x11_1，x11_2，x11_3，x11_4	x11_1=1：2300元以下，x11_1=0：其他；x11_2=1：2301-4600元，x11_2=0：其他；x11_3=1：4601-6900元，x11_3=0：其他；x11_4=1：6901-9200元，x11_4=0：其他；x11_1~x11_4都为0：9201元以上
住房情况	x12_1，x12_2，x12_3，x12_4	x12_1=1：租赁，x12_1=0：其他；x12_2=1：宿舍，x12_2=0：其他；x12_3=1：本人所有，x12_3=0：其他；x12_4=1：配偶所有，x12_4=0：其他；x12_1~x12_4都为0：除上述情况外的其他情况
家庭平均月收入	x13_1，x13_2，x13_3，x13_4，x13_5，x13_6	x13_1=1：4600元以下，x13_1=0：其他；x13_2=1：4601-9200元，x13_2=0：其他；x13_3=1：9201-13800元，x13_3=0：其他；x13_4=1：13801-18400元，x13_4=0：其他；x13_5=1：18401-23000元，x13_5=0：其他；x13_6=1：23001-34500元，x13_6=0：其他；x13_1~x13_5都为0：34501元以上

续表

字段/变量	符号	取值说明
家庭平均月信用卡刷卡金额	x14_1，x14_2，x14_3，x14_4，x14_5，x14_6，x14_7	x14_1 = 1：4600 元以下，x14_1 = 0：其他；x14_2 = 1：4601 - 9200 元，x14_2 = 0：其他；x14_3 = 1：9201 - 13800 元，x14_3 = 0：其他；x14_4 = 1：13801 - 18400 元，x14_4 = 0：其他；x14_5 = 1：18401 - 23000 元，x14_5 = 0：其他；x14_6 = 1：23001 - 34500 元，x14_6 = 0：其他；x14_7：34501 - 46000 元，x14_7 = 0：其他；x14_1 ~ x14_7 都为 0：46001 元以上
共同居住人口数	x15_1，x15_2，x15_3，x15_4，x15_5，x15_6	x15_1 = 1：1 人，x15_1 = 0：其他；x15_2 = 1：2 人，x15_2 = 0：其他；x15_3 = 1：3 人，x15_3 = 0：其他；x15_4 = 1：4 人，x15_4 = 0：其他；x15_5 = 1：5 人，x15_5 = 0：其他；x15_6 = 1：6 人，x15_6 = 0：其他；x15_1 ~ x15_6 都为 0：7 人及以上
年龄	x16	连续变量
是否为瑕疵户	y	y = 0：是，y = 1：否

资料来源：笔者整理。

（二）建模分析

通过 R 软件分析得到 Lasso - Logistic 模型、Group Lasso - Logistic 模型和 Group MCP - Logistic 模型的参数结果见表 4 - 2 所示。

表 4 - 2　　模型结果

变量	Lasso	Group Lasso	Group MCP	变量	Lasso	Group Lasso	Group MCP
常数项	0.006	-3.960	-4.578	x10_3	0.000	0.341	0.000
x1_1	0.000	0.959	0.000	x10_4	0.602	0.766	1.490
x1_2	0.000	1.087	0.000	x10_5	-0.381	-0.176	-1.642
x1_3	0.000	1.291	0.304	x10_6	0.000	-0.028	-1.197
x1_4	0.130	1.339	0.000	x10_7	0.336	0.752	1.584
x1_5	0.000	1.121	0.000	x11_1	0.000	-0.024	0.000
x1_6	0.941	2.821	3.967	x11_2	0.086	0.113	0.000
x1_7	-0.504	0.247	-1.628	x11_3	-0.249	-0.599	-1.292
x2_1	-0.216	-0.560	-1.329	x11_4	0.000	-0.078	0.000
x2_2	0.000	-0.211	-0.781	x12_1	-0.063	-0.304	-0.325
x3_1	-0.148	-0.610	-1.101	x12_2	0.000	-0.264	0.000
x3_2	0.000	-0.519	-0.883	x12_3	0.000	-0.109	0.000
x4_1	0.000	0.283	0.000	x12_4	0.165	0.158	0.245
x4_2	0.000	0.360	0.000	x13_1	0.000	0.343	0.000
x4_3	0.000	0.375	0.166	x13_2	0.000	-0.100	-1.346
x5_1	0.114	0.076	0.000	x13_3	0.000	0.358	0.000

续表

变量	Lasso	Group Lasso	Group MCP	变量	Lasso	Group Lasso	Group MCP
x5_2	-0.249	-0.527	-0.801	x13_4	0.000	0.085	0.000
x6	0.000	0.005	0.000	x13_5	0.000	0.404	0.000
x7	0.056	0.157	0.000	x13_6	-0.001	-0.098	0.000
x8_1	0.028	0.851	1.457	x14_1	0.000	2.518	5.273
x8_2	0.126	0.910	2.086	x14_2	0.173	2.770	6.110
x8_3	0.000	0.484	1.000	x14_3	0.000	2.485	5.532
x8_4	-0.305	0.050	0.500	x14_4	0.000	2.191	4.575
x9_1	0.000	-0.567	-1.350	x14_5	0.271	2.843	6.282
x9_2	-0.831	-1.687	-3.409	x14_6	0.546	3.113	6.325
x9_3	-0.200	-0.913	-1.894	x14_7	0.000	2.480	4.976
x9_4	0.000	-0.291	-0.986	x15_1	0.000	0.434	1.483
x9_5	0.624	0.202	0.000	x15_2	-0.695	-0.422	-0.679
x9_6	0.000	-0.250	-0.607	x15_3	0.000	0.640	1.586
x9_7	-0.211	-1.144	-2.712	x15_4	0.298	1.244	2.549
x9_8	0.000	-0.494	-1.558	x15_5	0.383	1.515	3.240
x10_1	0.000	0.239	0.537	x15_6	0.000	0.808	1.832
x10_2	0.000	-0.273	-1.196	x16	0.000	0.140	0.340

资料来源：笔者整理。

从特征选择的结果看，Lasso - Logistic 模型中保留了 30 个自变量；Group Lasso - Logistic 模型中保留了 66 个自变量，即原始所有变量都保留在了模型中；Group MCP - Logistic 模型中保留了 45 个自变量。

从模型复杂度上来比较，Lasso - Logistic 模型的复杂度最低，但是它在进行特征选择时，并不是基于组特征进行的选择，对于根据不同属性变量设置的多组虚拟变量在进行特征选择时，不考虑组因素显然是不合理的，因此对于含组变量的模型直接用 Lasso 进行特征选择是不合适的。Group Lasso - Logistic 模型和 Group MCP - Logistic 模型是基于组特征进行选择的，Group Lasso 只是进行了组特征间的选择，选出了重要的组特征，对组内特征没有进行选择，该模型保留了原始 16 个指标，即保留了设置的所有虚拟变量。Group MCP 的特征选择是双重的，既在组间进行，也在组内进行，选择重要组特征的同时，也选择出组内的重要的特征，因此 Group MCP - Logistic 模型的复杂度要低于 Group Lasso - Logistic 模型，在该模型中，剔除掉了性别和婚姻状况两个指标，在剩余的 14 个指标中剔除不显著的虚拟变量后，模型最终保留了 45 个自变量。

针对所用的信用卡消费信贷违约数据，从 Group MCP - Logistic 模型的结果来看：信用卡申请方式为“亲签”客户的信用评分较其他方式要高；使用同一张信用卡频繁刷卡的客户信用风险较高；户籍所在地为南部省会城市的客户信用记录较好；高中学历的农林渔牧自营客户信用风险较低；平均月收入 2300 元以下、月开销 4600 元以上且没有自己的住房的客户信用风险最高；家庭平均月收入 9200 元以下、月支出 13800 元以上的 2 口家庭的客户，信用风险最高。

（三）预测分析

接下来测试上述建立的 Lasso - Logistic 模型、Group Lasso - Logistic 模型和 Group MCP - Logistic 模型的预测准确率，结果见表 4 - 3，其列出了 3 个模型分别在训练集和测试集上对非瑕疵户、瑕疵户和总体的预测准确率。

表 4 - 3　模型预测正确率比较　单位：%

Logistic 模型	训练集			测试集		
	非瑕疵户	瑕疵户	总体	非瑕疵户	瑕疵户	总体
Lasso	73.46	66.25	70.00	68.00	72.00	70.00
Group Lasso	78.46	76.25	77.40	68.00	84.00	76.00
Group MCP	75.00	78.75	76.80	66.00	82.00	74.00

资料来源：笔者整理。

在信用评价分析中，将信用瑕疵户判别为非瑕疵户给信贷部门造成的风险更大，因此在信用评分模型预测中，我们更关注的是瑕疵户的判断准确率。从表 4 - 3 中可以看出，基于组特征选择的模型在瑕疵户的预测准确率上，显然优于 Lasso - Logistic 模型。在组特征选择模型中，Group Lasso - Logistic 模型在总体的预测准确率上，稍高于 Group MCP - Logistic 模型。

五、总　　结

Logistic 模型是分析信用评价时最常用的方法，当其涉及庞大的指标体系时，需要进行特征选择，选择出重要的指标参与建模。信用评价指标体系中包含连续型变量和属性变量。在建模前，需要将每个属性变量转化为一组一组的虚拟变量，即真正建模时，面对的是虚拟变量，而不是原来的属性变量。传统的特征选择方法如最优子集法、逐步回归等方法，以及最新的 Lasso 方法，它们在进行特征选择时都是针对单个变量进行的。即在信用评分分析中，特征选择是在虚拟变量之间进行的，它把同一组的虚拟变量割裂开来、不顾虚拟变量的原有属性、不加区别地将不同组的虚拟变量放在一起进行特征选择，最终选择出来的变量为单个的虚拟变量。其实，我们应该是在原始的属性变量之间进行特征选择，选择出重要的属性变量。

基于组特征的选择技术可以实现选择重要属性变量的功能。它将同一组虚拟变量作为一个整体参与特征选择，一组虚拟变量要么全部保留在模型中，要么全部被剔除，也就相应地选择出了重要的属性变量留在模型中。Group Lasso 和 Group MCP 都可以实现组特征的选择。在根据属性变量设置虚拟变量时，可能会因为设置不当而导致虚拟变量过多，即有些虚拟变量可能不显著，如果把所有的虚拟变量都保留在模型中，会导致模型过于臃肿，因此在选择重要的组特征后，也需要对组内的虚拟变量进行选择。Group MCP 可以实现组内特征选择，Group Lasso 不能实现。

当然，无论选用何种特征选择方法，我们最终得到的是一批虚拟变量。在本文的实证研究中，通过 3 种特征选择方法分别建立了 Logistic 模型，虽然 Lasso – Logistic 的模型复杂度最小，但是其特征选择的过程是不合理的，因此，在分析信用评分时，应当选用基于组特征的特征选择技术。本文利用具体的信用卡消费信贷违约数据，分别建立了 Group Lasso – Logistic 模型和 Group MCP – Logistic 模型，其预测准确率，尤其是对瑕疵户的预测准确率，要高于 Lasso – Logistic 模型。Group MCP 可以实现组内特征选择，其模型复杂度小于 Group Lasso，但其预测准确率却稍低于 Group Lasso。无论是特征选择的合理性、还是预测准确率，都证实了基于组特征选择的 Logistic 模型用于信用评价分析是合适的。随着新的组特征选择技术的不断涌现，以及更恰当的数据平衡技术的使用，还会继续提升信用评价的准确率，从而构建更加合理的信用评价体系，极大限度地降低信用风险。

参考文献

[1] 郑大川. 信用评级方法研究综述和展望 [J]. 管理现代化，2013 (6)：117 – 119.

[2] 姜明辉，王雅林，赵欣等. k – 近邻判别分析法在个人信用评估中的应用 [J]. 数量经济技术经济研究，2004 (2)：143 – 147.

[3] 梁琪，过新伟，石宁. 基于随机效应 Logistic 模型的中小企业财务失败预警研究 [J]. 管理工程学报，2014，28 (3)：126 – 134.

[4] 丁东洋，周丽莉，刘乐平. 贝叶斯方法在信用风险度量中的应用研究综述 [J]. 数理统计与管理，2013，32 (1)：42 – 56.

[5] 庞素琳，巩吉璋. C5.0 分类算法及在银行个人信用评级中的应用 [J]. 系统工程理论与实践，2009，29 (12)：94 – 104.

[6] 隋学深，乔鹏，丁保利. 基于支持向量机的贷款风险等级分类真实性审计研究 [J]. 审计研究，2014 (3)：21 – 25.

[7] 李晓峰，徐玖平. 商业银行客户信用综合评估的 BP 神经网络模型的建立 [J]. 软科学，2010，24 (2)：110 – 113.

[8] 石庆焱. 一个基于神经网络——Logistic 回归的混合两阶段个人信用评分模型研究 [J]. 统计研究，2005，22 (5)：45 – 49.

[9] 徐晓萍，马文杰. 非上市中小企业贷款违约率的定量分析——基于判别分析法和决策树模型的分析 [J]. 金融研究，2011 (3)：111 – 120.

[10] 杨胜刚，朱琦，成程. 个人信用评估组合模型的构建——基于决策树—神经网络的研究 [J]. 金融论坛，2013 (2)：57 – 67.

[11] 莫茜，高峰，董纪昌. 行为评分模型在个人信用评估应用中的实证研究 [J]. 国际金

融研究，2008（7）：45－51.

[12] 魏秋萍，张景肖．基于偏最小二乘方法的信用评分模型［J］．统计与决策，2012（10）：4－6.

[13] 魏秋萍，张景肖，张波．基于核函数法进行拒绝推断的信用评分模型［J］．统计与决策，2012（12）：4－8.

[14] 张仕斌，许春香．基于云模型的信任评估方法研究［J］．计算机学报，2013，36（2）：422－431.

[15] 胡心瀚，叶五一，缪柏其．上市公司信用风险分析模型中的变量选择［J］．数理统计与管理，2012，31（6）：1117－1124.

[16] 方匡南，章贵军，张惠颖．基于Lasso－logistic模型的个人信用风险预警方法［J］．数量经济技术经济研究，2014，（2）：125－136.

[17] Piramuthu S.. *On preprocessing data for financial credit risk evaluation* [J]. Expert Systems with Applications, 2006, 30 (3): 489－497.

[18] 杜婷．基于粗糙集支持向量机的个人信用评估模型［J］．统计与决策，2012（1）：94－96.

[19] 梁琪．企业经营管理预警：主成分分析在logistic回归方法中的应用［J］．管理工程学报，2005，19（1）：100－103.

[20] 张景肖，刘燕平．函数性广义线性模型曲线选择的正则化方法［J］．统计研究，2012，29（9）：95－102.

[21] Tibshirani R.. *Regression shrinkage and selection via the Lasso* [J]. Journal of the Royal Statistical Society Series B., 1996, 58: 267－288.

[22] Meier L., Geer Sara VDG, *Bühlmann P. The group lasso for logistic regression* [J]. Journal of the Royal Statistical Society Series B., 2008, 70: 53－71.

[23] Zhang CH. *Penalized linear unbiased selection* [J]. Department of Statistics and Biostatistics, Rutgers University. 2007. Technical Report #2007－003.

[24] Breheny P., Huang J. *Penalized methods for bi-level variable selection* [J]. Statistics and its Interface, 2009, 2 (3): 369－380.

[25] Haibo He, Edwardo A. Garcia. *Learning from Imbalanced Data* [J]. IEEE Transactions on Knowledge and Data Engineering, 2009, 21 (9): 1263－1284.

单边核估计方法在量化金融风险管理中的理论研究及应用[①]

姜春波　王　榛　田茂再[②]

摘　要：在现代金融风险管理中，金融风险度量方法一直发挥着重要作用，其中风险价值（Value at Risk，VaR）作为市场风险度量的最常用的工具之一，已经被越来越多的金融机构、金融监管机构看作是市场风险度量的核心标准。传统的VaR计算方法建立在波动率服从一定的参数模型的基本假设上，而本论文提出的方法只假定波动率在某一区间内可以近似为常数，我们称这个区间为时间齐次性区间。这种情况下，主要研究的问题就是齐次性区间的构造问题，我们通过一种形式简单、计算快捷的交叉置信区间（ICI）方法来进行区间长度的选择。最后，本文将这种方法分别应用到模拟数据和实际数据上，从模拟实验的结论和实际数据分析的结果来看，本论文中提出的方法都要优于传统的GARCH方法。

关键词：风险价值　广义双曲分布　核估计　ICI方法　量化金融风险管理

Theory and Application of One – Side Kernel Estimation in Quantitative Financial Risk Management

Jiang Chunbo　Wang Zhen　Tian Maozai

Abstract: Financial risk measurement method has been playing an important role in recent financial risk management, among which Value at Risk (VaR) serves as one of the most frequently used tool that has been regarded as the core standard of market risk measurement by many financial institutes and monitoring authorities. Plenty of research has been done on the methods of calculating VaR in recent years, however, many of these methods are based on the assumptions that the volatility process. On the contrary, we only assume that it can be locally approximated by a constant in the interval, which is referred to as the interval of time homogeneity. In such case, the key question is how to construct the interval of time homogeneity. We select the interval length by a simple and easy – calculating way of ICI. At last, we apply this method on simulation and actual data (SHCOMP Index), the result of which is evidently better than the one estimated by GARCH after comparison.

Key words: Value at Risk, Kernel Estimation, ICI Method, Generalized Hyperbolic Distribution Quantitative Financial Risk Management

---

① 本文获得下面基金部分资助：中国人民大学科学研究基金（中央高校基本科研业务费专项资金资助（No. 18XNL012）。

② **田茂再**，中国人民大学应用统计科学研究中心、统计学院。

一、引　言

金融是现代经济的核心，然而金融本身总是存在着难以预料的波动和风险。金融风险在过去30年里急剧增加，金融事件频繁爆发，这些事件发生背后的一致性规律就是，事件发生的不可预见性。面对危机，每一次都惊叹事件发生变化之快和造成的损失之大，以及金融市场波动性的难以驾驭。但是总结经验可以发现，规范的金融风险管理能做到有效地防范此类金融风险，进而降低部分损失。

在现代的金融风险管理中，金融风险度量方法一直发挥着重要的作用。其中风险价值（Value at Risk，VaR）作为市场风险度量的最常用的工具之一，自1996年提出以来，在国际上得到了广泛的应用，VaR已经被越来越多的金融机构、金融监管机构看作是市场风险度量的核心标准。

正是风险价值VaR的突出作用，以及它作为众多金融机构和金融监管机构中的市场风险度量的标准地位，因此对于VaR的估计不仅关系到统计推断理论的深入研究，而且对于提高金融市场监管的效率都有着十分有益的影响。

虽然，目前用于计量VaR的方法有很多，但随着时间的推移，以及对于风险控制要求更加的严格，我们总是会发现新的问题与挑战。探究更加准确、快速的量化风险管理方法，不断创新和完善风险管理体系，将是现代金融风险管理的目标与方向。

风险价值（VaR）是一种被广泛认同的基于统计学的风险管理方法。VaR可以简单定义为，在一定置信区间内，发生不超过某一目标区域范围的预计最大损失。从统计的角度来看，VaR就是被定义为一个资产收益的低分位。早在1994年，J. P. 摩根（J. P. Morgan）银行首先公布了它的VaR系统RiskMetrics，它能够测评全世界30多个国家的140种金融工具的价值，并且在1996年经修正，从此以后迅速发展成为金融风险管理的国际标准。

风险管理领域至今发展非常迅速，计算和估计VaR的方法有很多。包括历史模拟法以及修正（D. Hendricks，1996）；基于参数模型的方法（王志明与苏家培，2003）。关于参数模型，R. 恩格尔（R. Engel，1982）首先提出了对波动率建模的ARCH模型。之后，T. 博勒斯莱文（T. Bollerslev，1986）提出了ARCH模型的一般化形式——广义自回归条件异方差模型（GARCH）。然而对于参数模型通常依赖于一个假定：即序列的参数结构在整个区间上是不变动的，也就是说参数在整个区间上为常数。这样的假定在进行预测时是很危险的，而且当模型为非线性结构或者参数个数很多时，参数的稳定性是很难检测到的。针对整体估计的不稳定和不准确，V. G. 斯邦康弋尼（V. G. Spokoiny，2004）提出一个变参数的局部适应性波动估计方法（LAVE，Locally Adaptive Volatility Estimation）。与LAVE方法相似，田茂再与陈毅恒（2010）提到用伪残差法（Quasi - residuals）方法来进行波动性估计。估计时也需要进行同质性区间的选取，然而在选定区间之后，伪残差法是以区间内观测值的加权平均作为波动率的估计。其估计结果的优劣受到权重选择的影响。

受到以上作者的启发，本文提出利用单边核估计方法（One - Side Kernel Estimate）来估计波动率。由于 VaR 被用来度量某一个资产在未来一个给定的期限内，在给定置信水平下的最大可能损失，所以，本文用核估计方法估计某时刻 VaR 值时，只利用该时刻之前的历史数据，即单边核估计方法。E. A. 那达拉亚（1964）和 G. S. 沃森（1964）提出了回归曲线的核估计方法，即 Nadaraya - Watson 估计。本文选取的核函数是均值核函数，这样使得估计就等价于单边核的局部常数估计，这里主要是出于计算简单以及波动率具有“集簇性”和时间齐次性的特点的考虑。

本文涉及一个知识点就是应用单边核估计方法时窗宽的自动选取方法。有关核估计窗宽的自动选取方法有许多研究，包括交叉验证法（Cross - Validation），广义交叉验证法（Generalized Cross - Validation），嵌入法（Plug - in Method）。本文的窗宽选择方法是基于交叉置信区间（Intersection of Confidence Intervals，ICI）准则。V. 坎特科夫屁克，K. 艾佳扎利亚及佳库 · 金浪海（V. Katkovnik，Egiazarian，2002）提出基于 ICI 准则的局部多项式估计，并提出阈值的最优化问题的解决方法。V. 坎特科夫尼克，K. 艾佳扎利亚（2006）在书中详细介绍了 ICI 的算法过程，以及在各种非参数模型下的应用。

本文涉及另一个重要知识点就是用资产收益扰动的广义双曲分布假设代替传统的正态性假设。双曲分布最早巴尼多夫 - 尼尔森（Barndorff - Nielsen O. E.，1977）提出，并进一步拓展成为广义双曲分布。巴尼多夫 - 尼尔森与布莱希尔德（Barndorff - Nielsen & Blesild，1982）将广义双曲分布定义为正态分布和广义逆高斯分布（Generalized Inverse Gaussian Distribution，GIG）的正态方差均值混合分布，这为广义双曲分布性质和参数估计的研究奠定了基础。广义双曲分布近年来广泛应用于金融领域。研究发现，它能与金融数据尾部高度地契合，并且分布本身形式多样。正由于其众多的优点，使它成为金融领域尾部数据分布假设的首选。E. 艾宝莱妮与 U. 凯莱尔（E. Eberlein & U. Keller，1995）在文章中首先将广义双曲分布应用到金融领域。A. 米多夫与 K. 巴尔瑟夫（A. Midov & K. Balashov，2008）又进一步进行了基于广义双曲分布的 GARCH 模型和其他非参数随机波动性模型风险管理研究。

随着国际上对于 VaR 方面的深入研究以及金融风险管理的重视，近年来，国内学者也开始了开展对 VaR 的研究。刘琪和钟晓兵（2002）详细介绍了 VaR 的研究现状以及在我国金融市场的应用前景。之后 VaR 的估计方法也得到了进一步的研究，朱宏泉、卢祖帝和汪寿阳（2002）基于非参数核估计方法构造了 VaR 的估计量，并且给出了估计量的渐近性质。关于金融时间序列具有分布厚尾性，陈学华和杨辉耀（2004）讨论了厚尾分布下如何应用条件极值和无条件极值来度量风险，并且利用历史模拟、风险矩阵、条件正态模型等方法进行 VaR 估计。

VaR 的估计一般包括两个步骤。第一步是根据历史数据估计资产收益的一天的波动率。第二步通过假设资产收益的扰动过程服从一个标准正态分布，从而计算出资产收益分布的分位数。本文是在金融资产收益服从异方差模型 $R_t = \sigma_t \varepsilon_t$ 的假设基础上，用单边核估计方法来估计波动率，以广义双曲分布为假设来估计尾概率。所以，本文的创新之处主要体现在以下两个方面。

（1）采用随时间变化的非参数核估计方法来估计波动率，并通过交叉置信区间方法（ICI）准则选择局部化参数窗宽的大小来控制每一个时点的估计。这种估计方法的选择具有较少的假定条件，较高的稳健性，并且增强了局部估计的灵活性。窗宽选择所采用的 ICI 方法，简化了最优窗宽的计算过程，并对波动率跳跃点有较高的敏感度。

（2）由于金融数据具有厚尾的特点，用广义双曲分布来代替传统的扰动项正态假设，能更好地符合实际金融数据分布情况。

二、对数收益分布以及风险计量方法

（一）对数收益分布

一般来说，令 S_t 表示某一个资产组合或单个资产在时间 t 时资产价格的非负随机向量。则随机变量 $L_{t+\tau}=S_{t+\tau}-S_t$ 经常被称为收益函数（Profit and Loss Function），但更多时候，我们使用对数收益（Log - return）来计算 VaR。通常对利率，股票价格变化的研究都是逐天的，因此，本文定义的对数收益函数的常用形式为

$$R_t=\ln(S_t/S_{t-1})。$$

对数收益 R 的分布函数，可写成 $F_R=P(R\leqslant x)$。则给定某一置信水平 $\alpha\in(0,1)$，在置信水平 α 下资产组合或单个资产的 VaR 是使损失 L 超过临界 l 的概率不大于（$1-\alpha$）的最小临界值 l。VaR 可以表达为以分布函数 F_L 的广义逆形式存在的损失 L 的分布的 α 阶分位数：

$$\mathrm{VaR}_\alpha=\inf\{l\in R,\ 1-F_L(l)\leqslant 1-\alpha\}=\inf\{l\in\mathbb{R},\ F_L(l)\geqslant\alpha\}。$$

由上式可知，风险价值 VaR 的取值是由对数收益分布和置信水平决定。因此，为了得到风险价值，我们要运用合适的风险计量方法去建立对数收益分布的估计。

（二）风险价值计量方法

测量 VaR 有多种不同的方法。方法的不同主要反映了在计算速度和估值准确性之间的权衡。目前风险价值 VaR 主要的计算方法有三大类。

1. 方差与协方差法（The Variance - Covariance Method）

方差与协方差法要求预先已知或假设某资产组合或单一资产价值对数收益随机变量的概率分布。其具体做法是假定风险因子的变化服从一定的概率分布，并估计分布的参数，如方差、相关系数等，再利用得到的参数求出风险价值 VaR。在这类

方法中，应用最多的是 Delta - 正态估值法。Delta - 正态估值法假设市场因素的变动服从正态分布，同时还假设投资组合的盈亏也服从正态分布。

Delta - 正态法的缺点在于，绝大多数金融资产的收益分布都呈现厚尾特征，这种情况下，基于正态分布假设的模型会低估极端值的比例，从而低估真实的 VaR 值。另外，这一方法不适用于测量非线性金融工具的风险，例如期权或者抵押贷款。

2. 蒙特卡罗模拟法（Monte Carlo Method）

蒙特卡罗模拟方法简单说分两步进行：第一步，对所有的风险因子都设定一个参数化的随机过程，其中风险和相关系数等参数可以从历史数据中获得；第二步，为所有风险因子模拟出一个虚拟的价格走势。

因此，蒙特卡罗模拟法类似于后面介绍的历史模拟法，其区别在于假定价格变化是从一个预先设定好的随机过程中随机获取，而不是从历史数据中获取。

3. 历史数据法（Historical Method）

历史数据法是一种非参数方法，它对风险因子的分布没有特别假设。这个方法回溯到过去的时间，目前的价格变化可以通过完全或者部分过去的数据进行估值。

历史数据法的优点是概念直观、计算简单，容易被风险管理者和监管当局接受。另外它比较以上三种方法，方法的选择在很大程度上要取决于投资组合的构成。方差与协方差法计算方便快捷又不失精确。历史模拟法应用同样比较简便，可以利用所有历史数据对模型进行估值，并且不需要确定风险因子的统计分布，能够较好处理“尖峰厚尾”等问题。然而，但在数据不多的情况下会出现较大偏差，并且无法做到长期预测。而蒙特卡罗模拟法能解决以上困难，形式灵活。但这种灵活性提高了对计算机和数据的要求，模型风险也趋于增大，VaR 也失去了直观上的吸引力，不易解释。

所以，本文所提出的方法是基于方差与协方差法的框架下，针对 Delta - 正态法的缺点，提出假设市场因素的变动服从广义双曲分布，以解决金融数据的厚尾特征。而在估算波动率时，采用了非参数核估计方法。

三、模型变换以及单边核估计

从现实的金融数据可以发现，资产收益率的波动率具有时变性，所以我们假设对数收益通过条件异方差模型：

$$R_t = \sigma_t \varepsilon_t。 \tag{3-1}$$

这里对数收益 $R_t = \log(S_t / S_{t-1})$，$\varepsilon_t$ 是一列满足期望为 0，方差为 1 的独立随机变量，而 σ_t 是可预测的波动过程，即 $\sigma_t \sim F_{t-1}$，其中 $F_{t-1} = \sigma(R_1, \cdots, R_{t-1})$，表示由前 $t-1$ 个观测构成的 σ - 域。

时间齐次性模型假设在整个观察期 σ_t 是个常数，然而这种假设在实际应用中过于严格，并不能很好地拟合实际数据。本文考虑的单边核估计方法是基于局部时间齐次性的假设，假设对于任何时刻 τ，都存在时间区间 $[\tau - m, \tau]$ 使得波动率 σ_t 几乎为常数。在这种假设下，时间齐次性区间可以逐点变化从而提高了局部估计的灵活性，并且估计相应的波动率 σ_t 还可以用于一步预测。

（一）模型变换

式（3－1）把目标波动率 σ_t 和观察项 R_t 通过和扰动项 ε_t 相乘的方式联系到一起。我们把等式两边各项的平方取对数：

$$\log R_t^2 = \log\sigma_t^2 + \log\varepsilon_t^2。$$

也可以重写成以下形式

$$\log R_t^2 = \log\sigma_t^2 + C + \upsilon\zeta_t。\tag{3-2}$$

其中 $C = E\log\varepsilon_t^2$，$\upsilon^2 = Var\log\varepsilon_t^2$，$\zeta_t = \upsilon^{-1}(\log\varepsilon_t^2 - C)$。这样，模型就转换成一个普通的回归方程，方程的相应变量是 $Y_t = \log R_t^2$，目标回归方程是 $f(t) = \log\sigma_t^2 + C$，以及独立同分布误差项 $\upsilon\zeta_t$。

这种方法的主要问题是误差项 ζ_t 分布的偏度很大。但是它的分解形式给了我们很大启示，就是收益过程可以看成回归方程去估计。

（二）核估计

考虑到金融数据的时变性和不规律性，在估计方法上，我们采用了稳健性较高，形式更灵活的核估计方法。

1. 核估计方法

为避免参数回归模型中，因误差项不满足正态性假设、模型参数不随时间改变而带来的问题，本文采用非参数方法中的核估计方法 E. A. 那达拉亚（1964）和 G. S. 沃森（1964）。离散情况 Nadaraya－Watson 核估计可表示为：

$$\hat{m}_h(x) = \sum_{i=1}^{n} W_{hi}(x) Y_i \tag{3-3}$$

在估计时刻 τ 时，Nadaraya－Watson 核估计考虑距离时刻 τ 近的观测点对 $m(\tau)$ 的影响大一些，距离时刻 τ 远的观测点对 $m(\tau)$ 的影响小一些。所以我们设定一个权函数，记为 $W(\cdot)$，使距离时刻 τ 近的观测点获得较大的权，距离时刻 τ 远的观测点获得较小的权，这里的 $W(\cdot)$ 就称为核函数。

考虑一列离散时间序列数据观测点，如果取等权核函数，并且只考虑给观测点之前的数据加权，则核估计模型就变成单边核估计。

定义单边核估计

$$\hat{m}_k(t) = n^{-1} \sum_{i=1}^{n} W_{ki}(t) Y_i,$$

$$W_{ki}(t) = \begin{cases} n/k & i \in J_t \\ 0 & otherwise \end{cases},$$

$$J_t = [t-k,\ t-1]。$$

这里 Y_i，$i=1$，…，n 是一列离散的观测点，$W(\cdot)$ 是单边均值核函数，J_t 表示观测点的权大于0的区间，区间宽度为 k，这里的 k 就成为核估计的窗宽。简单来说，这种方法就是用待估计观测点的前 k 个点的加权平均来估计该点的取值。

2. 窗宽选择

在核估计中很重要的一步就是窗宽的选择。我们可以在整个观测期选取一致的窗宽，也可以逐点取最优的窗宽。式（3-3）中，当窗宽 $h\to0$ 时，i 点的估计等于该点的观测 Y_i；而当窗宽 $h\to\infty$时，i 点的估计就等于所有观测值 Y 的平均。

可见窗宽 h 的大小是控制估计精度的重要参数。E. A. 那达拉亚（1964）在文章中证明了回归方程 $m(x)$ 估计的方差随着窗宽的减小而增大，偏差随着窗宽的减小而减小。所以窗宽的选择应该在偏差和方差之间寻求平衡。

目前研究了很多方法用来进行窗宽选择。譬如最早提出的通过使得均方误差达到最小的窗宽 h 作为最优窗宽，还有交叉验证、惩罚函数等方法。本文建议使用一种更加简单，并且效率很高的窗宽选择方法——交叉置信区间方法（ICI）。ICI 方法并不需要推导出模型估计的偏差和方差的具体形式，也不需要计算出估计的最优窗宽，而是通过设计一系列逐步增大的窗宽去逼近最优窗宽。在下面波动率估计中，将给出 ICI 方法的原则以及具体算法。

四、波动率估计

（一）波动率的估计

1. 单边核估计

在近年来对金融风险的研究可以发现，资产收益的波动具有“集簇性”，即大波动紧随着大波动，小波动紧随着小波动。波动的幅度虽然随着时间在变化，但幅度短期内变化不大。所以用局部波动的“平均”去估计波动率，会贴合实际的资产收益模型波动率曲线。因此我们构造波动率的估计量为：

定义波动率的单边核估计

$$\hat{\sigma}_t^2 = n^{-1}\sum_{i=1}^{n} W_{ki}(t) R_i^{\,2},$$

$$W_{ki}(t) = \begin{cases} n/k & i \in J_t \\ 0 & otherwise \end{cases}, \tag{4-1}$$

$$J_t = [t-k,\ t-1]。$$

考虑到波动率可以在一个区间内近似为常数，我们把这个区间被称作“具有时间齐性”的区间，下一步就要进行齐次性区间的选取。这里 k 的大小就决定了区间的宽度，所以估计的重点就在于 k 的选取。根据可考虑的方法有许多，包扩局部齐次性假设 V. G. 斯邦康弋尼（2004），ICI 准则，或者使估计的 MSE 最小化得到。本文考虑用 3. 2. 2 节介绍的 ICI 准则来进行窗宽参数 k 的选择。

假设 1　式（4－1）中的区间 $J_t=[t-k,\ t-1]$ 内，式（3－1）的波动率恒为常数 σ_t^2。

假设 2　扰动项序列 $\{\varepsilon_t\}$ 是一列独立同分布的随机变量，并且期望为 0，方差为 1。

如果假设 1 和假设 2 成立，则有：

定理 1　假定波动率时间齐次。那么有

$$E(\hat{\sigma}_t^2 \mid F_{t-1})=\sigma_t^2,$$

和

$$\mathrm{Var}(\hat{\sigma}_t^2 \mid F_{t-1}) = \frac{1}{k}V_0^2\sigma_t^4 。$$

证明：

类似式（3－2）的转换，令 $\mu_0=E(\log\varepsilon_t^2)=1$，$V_0{}^2=\mathrm{Var}(\log\varepsilon_t^2)$，$Z_t=(\log\varepsilon_t^2-E(\log\varepsilon_t^2))/\mathrm{Var}^{1/2}(\log\varepsilon_t^2)$。则波动率的估计：

$$\begin{aligned}
\hat{\sigma}_t^2 &= \sum_{j=1}^{k}\omega_j R_{t-j}^2 \\
&= \sum_{j=1}^{k}\omega_j(\mu_0\sigma_{t-j}^2 + V_0\sigma_{t-j}^2 Z_{t-j}) \\
&= \sum_{j=1}^{k}\omega_j(\mu_0\sigma_t^2 + V_0\sigma_t^2 Z_{t-j}) \\
&= \mu_0\sigma_t^2\sum_{j=1}^{k}\omega_j + V_0\sigma_t^2\sum_{j=1}^{k}\omega_j Z_{t-j} \\
&= \mu_0\sigma_t^2 + \frac{1}{k}V_0\sigma_t^2\sum_{j=1}^{k}Z_{t-j}
\end{aligned}$$

所以：

$$E(\hat{\sigma}_t^2 \mid F_{t-1}) = \mu_0\sigma_t^2 + V_0\sigma_t^2\sum E(Z_t) = \mu_0\sigma_t^2 = \sigma_t^2$$

$$\mathrm{Var}(\hat{\sigma}_t^2 \mid F_{t-1}) = \frac{1}{k}V_0^2\sigma_t^4\mathrm{Var}(Z_t) = \frac{1}{k}V_0^2\sigma_t^4$$

证毕。

定理 1 的成立表示构造的波动率估计是无偏估计，并且估计方差具有 $1/k$ 的收敛速度，这也保证了使用 ICI 准则来寻找最优窗宽算法的收敛性。

2. ICI 准则

ICI 准则主体思想就是先假定一个很小的窗宽 h_1，检验通过。然后通过逐步增大窗宽直到拒绝原假设，从而找到最优窗宽。

给定窗宽 h，对于某一点 x，模型估计误差可以表示为

$$|\hat{m}_h(x)-m(x)| = |\mathrm{Bias}\{\hat{m}_h(x)\}+\xi_h(x)|$$

$$\leqslant |\text{Bias}\{\hat{m}_h(x)\}| + |\xi_h(x)|。$$

其中 $\xi_h(x)$ 是一个均值为零，方差为 Var $\{f_h(x)\}$ 的随机变量。对于任何的 $h \leqslant h_{opt}$(h_{opt} 为最优窗宽宽)，存在一个置信区间的阈值 η，使得

$$|\hat{m}_h(x) - m(x)| \leqslant \eta \cdot \text{Std}\{\hat{m}_h(x)\}。\tag{4-2}$$

V. 坎特科夫尼克和什穆列维奇（2002）指出 ICI 准则在本质上为 h 的假设检验 $h \leqslant h_{opt}$，并通过该方法找到一个趋于 h_{opt} 的窗宽 h。ICI 方法的具体算法如下：

设 $H = \{h_1 < h_2 < \cdots < h_J\}$ 为一列有限的窗宽集合。估计某点时，先从最小的窗宽 h_1 开始，求出估计的置信区间 $D(1)$，然后逐步增大窗宽，依次得到估计的置信区间序列 $\{D(1), D(2), \cdots, D(J)\}$，有

$$D(j) = [L_j, U_j]$$

$$L_i = \hat{m}_{h_i}(x) - \eta \cdot \text{Std}\{\hat{m}_{h_i}(x)\}$$

$$U_i = \hat{m}_{h_i}(x) + \eta \cdot \text{Std}\{\hat{m}_{h_i}(x)\}$$

这里 η 就是置信区间的阈值。从式（4-2）可以得出结论，对于所有的 $h = h_j$，$1 \leqslant j \leqslant i$，不等式 $|\hat{m}_h(x) - m(x)| \leqslant \eta \cdot \text{Std}\{\hat{m}_h(x)\}$ 成立，即对于所有的区间 $D(j)$，$1 \leqslant j \leqslant i$，都包含一个共同点 $m(x)$。

目的就是找到最大的窗宽 h_i，记为 h_{i^+}，使得对于任意的区间 $D(j)$，$1 \leqslant j \leqslant i^+$ 都有一个交点，并且它们的交集和区间 $D(i^+ + 1)$ 没有交点。

以下算法是窗宽选择具体的实现过程：

$$\bar{L}_{i+1} = \max[\bar{L}_i, L_{i+1}], \quad \underline{U}_{i+1} = \min[\underline{U}_i, U_{i+1}]$$

$$i = 1, 2, \cdots, J, \quad \bar{L}_1 = L_1, \quad \underline{U}_1 = U_1。$$

然后最优的窗宽 h_{i^+} 是满足 $\bar{L}_i \leqslant \underline{U}_i$ 最大的 i^+。用图示来表示具体的算法过程见图 4-1 所示。

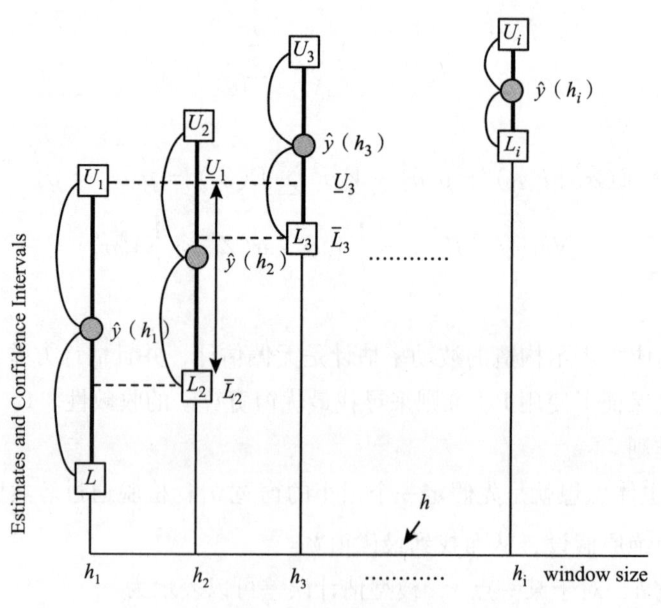

图 4-1 ICI 方法

图4－1中，我们的目标是找到满足 $\overline{L}_i \leq \underline{U}_i$ 最大的窗宽。所以随着窗宽的增大，直到窗宽为 h_{i+} 时的置信区间和之前所有的置信区间共同交集为空。则 h_{i+} 便是估计变量所需的最大窗宽。

这样在使用单边核估计进行估计波动率时，窗宽 h_i 用 k 表示。在每一时点的估计，只需使用 ICI 方法找到最优窗宽 k^+，得到该时点的波动率估计。然后再逐点估计，从而得到整个波动率的拟合曲线。

（二）广义双曲分布及 VaR 估计

1. 广义双曲分布

广义双曲分布能与金融数据尾部高度地契合，并且分布本身形式多样（有5个参数，包含双曲分布，广义逆高斯分布，t 分布等子类）。分布具有偏态和厚尾的特性，这使得它在金融数据分析中得到越来越多的重视。在金融数据分析中常见的逆高斯分布、拉普拉斯分布以及非对称 t 分布都是广义双曲分布族的子类，可以通过取不同的参数值而得到。

定义正态均值－方差混合（Normal Mean－Variance Mixture），d 维随机变量 X 服从多元正态均值－方差混合分布，满足：

$$X \overset{d}{=} \mu + W\gamma + \sqrt{W}AZ$$

其中：

（1）$Z \sim N_k(0, I_k)$ k 维标准正态分布。

（2）$W \geq 0$ 为正随机变量，与 Z 相互独立。

（3）$A \in R^{d \times k}$ 为矩阵，μ 和 γ 是 R^d 上的参数向量。

从上述定义可以得到：$X \mid W \sim N_d(\mu + W\gamma, W\Sigma)$。

其中 $\Sigma = AA'$。当混合变量 W 服从广义逆高斯分布（GIG）时，X 服从广义双曲分布（GH）。一元广义双曲分布由五个参数 $\theta = (\lambda, \alpha, \beta, \delta, \mu)^T$ 决定，密度函数为：

$$f_{GH}(x; \lambda, \alpha, \beta, \delta, \mu) = \frac{(\iota/\delta)^{\lambda}}{\sqrt{2\pi}K_{\lambda}(\delta\iota)} \cdot \frac{K_{\lambda-\frac{1}{2}}(\alpha\sqrt{\delta^2 + (x-\mu)^2})}{\{\sqrt{\delta^2 + (x-\mu)^2}/\alpha\}^{\frac{1}{2}-\lambda}} e^{\beta(x-\mu)} \tag{4-3}$$

其中 $\mu \in R$ 为位置参数，$\alpha \in R$ 为形状参数（峰度），$\beta \in R$ 非对称参数（偏度），$\delta \in R$ 尺度参数，$\iota = \sqrt{\alpha^2 - \beta^2}$，$\lambda \in R$ 且第三类 Bessel 函数定义为：

$$K_{\lambda}(\omega) = \frac{1}{2}\int_0^{\infty} x^{\lambda-1} e^{\frac{1}{2}\omega(x+x^{-1})}\, dx, \ \omega > 0$$

当 $\lambda = -1/2$ 时，广义双曲分布转化为正态逆高斯分布（Normal Inverse Gaussian Distributions，NIG），在对一元金融收益序列进行分析时具有广泛的应用。

当 $\lambda = 1$ 时，可以得到一元边际函数为一维双曲分布的多元广义双曲分布，同样，一维的双曲分布也经常应用于金融数据分析中。

当 $\lambda=-\nu/2$，$\chi=\nu$，$\psi=0$ 时，分布的极限形式即为偏 t 分布。偏 t 分布的尾部形态可以通过 ν 的值进行控制，从而更好地对数据进行拟合和预测。

图 4－2（A）是三种分布的密度曲线比较，其中线“——”代表标准双曲分布，线“------”代表标准正态分布，线“……”代表自由度为 1 的 t 分布。从 4－2（B）图可以更清楚地看到在密度分布的左尾处，相比正态分布的“薄尾”和 t 分布的“厚尾”，双曲分布体现了“半厚尾”的分布特征。

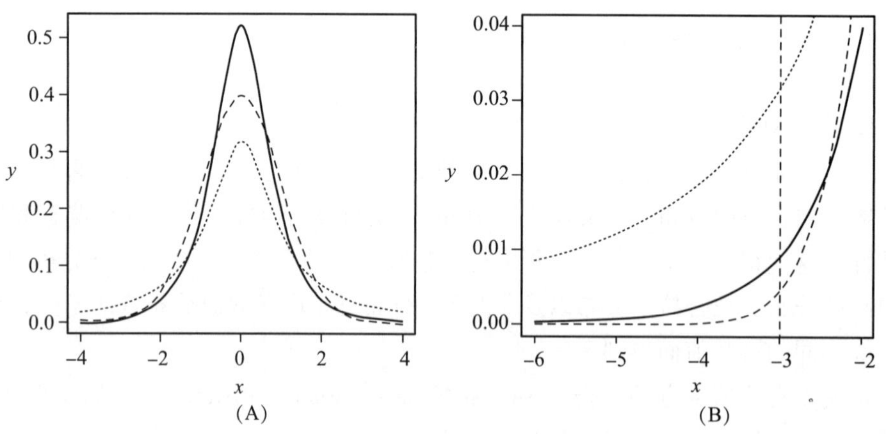

图 4－2　几种分布密度曲线比较

2. 广义双曲分布的参数估计

广义双曲分布的五个参数可以由极大似然估计法得到。给定对数收益序列 $\{R_t\}$，在上一节估计得到波动率 $\hat{\sigma}_t$ 的基础上，可以计算出伪残差序列 $(\hat{\varepsilon}_1, \cdots, \hat{\varepsilon}_n)=(R_1/\hat{\sigma}_1, \cdots, R_n/\hat{\sigma}_n)$。参数向量 $\theta=(\lambda, \alpha, \beta, \delta, \mu)^T$ 可以通过对数似然函数最大化得到。我们假设伪残差序列服从广义双曲分布，则广义双曲分布的对数似然函数：

$$L(\theta;\hat{\varepsilon}_1, \cdots, \hat{\varepsilon}_n)=n\left\{\lambda(\log\iota-\log\delta)+\left(\frac{1}{2}-\lambda\right)\log\alpha-\log\sqrt{2\pi}-\log K_\lambda(\delta\iota)\right\}$$
$$+\beta\sum_{i=1}^{n}(\hat{\varepsilon}_i-\mu)+\sum_{i=1}^{n}\log K_{\lambda-\frac{1}{2}}\left(\alpha\sqrt{\delta^2+(\hat{\varepsilon}_i-\mu)^2}\right)$$
$$+\left(\frac{\lambda}{2}-\frac{1}{4}\right)\sum_{i=1}^{n}\log\{\delta^2+(\hat{\varepsilon}_i-\mu)^2\}。$$

参数 θ 的极大似然估计量当对数似然函数取偏导，再使偏导数为 0 时可求解得到。得到了广义双曲分布的参数估计后，就可以得到置信水平 α 下的扰动项分位数估计 $\hat{q}_p$，$p=1-\alpha$。

3. VaR 的估计

下面计算 VaR_t 的值，使得 $P(R_t>VaR_t\mid F_{t-1})=p$，其中 $0<p<1$。注意到：

$$VaR(R_t\mid F_{t-1})=\sigma_t VaR(\varepsilon_t), \tag{4-4}$$

因此，R_t 的 VaR 的估计量可以通过下面的公式来计算

$$\widehat{VaR}_{p,t} = \hat{\sigma}_t \hat{q}_p \quad (4-5)$$

这里 $\hat{\sigma}_t$ 是基于式（4-4）的波动估计的拟残，$\hat{q}_p$ 是公式 4.2.2 节给出的扰动项 ε_t 分布的 p 分位数的估计，其中分布的未知参数 θ 用极大似然估计 $\hat{\theta}$ 代替。

（三）VaR 的置信区间

由于式（4-1）中波动率的估计也是极大似然估计（MLE），从而可以构造基于 MLE 的 Wald 型置信区间（WM）。

对于 Wald 型置信区间，考虑对数似然函数。利用（田茂再和陈毅恒，2010）的结论，这里得到了用于构建置信区间的如下定理。

定理 2　在假设 1-2 的假设下（田茂再和陈毅恒，2010），当 $n\to\infty$ 时，有

$$\{Var(\log \widehat{VaR}_{p,t})\}^{-1/2} \cdot \log \frac{\widehat{VaR}_{p,t}}{VaR_{p,t}} \xrightarrow{D} N(0,\ 1)。 \quad (4-6)$$

基于这个定理，VaR 的一个 $100(1-\alpha)\%$ 置信区间是

$$[\widehat{VaR}_{p,t}\exp\{-z_{\alpha/2}\sqrt{Var(\log \widehat{VaR}_{p,t})}\},\ \widehat{VaR}_{p,t}\exp\{z_{\alpha/2}\sqrt{Var(\log \widehat{VaR}_{p,t})}\}], \quad (4-7)$$

这里 Z_q 是标准正态分布的 100q 上百分位数。

Wald 型置信区间是基于大样本理论的，所以，当波动率变换频繁时，该方法构造的置信区间还有待测定。

五、蒙特卡罗模拟

本部分主要通过蒙特卡罗模拟的方法来评价单边核估计方法在估计波动率时的表现。观察式（3-1）可以发现，VaR 估计的准确性主要依赖于扰动项 p 阶分位点 q_p 估计的准确性和波动率 σ_t 估计的准确性。我们首先考虑模型中波动率的估计。在估计每一时刻 t 的波动率 σ_t 时，非常重要的环节是局部齐次性区间的构造——即 k 的选取。本文采取改进的交叉置信区间（ICI）方法。从模拟结果来看，不仅 k 的选取符合模型理论值，而且对于跳跃点具有较高的敏感度。然后，为了检验波动率估计的表现，将单边核估计方法和常用的参数模型 GARCH(1，1）估计的结果进行比较。结果显示，单边核估计方法无论从数据敏感度还是估计的准确性来看，都要明显优于 GARCH(1，1）模型。

（一）局部齐次性区间参数的选取

1. 局部化参数 k 的选取

在使用单边核估计方法时，关键在于局部化参数 k 的选取。k 既要充分大使估

计齐次性区间内的估计趋于平稳，又要对跳跃点有足够的敏感度。使用 ICI 具体算法时，首先要构造齐次性备选区间 ℓ。最简单的做法就是采取等间隔的时间格点 t_1，t_2，…，其中格点间隔 $m_0 \in \mathrm{N}$，即 $t_k = m_0 k$，$k = 1, 2, \cdots$ 所以对于每一个待估计时刻 τ，齐次性备选区间 ℓ 的定义如下：

$$\ell = \{I_k = [t_k, \tau]: t_k \leqslant \tau - m_0, k = 1, 2 \cdots\}$$

对于每一个 I_k，然后定义它的检验子区间集 $\mathcal{J}(I_k) = \{J_{k'} = [t_{k'}, \tau]: t_{k'} > t_k\}$。这样通过比较子区间集里所有区间的估计来检验齐次性区间 I_k。

在这种结构下，集合 I_k，$\mathcal{J}(I_k)$ 的构造就由格点间隔 m_0 决定。m_0 的值应该尽可能的小，这样可以使得估计对于跳跃点有足够的敏感度。但是它又有充分大以保证估计的稳定。对于本文的模拟以及下一章的实证分析，都折中地选择了 $m_0 = 10$。从模拟发现，取值 5 ~ 15 之间的值，对于估计的结果的影响也并不明显。

2. 阈值 λ 的选择

在估计中，类似于格点间隔 m_0，λ 的选择对于拟合结果也有很大的影响。比较合理的做法是通过式（4 - 2），给定一个时间齐次性区间和一定的置信水平 α 下，计算得到的阈值 λ 的值，但这样的取值通常比较保守。但是比较简单且有效的方法通过蒙特卡罗模拟的方法得到。具体的做法可以参考 V. G. 斯邦康弋尼（2004），本文中 λ 取值为 2. 8。

（二）跳跃模型的估计结果

选择跳跃模型来进行模拟，这里的例子参考了 V. G. 斯邦康弋尼（2004）中的跳跃模型以及田茂再和陈毅恒（2010）中的例子。波动率模型如下。

1. 小跳模型

$$\sigma_1(t) = \begin{cases} 1, & 1 \leqslant t \leqslant 120, \\ 3, & 121 \leqslant t \leqslant 240, \\ 1, & 241 \leqslant t \leqslant 360, \end{cases}$$

2. 大跳模型

$$\sigma_2(t) = \begin{cases} 1, & 1 \leqslant t \leqslant 120, \\ 5, & 121 \leqslant t \leqslant 240, \\ 1, & 241 \leqslant t \leqslant 360, \end{cases}$$

关于扰动项，考虑生成服从式（4 - 3）中 $\lambda = 1$ 的广义双曲分布的独立随机变量。然后将广义双曲随机变量分别乘以波动率 $\sigma_1(t)$ 和 $\sigma_2(t)$ 得到两列收益序列。以小跳模型为例，具体的步骤是：首先生成参数值为 $\alpha = 1$，$\beta = 0$，$\delta = 1$，$\mu = 0$ 的广义双曲随机变量 $\varepsilon^i(1)$，$\varepsilon^i(2)$，…，$\varepsilon^i(360)$，然后计算收益序列 $r_1^i(t) = \sigma_1(t)\varepsilon^i(t)$，$t = 1, \cdots, 360$。接下来，独立地重复这个过程 500 次就可以得到序列 $\{r_1^i(t): t = 1, \cdots, 360; i = 1, \cdots, 500\}$。同样，利用计算大跳模型可以得到序列 $\{r_2^i(t): t = 1, \cdots, 360; i = 1, \cdots, 500\}$。

为了刻画波动率估计的效果，这里选择了 V. G. 斯邦康弋尼（2004）文中定义的相关误差准则，定义如下：

$$\sum_{t=30}^{360}\sum_{i=1}^{500}\left(\frac{\hat{\sigma}_{ti}-\sigma_t}{\sigma_t}\right)^2 \tag{5-1}$$

式（5－1）中 i 表示跳跃模型的重复过程，一共重复生成500次。而除以波动率真值后的平方误差和可以避免因波动率的尺度而对准则值的影响。表5－1即和GARCH(1，1) 估计的波动率的相关误差的比较。

表5－1　　相关误差比较

	单边核估计－ICI	GARCH(1，1)
小跳模型	25633.92	194923.34
大跳模型	75041.29	653221.98

图5－1为波动率基于单边核估计方法的估计结果。图5－1（A）显示的是小跳模型波动率的估计，图5－1（B）显示的是大跳模型。实线是波动率的真实值，每个图的上、中、下三条虚线分别是单边核估计方法对波动率估计的0.55、0.5、0.45分位数。

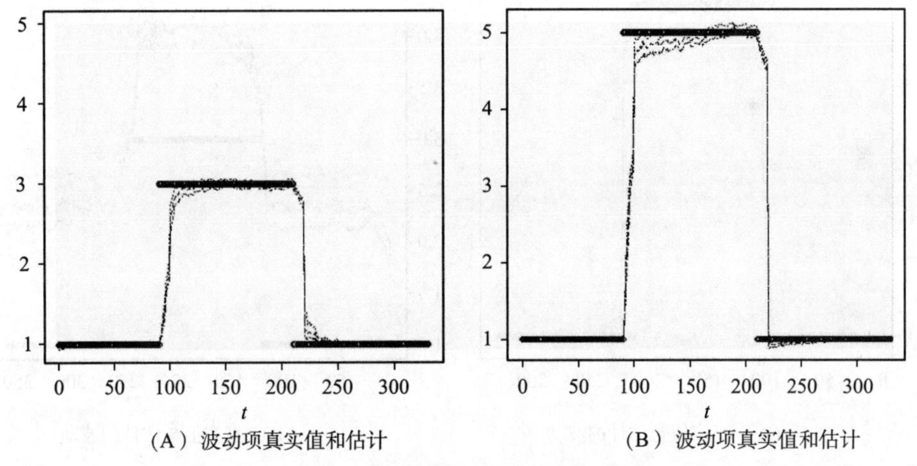

（A）波动项真实值和估计　　（B）波动项真实值和估计

图5－1　跳跃模型波动项的估计结果

图5－2（A）和图5－2（B）两图分别是小跳和大跳模型估计时齐次性区间参数k的选取值。每个图的上、中、下三条虚线分别是单边核估计方法对齐次性区间参数k估计的0.55、0.5、0.45分位数。

结果是令人满意的。从图5－1、图5－2可以看到，无论是大跳模型还是小跳模型，在齐次性区间［1，120］、［121，240］、［241，360］，单边核估计方法对于波动率的估计和理论值贴近，并且在跳跃点120和240处体现了较好的敏感度。从ICI方法选取的 k 值同样可以发现，k 值的选择和理论值非常接近。接下来，用参数模型

GARCH(1, 1) 来对跳跃模型的波动率进行估计，并和单边核估计方法作以对比。

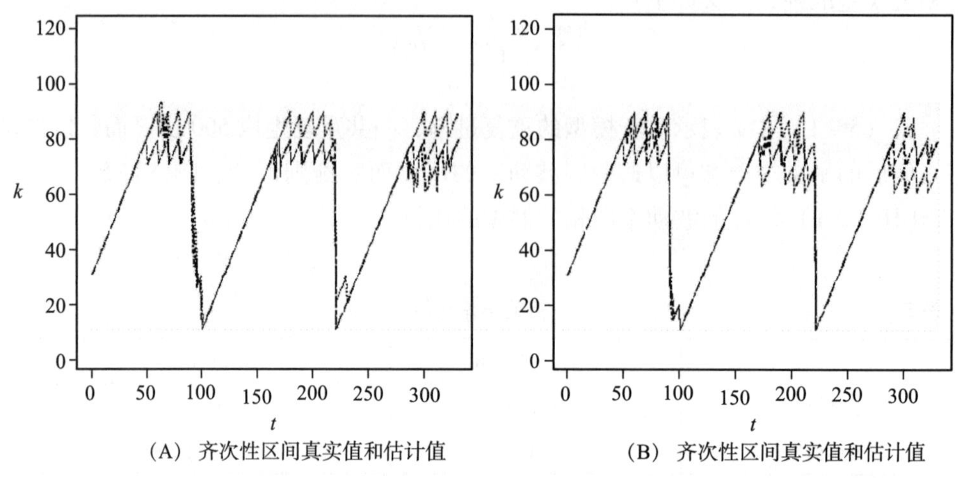

(A) 齐次性区间真实值和估计值　　(B) 齐次性区间真实值和估计值

图 5-2　齐次性区间参数 k 的估计

图 5-3 (A) 中，实线是波动率的真实值，每个图的上、中、下三条虚线分别是单边核估计方法对波动率估计的 0.55、0.5、0.45 分位数（小跳模型模拟 500 次）。图 5-3 (B) 是 GARCH(1, 1) 估计结果的对比图。

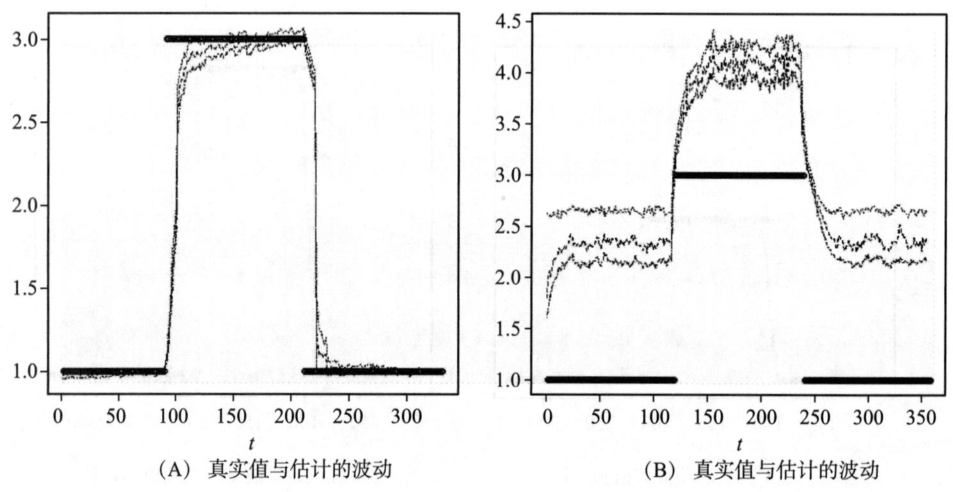

(A) 真实值与估计的波动　　(B) 真实值与估计的波动

图 5-3　和 GARCH(1, 1) 估计结果比较

从图 5-3 以及表 5-1 都可以看出，本方法要优于 GARCH(1, 1)。不仅能很准确的估计到真实的波动率，而且对跳跃点非常灵敏。

六、实证分析

本章将使用前几章讨论的估计方法对实际数据进行研究分析。模型方面假设资产的对数收益服从异方差模型，分析过程中用单边核估计方法来估计模型的波动率，并从数据出发讨论了扰动项选择服从具备半厚尾的广义双曲分布的优点。

为了检验模型的可靠性和稳定性，选用了风险管理领域常用的回测方法，并和第5章一样，分析结果与 GARCH(1，1) 进行了比较。

(一) 实际数据介绍

数据选取上海证券交易所自2005年1月2日到2010年12月31日共五年的上证指数的调整后的日收盘价，共计1214天。上证指数，即“上证综合指数”，是以上海证券交易所上市的全部股票为计算范围，以发行量为权数综合。由于选股范围较为全面，上证综指基本反映了上海证券交易市场的总体走势。

首先对上证指数数据进行描述统计分析，下面是五年数据的趋势图以及计算后的对数收益散点图以及对数收益的描述统计表（见图6-1，表6-1所示）。

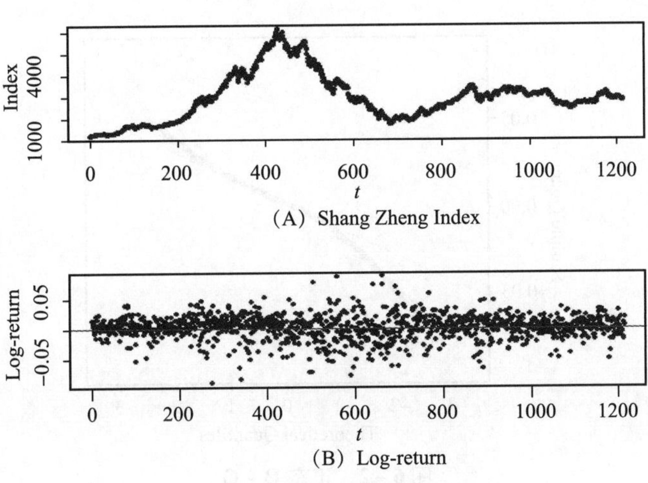

图6-1　上证指数及对数收益散点

从图6-1可以发现，上证指数本身具有很强的趋势性，并且呈现出大的波动性。经过对数收益计算后，上证指数的对数收益趋势性并不明显，主要围绕0值上下波动。

表6-1　上证指数对数收益描述统计

	上证指数
最大值（max）	0.0903400
最小值（min）	-0.0925600
中位数（median）	0.0023900
均值（mean）	0.0007135

续表

	上证指数
标准差（std）	0.0205272
偏度（skeyness）	-0.4348410
峰度（kurtosis）	2.2490790

从对数收益的散点图（见图6-1）和描述统计（见表6-1）可以看出，对数收益的均值几乎为零，并且取值围绕着均值上下波动，从偏度系数看，数据呈现轻许的右偏。波动性有一定的“集簇性”，可以看出该数据的波动率适合局部时间齐次性的假设，也适合单边核估计方法。

其次，考察波动的扰动项的分布情况。通过正态 QQ 图（见图6-2）看出实际数据的分位与正态分布的理论分位值差距十分明显，所以我们在后面的分析会考虑用广义双曲分布假设来代替正态假设。

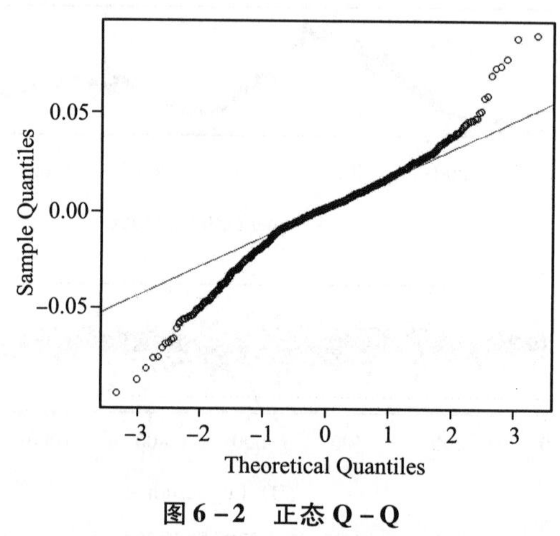

图6-2　正态Q-Q

以上便是对上证指数对数收益数据的初步描述统计分析。在下一节中，我们主要运用扰动项服从广义双曲分布的假设下，用单边核估计方法得到波动率，最终计算出对数收益的风险价值 VaR。为了检验模型的可靠性和稳定性，选用了风险管理领域常用的回测方法，回测的结果与 GARCH(1，1）进行比较。同样，正态分布和广义双曲分布两种假设下的回测结果也进行了比较。

回测，也称为现实检验，是用来检验实际损失与预期损失是否一致的有效的统计方法。它的做法就是把 VaR 的历史预测值与实际数据实现值进行系统地比较，例如检验 VaR 时，在置信水平 $\alpha=0.05$ 的假设下，用历史数据检验在一定观测期内，实际损失超出模型 VaR 预测值的比例是否低于或等于5%。如果超出，则需要考虑改善模型。

具体的表述可以为，在一个观察期 T 内，实际数据 R_t 小于风险价值估计值的比率为：

$$p = \frac{1}{|T|}\sum_{t \in T} I_{\{R_t < \widehat{VaR}_{1-\alpha,t}\}} \qquad (6-1)$$

（二）结果比较

首先估计对数收益的波动率。在窗宽选择时，格点取 $m_0 = 10$，阈值 $\lambda = 2.8$。图 6－3 即时扰动项和波动率的估计结果，扰动项估计的值等于相应的对数收益除以波动率的估计 $(\hat{\varepsilon}_1, \cdots, \hat{\varepsilon}_n) = (R_1/\hat{\sigma}_1, \cdots, R_n/\hat{\sigma}_n)$。

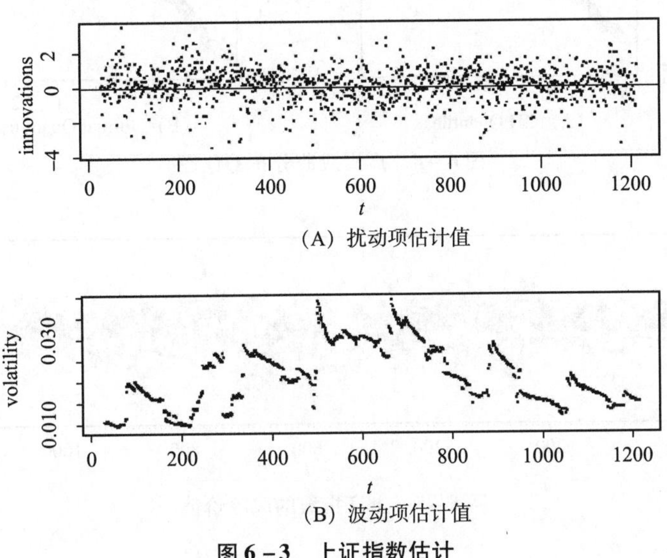

（A）扰动项估计值

volatility

0.030

0.010

0 200 400 600 800 1000 1200

t

（B）波动项估计值

图 6－3　上证指数估计

Statistical Review Vol.10

图 6－3 是对上证指数对数收益的波动项和扰动项的估计。从图 6－3 可以看出伪残差序列取值围绕 0 值上下波动，并无明显趋势。而波动项估计值体现了“时变性”，并有明显的跳跃现象。在大的震荡之后，波动幅度虽然随着时间在变化，但幅度短期内变化不大。这和我们之前的预想比较吻合。

得到扰动项的估计后，用极大似然法来拟合广义双曲分布。所拟合的分布参数估计值见表 6－2 所示。

表 6－2　拟合广义双曲分布

	上证指数
λ	2.0812
α	2.1749
β	－0.2575
δ	0.0207
μ	0.2947
Log－like	－1597.2000

进一步这里做出拟残分位和广义双曲分布 QQ 图以及拟残分位和标准正态分布 QQ 图，从图 6 - 4 可以看出，相比右边的正态分布，广义双曲分布更适合于扰动过程分布的刻画。

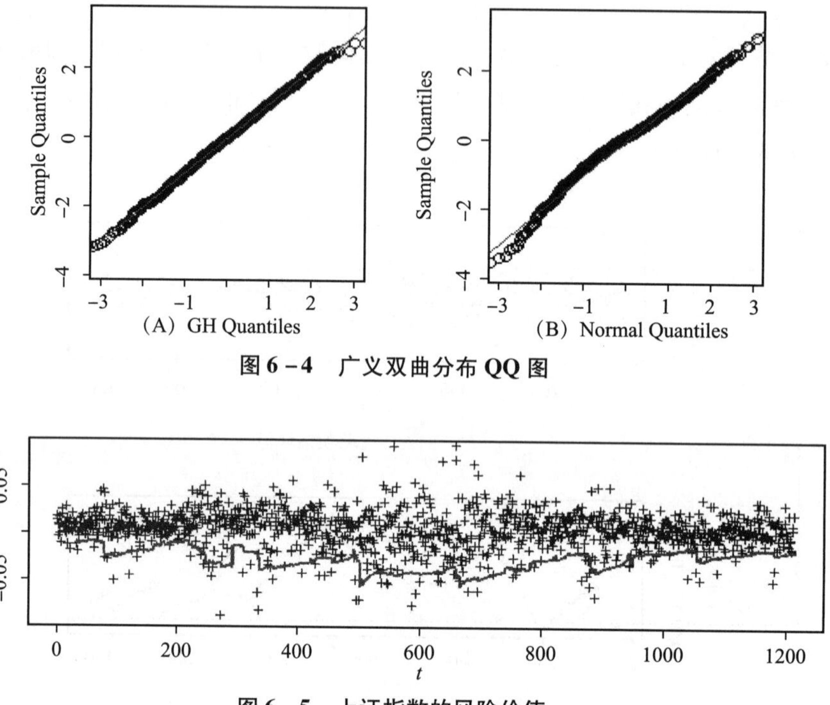

图 6 - 4　广义双曲分布 QQ 图

图 6 - 5　上证指数的风险价值

用拟残拟合成广义双曲分布后，就可以通过式（4 - 5）求出上证指数 VaR 的估计。图 6 - 5 描述了上证指数对数收益的历史真实值（以“ + ”标记的数据点）以及 VaR 估计的拟合曲线，这里取置信水平为 $\alpha = 0.05$。从图形中看，VaR 拟合曲线基本上刻画了对数收益的下分位数。

除了直观上的观察，还可以通过回测的结果来进行分析，考虑式（6 - 1），实际数据 R_t 小于风险价值估计值共计 57 次，所以，溢出比率为

$$P = \frac{57}{1184} = 0.048。$$

溢出比率 0. 048 低于设定的置信水平 0. 05，符合建立模型所设立的假设。并且，溢出比率非常接近设定的置信水平，说明 VaR 的估计不仅谨慎而且十分准确。作为比较，这里计算了几种 VaR 计量方法下的回测结果，见表 6 - 3 所示。

表 6 - 3　　回测结果比较

	单边核估计		GARCH(1, 1)	
	$\alpha = 0.05$	$\alpha = 0.10$	$\alpha = 0.05$	$\alpha = 0.10$
广义双曲分布假设	0. 048	0. 101	0. 063	0. 126
正态分布假设	0. 052	0. 105	0. 065	0. 129

表6－3呈现了不同VaR计量方法下的回测结果。波动率分别用单边核估计和GARCH(1，1）方法来进行估计，同时，扰动项也基于两种分布假设：广义双曲分布和标准正态分布。这样做就可以较为全面的评价本文基于广义双曲分布假设的单边核估计方法的表现。从结果来看，在不同置信水平下的回测结果是一致的：单边核估计要优于GARCH(1，1)，广义双曲分布假设要优于正态分布假设。所以，相比于传统VaR计量方法，本文设计的方法能更好地度量金融数据的风险特征。

七、结论与建议

（一）结论

本文提出的VaR计量方法以及它所涉及的理论知识并不复杂，整个估计过程就是按照资产对数收益的三个特征（“集簇性”“时变性”和“厚尾性”）而设计并实施的。首先，使用非参数方法——单边核估计方法来估计波动率，估计过程中通过一种形式简单，计算快捷的交叉置信区间（ICI）方法来进行齐次性区间长度选择。其次，在得到波动率的估计后，假设扰动过程服从具有“半厚尾”特征的广义双曲分布，并利用极大似然方法估计出分布参数，进而计算得到分布的尾概率值。整个估计过程的理论性质在第四部分已经给出。估计偏差为0和方差具有$1/k$的收敛速度，保证了估计的准确和效率。最后，在第五部分、第六部分将这种方法分别应用到模拟数据和实际数据上，具体结论如下。

1. 模拟数据来检验单边核估计方法估计的表现方面

本文分别模拟生成两种简单跳跃模型，两个模型区别只是跳跃的程度不同。作为方法对照，这里选择了估计异方差模型常用的GARCH(1，1）方法。结果发现估计效果是一致的，无论是大跳模型，还是小跳模型，这里的方法都要优于GARCH(1，1)。不仅很准确的估计到真实的波动率，而且估计对于跳跃点非常灵敏。

2. 本文所提出的方法在实际数据上的应用方面

这里将所提出的方法应用到实际数据（近五年的上证指数）上，并使用回测结果来评价模型估计的准确性。计算结果非常理想，溢出比率十分接近于所设立的置信水平，体现了风险管理和控制的谨慎，却不保守的原则。同样也与GARCH方法估计的结果进行了比较，并且和传统的正态分布假设进行了比较。从结果来看，相比于传统VaR计量方法，本文设计的方法能更加准确地估计VaR，从而更好地度量金融数据的风险特征。

（二）建议

虽然，本文设计的方法具有良好的理论性质和实际数据应用效果，但文章也存在许多值得改进的方面，主要集中在以下两点。

（1）由于，所设计的方法是使用局部数据的平均值来预测未来的波动幅度，所以，很难掌控未来数据波动变化的趋势。并且，当波动变化频率较高时，估计准确性将有所降低。而在估计波动率时如果通过局部线性或者局部多项式来代替局部平均，可能会改善这一缺点。波动率估计方法的选择还有待进一步的研究。

（2）本文对于 VaR 的统计推断理论的研究还很薄弱，譬如在扰动项分布的假设方面，可以不局限于广义双曲的分布假设。核函数选择方面，还可以比较使用不同的核函数下 VaR 的估计效果。

所以，有关 VaR 的估计方法，还有很多问题值得进一步深入研究：如何应对频繁爆发的金融事件，如何有效地防范金融风险等。

参考文献

[1] 陈学华，杨辉耀．股市回报率分布的厚尾性与风险估测模型的绩效探讨 [J]. 管理科学，2004 (17)：40 - 47.

[2] 刘琪，钟晓兵．VAR 研究现状及在我国金融市场的应用前景 [J]. 哈尔滨工业大学学报，2002 (4)：55 - 58.

[3] 朱宏泉，卢祖帝和汪寿阳．Value at Risk 的核估计理论 [J]. 系统科学与数学，2002 (22)：365 - 374.

[4] Barndorff - Nielsen, O. E.. *Exponentially decreasing distributions for the logarithm of particle size* [J]. Proceedings of the Royal Society of London A, 1977 (353): 401 - 419.

[5] Bollerslev, T.. *Generalized autoregressive conditional heteroskedasticity* [J]. Journal of Econometrics, 1986 (31): 307 - 327.

[6] Eberlein, E. and Keller, U.. *Hyperbolic distributions in finance* [J]. Bernoulli, 1995 (1): 281 - 299.

[7] Engle, R. F.. *Autoregressive conditional heteroskedasticity with estimates of the variance of U. K. inflation* [J]. Econometrica, 1982 (50): 987 - 1008.

[8] Hendricks. *Evaluation of Value - at - Risk models using historical data* [J]. Federal Reserve Bank of New York Economic Policy Review, 1996 (4): 39 - 69.

[9] Katkovnik, V., Egiazarian K. and Astola J. (2002). *Adaptive window size image de - noising based on intersection of confidence intervals (ICI) rule* [J]. J. Math. Imag. Vis., 2002 (16): 222 - 223.

[10] Katkovnik, V. and Egiazarian, K.. *Local approximation techniques in signal and image processing* [M]. Bellingham, 2006.

[11] Katkovnik, V. and Shmulevich, I.. *Kernel density estimation with adaptive varying window size* [J]. Pattern Recognition Letters, 2002 (23): 1641 - 1648.

[12] Midov, A. and Balashov, K.. *Risk management based on GARCH and non - parametric stochastic volatility models and some cases of generalized hyperbolic distribution* [M]. Technical report, 2008.

[13] Nadaraya, E. A.. *On estimating regressing* [J]. Theory of Probability and its Applications, 1964 (10): 186 - 190.

[14] Rockafellar, R. T., Stanislav, U.. *Conditional Value - at - Risk for general loss distributions* [J]. Journal of Banking & Finance. 2002 (26): 1443 - 1471.

[15] Spokoiny, V. and Mercurio D.. *Statistical inference for time-inhomogeneous volatility models* [J]. The Annals of Statistics, 2004 (32): 577 - 602.

[16] Tian, M. Z.. *Robust Estimation in Inverse Problems via Quantile Coupling* [J]. Science in China Series A: Mathematics, 2012 (55): 1029 - 1041.

[17] Tian, M. and Chan, N. H.. *Saddle point approximation and volatility estimation of Value - at - Risk* [J]. Statistica Sinica. 2010 (20): 1239 - 1256.

[18] Watson, G. S.. *Smooth regression analysis* [J]. Sankhya, Series A, 1964 (26): 359 - 372.

[19] Wong and So. *On conditional moments of GARCH models, with applications to multiple period value at risk estimation* [J]. Statistica Sinica, 2003 (13): 1015 - 1044.

基于两阶段模型的中国上市公司现金红利发放水平影响因素研究

李静萍[①] 刘博健[②]

摘　要：在中国上市公司现金红利发放水平影响因素的现有文献中，主要采用传统的一阶段计量经济模型。本文认为，上市公司发放现金红利的决策是一个两阶段决策：先决定是否发放红利，再决定红利的支付水平。在这两个阶段，影响因素可能是不同的，或者同一个影响因素在这两个阶段所产生的影响是不同的。为此，本文采用一种两阶段模型，即 double hurdle 模型，来研究红利发放水平的影响因素。本文利用 2008 ~2014 年中国 A 股市场的上市公司（金融公司和房地产公司除外）数据，建立了 double hurdle 模型，研究发现：在第一阶段决策中，公司盈利性和财务稳健性具有正向影响，而 GDP 增长率则具有负向影响，相比而言，国有企业的现金红利支付意愿更低；在第二阶段决策中，GDP 增长率具有正向影响，而公司盈利性和财务稳健性则具有负向影响，相比而言，国有企业的现金红利支付水平更低。两阶段模型的分析结果表明，大多数因素在两个阶段产生了相反的效应。

关键词：现金分红　Tobit 模型　Double – Hurdle 模型

The Determinants of Dividends Payout：Evidence from China's Listed Companies Using Two – Stage Model

Li Jingping　Liu Bojian

Abstract：Previous researches on the dividend payout of China's listed companies mainly used traditional methods which are all one-stage models. We think the decision of listed companies to pay cash dividend should be regarded as a two-stage decision. In the first stage，companies decide whether to pay dividends，and if they make positive decision in the first stage，they decide how much to pay in the second stage. Therefore，it may happen that one factor have different effects on these two stages. In order to capture this phenomenon，we use double hurdle model，a kind of two-stage model，to study the determinants of dividends in this paper. Using the sample of China's A-share listed companies excluding financial and real estate companies during the period of 2008 – 2014，we establish Double – Hurdle model to explore the determinants of cash dividend payout. According to the estimates of hurdle model，profitability and corporate financial stability have positive effects on the first stage decision，while GDP growth has

---

① 李静萍，中国人民大学统计学院，教授，研究方向为经济统计。
② 刘博健，中信证券股份有限公司。

negative effect. State-owned enterprises are less willing to pay cash dividends than other enterprises. GDP growth rate has positive effect on the second stage decision, while profitability and corporate financial stability have negative effects. State-owned enterprises had lower dividend payout ratio than other enterprises. It is found that most factors have different effects on two stages, which can't be revealed in one-stage models.

Key words: Cash Dividends Payout, Tobit Model, Double – Hurdle Model

一、引　　言

根据中国证券登记结算有限公司的公开数据，截至2015年底，中国A股投资者数量已超过9800万人，持仓人数超过5000万人，股票投资已成为人们理财的重要方式。

在股票投资中，收益来源主要有两部分，一是股利，二是资本利得。在很长一段时间内，中国A股上市公司对投资者回报不够重视，大量公司在获得利润后不进行分红。为了保护投资者利益，中国不断推出关于上市公司分红的政策，并将其作为上市公司再融资行为的约束条件。2008年10月，中国证券监督管理委员会发布《关于修改上市公司现金分红若干规定的决定》（下文简称《决定》），将上市公司公开发行证券的条件修改为"最近三年以现金方式累计分配的利润不少于最近三年实现的年均可分配利润的30%"。2013年1月，上海证券交易所发布了《上海证券交易所上市公司现金分红指引》，规定"当年分配的现金红利总额与年度归属于上市公司股东的净利润之比不低于50%，且现金红利与当年归属于上市公司股东的净资产之比不低于同期中国人民银行公布的一年期定期存款基准利率，同时通过确定的现金分红政策使投资者能够合理预期上述两项指标可以持续的上市公司，在遇到再融资、并购重组等市场准入情形时，在所承担的相关职责范围内给予'绿色通道'待遇"。

然而，尽管有外部监管的要求，对于投资者而言，中国上市公司分红的状况依然并不乐观。图1－1给出2008～2014年中国上市公司的分红基本情况。

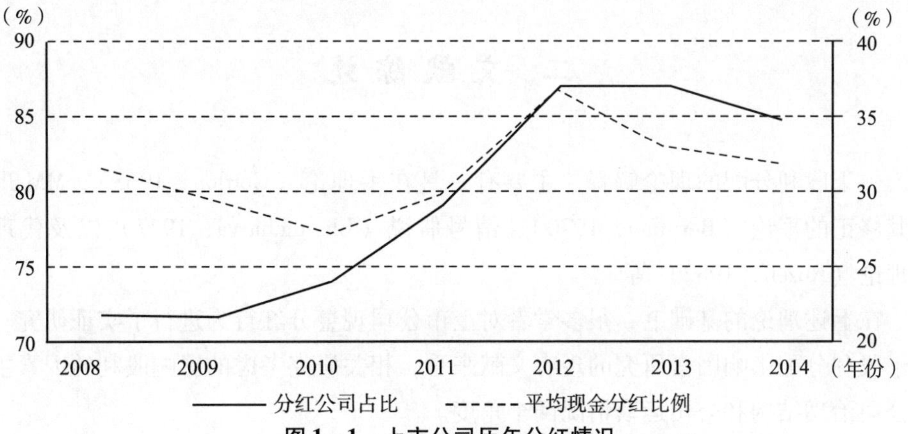

图1－1　上市公司历年分红情况

注：左轴为分红公司占比，右轴为平均现金分红比例。

资料来源：Wind数据库。

由图 1 - 1 可以看到，2008 ~ 2014 年间，中国上市公司分红的积极性虽然在不断提升，但是仍然有 10% 以上的公司没有分红，另外从分红的水平来看，平均现金分红比例始终围绕 30% 左右波动，这显然受到了《决定》中关于 30% 要求的影响，表明上市公司分红在很大程度上是出于再融资需求，而不是出于回报投资者的考虑。

在此背景下，本文利用 2008 ~ 2014 年中国 A 股市场的上市公司（金融公司和房地产公司除外）数据，对中国上市公司现金分红水平的关键因素进行研究，研究结论将有助于长期投资者发现分红水平高的公司，提高投资决策的收益。

本文的贡献主要体现在两个方面。

第一，本文采用两阶段计量经济模型对上市公司现金分红水平的影响因素进行研究。现有文献主要采用传统的计量经济模型，例如多元线性模型和 Tobit 模型等，这些模型都是一阶段模型。笔者认为，上市公司发放现金红利的决策是一个两阶段决策：首先，上市公司决定是否发放红利，然后，在第一阶段决定发放红利之后，上市公司再决定红利的支付水平。在这两个阶段，影响因素可能是不同的，或者同一个影响因素在这两个阶段所产生的影响是不同的。传统的一阶段模型不能反映这一现象，为此，本文采用一种两阶段模型，即 Double - Hurdle 模型，来研究红利发放水平的影响因素。两阶段模型的分析结果表明，盈利性、未分配利润占总资产的比重、公司年龄和 GDP 增长率等因素在两个阶段产生了相反的效应。

第二，本文引入宏观经济因素。对上市公司现金分红水平的影响因素进行研究。现有文献主要考虑了公司内部特征的影响，笔者认为，宏观经济形势的变化会影响公司对未来发展态势及其融资难易程度的预期，从而影响上市公司的利润分配行为，因此，有必要研究宏观经济变量对企业股利支付的影响。研究结果表明，GDP 增长率确实对上市公司现金红利发放具有显著影响。

下文的结构安排如下：第二部分是文献综述；第三部分介绍本文的理论分析框架；第四部分介绍分析方法；第五部分是实证分析；第六部分总结全文。

二、文献综述

关于股利分配的理论解释，主要有一鸟在手理论（Gordon，1963）、MM 理论及其修正的理论（Bernnan，1970）、信号假说（Bhattacharya，1977）以及代理成本理论（Rozeff，1982）等。

在上述理论的基础上，很多学者对上市公司现金分红行为进行了实证研究。从关于股利分配影响因素研究的现有文献来看，相关研究考虑的影响股利的因素主要有公司治理结构和公司运营情况两个角度。

公司治理结构的研究主要考虑了企业性质、股权集中度、流通股比例等因素的影响。

运用Tobit模型，研究阿曼的上市公司，以股息率作为因变量，发现国企股息率明显较高。对中国的研究同样发现国有企业比民营企业分红倾向性更高（He 等，2009；陈立泰等，2010）。郭建安（2013）采用Heckman选择模型，对1999~2010年中国A股上市公司的研究则发现央企现金分红意愿最高。

很多研究表明，股权集中度越高，分红意愿越强且分红水平越高（唐清泉、罗党论，2005；冯阳等，2010；石丹、王涛，2012；郭建安，2013；刘卓成，2015；李桂兰、罗诗，2015）。

一些研究表明流通股占比较高的公司倾向于不发放现金股利（陈立泰等，2010；刘卓成，2015）。

公司运营情况主要考虑了公司规模、所处行业、成长性、盈利性、资本结构、流动性等因素的影响。

关于公司规模的影响，现有研究结论存在较大分歧。有的研究发现公司规模与股利分配率呈负相关（冯阳等，2010），有的研究则发现公司规模与分红水平呈正相关（陈立泰等，2010；石丹、王涛，2012），有研究认为股利支付意愿和股利支付水平均与企业规模呈显著正相关（董普等，2015；刘卓成，2015；李桂兰、罗诗，2015），而郑开放和毕茜（2012）的研究则表明公司规模对上市公司现金股利政策的影响不显著。

陈立泰等（2010）研究了中国2002年之前上市的公司在2002~2008年的股利支付率，发现行业对于上市公司股利支付率存在一定影响，但是影响程度不如公司特征明显。卓德保等（2014）选取中国2005~2012年披露年报的上市公司，发现2008年金融危机之前，能源、公用事业行业上市公司选择分红的比例最大，金融危机后各行业差异缩小。

关于公司成长性的影响，现有研究普遍发现现金股利分配率与公司成长性存在负相关关系（谢军，2006；冯阳等，2010；石丹、王涛，2012；董普等，2015；刘卓成，2015）。郑开放和毕茜（2012）的研究则表明公司成长性对股利发放的影响不显著。

关于盈利性的研究结论也不一致。有的研究发现盈利性好的公司股利发放率较低（谢军，2006），有的研究则发现盈利性与分红水平呈正相关（石丹、王涛，2012；刘卓成，2015）。董普等（2015）发现股利支付意愿与股利支付水平均与企业盈利性呈显著正相关。

郑开放和毕茜（2012）发现资产负债率对每股股利影响不显著，而其他研究则发现资产负债率对每股股利有负向影响（冯阳等，2010；石丹、王涛，2012；刘卓成，2015；李桂兰、罗诗，2015）。

郑开放和毕茜（2012）发现速动比率与每股股利正相关。

此外，还有一些研究对上述因素以外的其他因素进行了研究，如股东人数（Husam - Aldin Nizar Al - Malkawi，2007）、董事会规模和高管薪酬（陈立泰等，2010）、再融资（杨宝，袁天荣，2012）、股票换手率（石丹，王涛，2012）、留存收益资产比（霍晓萍，2012；董普等 2015）。

可以看到，现有文献已经对现金分红的影响因素有了深入的探讨。但是，现有文献在如下两个方面有待改进。一方面，现有文献主要关注企业自身特征对股利支付意愿和支付水平的影响，而没有考虑宏观经济因素的影响。笔者认为，上市公司在做出红利发放的决策时，会依据宏观经济形势的变化来判断公司未来发展态势及其融资的难易程度，而这些预期会影响上市公司的利润分配行为，因此，本文将在公司自身特征之外，研究宏观经济变量对企业股利支付的影响。另一方面，现有文献使用的分析方法多为一阶段模型，一阶段模型不能把是否发放股利的决策阶段与股利实际支付水平的决策阶段分开考虑，换言之，一阶段模型假定同一个因素在两个阶段所产生的影响是一致的。笔者认为，现金红利的分配可以分解为两个阶段：首先，公司会考虑是否发放红利；其次，如果考虑发放红利，则进一步考虑发放的力度。在这两个阶段，影响因素可能存在差异，或者同一因素在两个阶段的影响程度、甚至影响方向都存在差异。现有文献中只有郭建安（2013）运用了 Heckman 的估计方法建立了二阶段模型，但是估计的效果并不理想。本文将尝试采用 Double Hurdle 二阶段模型，对中国上市公司现金分红进行研究，探索现金分红的两阶段决策机制。

三、分析框架

（一）影响因素

笔者认为，现金红利作为公司的一项重要的财务决策，其发放主要取决于企业当期的财务状况以及对未来经营状况的预期。

企业财务状况对现金红利发放的影响主要体现在盈利状况和财务稳健性。盈利状况良好的企业具备发放现金红利的实际能力。财务状况稳健的企业，获得外部融资的能力越强，较少依赖于内部融资，因此，发放现金红利的可能性也越大。

企业对未来经营状况的预期会影响到企业发放现金红利的意愿。如果企业对未来经营状况的预期良好，决定扩大投资规模，则其更可能减少现金红利的发放，扩大内部融资。

因此，本文将影响上市公司现金分红的影响因素分成三大类。

第一类是公司财务状况，包括反映公司盈利性的总资产净利率和留存收益占比，以及反映企业财务稳健性的速动比率和资产负债率。

第二类是企业未来经营状况的预期，包括反映企业成长潜力的营业收入增长率和影响企业预期的宏观经济因素（包括 GDP 增长率和 CPI 增长率）。

第三类是现有文献中所关注的其他控制变量，包括公司性质、公司规模、股权集中度、公司所处行业和公司成立年数。

此外，笔者还考虑了用 QFII 持股比例来反映的外资投资偏好因素。一般认为，QFII 更倾向于投资财务状况较稳定，分红较优厚的公司。笔者将尝试通过探索 QFII 偏好的上市公司分红特征，以期为投资者预判上市公司股利政策提供参考。

具体的变量及其说明见表 3 - 1 所示。

表 3 - 1　　　　变量选择

变量属性		变量名称	符号	变量说明
因变量		现金股利发放意愿	Y	虚拟变量，发放现金股利为 1，不发放现金股利为 0。
		现金股利发放水平	DR	现金股利发放率 = 每股股利/每股净收益 ×100%。
财务状况	盈利性	总资产净利率	ROA	衡量上市公司盈利性。总资产增长率越大，代表上市公司盈利性越好。
		留存收益总资产比	RE/TA	留存收益总资产比 = (盈余公积 + 未分配利润)/总资产，代表上市公司进行内部融资的能力。留存收益总资产比越高，代表上市公司进行内部融资的能力越强。
	财务稳健性	资产负债率	TL/TA	代表上市公司资本结构。
		速动比率	QR	速动比率 = (流动资产 - 存货)/流动负债，可以衡量上市公司资产的流动性，速动比率越高，资产流动性越好。
预期	成长性	营业收入增长率	MBRI	衡量上市公司成长性。营业收入增长率越大，代表上市公司成长性越好。
	宏观因素	GDP 增长率	GDPA	代表经济发展水平。
		CPI 增长率	CPIA	代表通货膨胀水平。
控制变量		企业性质	STATE	虚拟变量，国企为 1，其余为 0。
		总资产的自然对数	Ln(TA)	衡量上市公司规模。
		第一大股东占比	CON	衡量控股股东影响力。第一大股东占比越大，代表控股股东影响力越高。
		行业	IND	按照 Wind 行业分类将全部上市公司分为 10 个大类，除去金融类，设立 8 个虚拟变量。
		公司成立年数	AGE	衡量公司所处周期。
		QFII 持股比例	QFII	通过 QFII 持股偏好来判断公司股利分配意向。

资料来源：笔者整理。

（二）分析方法

上市公司分红水平是非负数，而且存在较多不分红的情况，属于典型的删失数据。对于删失数据，通常采用 Tobit 模型进行研究。

Tobit 模型是托宾（Tobin）在 1958 年提出的，主要用于处理删失数据。对于模型的因变量 y，其模型表述如下：

$$y=\begin{cases}y^{*}, & y^{*}>0\\ 0, & y^{*}\leqslant 0\end{cases} \tag{3-1}$$

$$y_i^{*}=X'_i\beta+\varepsilon_i,\ \varepsilon_i\sim N(0,\ \sigma^2) \tag{3-2}$$

其中，y^* 为潜变量，X'_i 为自变量，β 为系数向量，ε_i 为随机误差项。

模型的对数似然函数为：

$$\ln L = \sum_{y=0}\ln\left[1-\Phi\left(\frac{X'_i\beta}{\sigma}\right)\right]+\sum_{y>0}\ln\left[\frac{1}{\sigma}\Phi\left(\frac{y_i-X'_i\beta}{\sigma}\right)\right] \tag{3-3}$$

Tobit 模型是一种一阶段模型，不适用于对两阶段决策建模。约翰·克雷格（John Cragg）在 1971 年对 Tobit 模型进行了改进，形成了 Double－Hurdle 模型。在 Double－Hurdle 模型中，因变量的决策机制分成了两步。第一步决定了因变量是否可能大于 0，第二步决定了因变量的具体取值。其模型表述如下：

$$y=\begin{cases}y^{*}, & y^{*}>0 \text{ 且 } d^{*}>0\\ 0, & y^{*}\leqslant 0 \text{ 或 } d^{*}\leqslant 0\end{cases} \tag{3-4}$$

$$y_i^{*}=X'_i\beta+\varepsilon_i \tag{3-5}$$

$$d_i^{*}=Z'_i\alpha+\mu_i \tag{3-6}$$

其中，y^* 和 d^* 均为潜变量。d^* 代表因变量是否可能为正。若 $d^*>0$，则 y 可能为正，若 $d^*\leqslant 0$，则 y 为 0。y^* 则决定了 y 为非负数后的具体取值。X'_i 和 Z'_i 都是自变量，β 和 α 为模型系数。ε_i 和 μ_i 为随机误差项。若 ε_i 与 μ_i 不符合联合正态假定，可以改进为截尾正态分布或进行 Box－Cox 变换等处理。

当 $\begin{pmatrix}\varepsilon_i\\ \mu_i\end{pmatrix}\sim\left[\begin{pmatrix}0\\0\end{pmatrix},\begin{pmatrix}\sigma^2 & 0\\ 0 & 1\end{pmatrix}\right]$ 时，对数似然为：

$$\ln L = \sum_{y=0}\ln\left[1-\Phi(Z'_i\alpha)\Phi\left(\frac{X'_i\beta}{\sigma}\right)\right]+\sum_{y>0}\ln\left[\frac{1}{\sigma}\Phi(Z'_i\alpha)\varphi\left(\frac{y_i-X'_i\beta}{\sigma}\right)\right] \tag{3-7}$$

当 $\begin{pmatrix}\varepsilon_i\\ \mu_i\end{pmatrix}\sim\left[\begin{pmatrix}0\\0\end{pmatrix},\begin{pmatrix}\sigma^2 & \rho\sigma\\ \rho\sigma & 1\end{pmatrix}\right]$ 时，对数似然为：

$$\ln L=\sum_{y=0}\ln[1-\Phi(Z'_i\alpha,X'_i\beta,\rho)]+\sum_{y>0}\ln\left[\Phi\left(\frac{Z'_i\alpha+\frac{\rho}{\sigma}(y_i-X'_i\beta)}{\sqrt{1-\rho^2}}\right)\frac{1}{\sigma}\varphi\left(\frac{y_i-X'_i\beta}{\sigma}\right)\right] \tag{3-8}$$

Double－Hurdle 模型与 Tobit 模型的区别在于对因变量为 0 的形成的处理以及因变量形成机制的解释上。Double－Hurdle 模型将决策分成了两部分，一方面，可以更好地解释“零膨胀”现象；另一方面，可以对自变量与因变量的关系进行更深入地处理。在现实当中，可能存在自变量在前述的两步决策中对因变量影响情况相反的情况，Tobit 模型无法区别出这种情况，Double－Hurdle 模型可以更好地对其进行处理。

（三）样本与数据来源

由于2008年上市公司分红政策出现了重大调整，将上市公司公开发行证券的条件，由“最近三年以现金方式累计分配的利润不少于最近三年实现的年均可分配利润的20%”，修改为“最近三年以现金方式累计分配的利润不少于最近三年实现的年均可分配利润的30%”，为了排除政策变化带来的影响，本文将选取在2009～2015年披露年报的上市公司作为样本。对于2009年1月1日以后上市的公司，则选取其上市之后的年报数据进行研究。

由于金融地产类公司财务报表制度与财务结构和其他公司相比均有明显差异，因此，在样本选择上，将剔除金融地产类上市公司。出于对分红现实情况的考虑，对于净利润为负的上市公司，也不选入样本。同时，剔除了部分极端数据，如留存收益总资产比为负、速动比率大于10、营业收入增长率大于1000%等。若上市公司进行中期分红，则将该部分红利与年终红利进行合并。

本文中股票相关数据全部来源于Wind数据库。

四、实证分析

（一）上市公司现金分红概况

2008～2014年，中国上市公司现金分红的分布情况见表4－1，表4－1中的数据为公司的数量。

表4－1　上市公司红利发放的分布情况　单位：个

		发放红利的年份数							
		0	1	2	3	4	5	6	7
观察的年份数	1	55	158	0	0	0	0	0	0
	2	22	34	59	0	0	0	0	0
	3	21	21	32	179	0	0	0	0
	4	22	20	38	65	218	0	0	0
	5	11	26	32	39	78	172	0	0
	6	3	23	16	28	40	63	99	0
	7	3	6	15	39	58	60	129	367

资料来源：根据Wind数据库整理。

由表 4 -1 可以看到，2008 ~2014 年，在 2251 家上市公司中，有 1252 家公司每年都支付现金红利[①]，约占全部公司的 56%，有 137 家公司从来没有发放过现金红利[②]，约占全部公司的 6%，其他约 40% 的公司断续发放红利。

(二) 上市公司现金红利发放水平的影响因素分析

在 Double - Hurdle 模型中，根据两个阶段的随机误差项是否相关以及第二阶段随机误差项的不同分布假设，可以建立不同的模型。本文分别建立四种模型。(1) "m110in" 模型，假设两阶段随机误差项独立，第二阶段随机误差项为正态分布；(2) "m110itn" 模型，假设两阶段随机误差项独立，第二阶段随机误差项为截尾正态分布；(3) "m110dn" 模型，假设两阶段随机误差项不独立，第二阶段随机误差项为正态分布；(4) "m110dtn" 模型，假设两阶段随机误差项不独立，第二阶段随机误差项为截尾正态分布。

此外，为了与一阶段模型进行对比，本文还建立了 Tobit 模型，即 "m010" 模型。

在分别估计这些模型之后，本文利用 Vuong Test 方法进行模型选择。

本文的模型估计采用 R 软件中的 Mhurdle 包进行，模型比较结果见表 4 -2 所示。

表 4 -2　　五种模型比较结果

模型比较	z 统计量	P 值	更优者
m010-m110in	-12.825	0.000	m110in
m010-m110itn	-0.000	0.500	m110itn
m010-m110dn	-14.193	0.000	m110dn
m010-m110dtn	-11.808	0.000	m110dtn
m110in-m110itn	-0.000	0.500	m110itn
m110in-m110dn	-7.893	0.000	m110dn
m110in-m110dtn	-8.300	0.000	m110dtn
m110itn-m110dn	0.000	0.500	m110itn
m110itn-m110dtn	0.000	0.500	0
m110dn-m110dtn	-7.782	0.000	m110dtn

资料来源：笔者整理。

根据检验结果可以发现，假设两阶段随机误差项不独立、第二阶段随机误差项为截尾正态分布的 m110dtn 模型是最优模型。表 4 -3 给出 Tobit 模型与 m110dtn 模型的系数估计结果。

① 即观察的年份数等于红利发放的年份数的公司。
② 即发放红利的年份数为零的公司。

表 4-3　　m110dtn 模型结果与 Tobit 模型结果比较

变量	Tobit 模型	m110dtn 模型	
		第一阶段	第二阶段
ROA	-0.47 ***	0.06 ***	-10.47 ***
RE/TA	0.10	0.03 ***	-1.97 ***
TL/TA	-0.32 ***	0.00	-1.93 ***
QR	1.40 ***	0.09 ***	-0.16
MBRI	-0.05 ***	0.002 ***	-0.89 ***
GDPA	-2.70 ***	-0.20 ***	7.85 **
CPIA	0.46	0.01	1.77
STATE	-5.61 ***	-0.10 **	-22.39 ***
Ln（TA）	3.81 ***	0.26 ***	-1.32
CON	0.18 ***	0.00 *	0.71 ***
AGE	-0.31 ***	-0.03 ***	1.15 *
QFII	1.03	0.06 *	4.12
能源	-15.55 ***	-0.47 ***	-36.87 *
材料	-6.70 **	-0.32 ***	-13.48
工业	-9.43 ***	-0.07	-54.13 ***
可选消费	-6.79 **	-0.18 *	-19.99
日常消费	-5.68 *	-0.21 *	-8.34
医疗保健	-11.00 ***	-0.43 ***	-17.80
信息技术	-10.91 ***	-0.19 *	-45.37 ***
电信服务	-16.79 *	-0.10	-71.34

注：*** 表示在 0.001 的水平下显著，** 表示在 0.01 的水平下显著，* 表示在 0.05 的水平下显著，. 表示在 0.1 的水平下显著。

对比 m110dtn 模型两个阶段中各变量系数的符号与显著性（见表 4-4），可以看到，除了第一大股东占比（CON）企业性质（STATE）和 CPI 增长率（CPIA）三个变量的系数在两个阶段的模型中符号与显著性一致以外，其他变量的系数都有不同程度的差异，这种差异是 Tobit 模型所不能发现的。另外，由表 4-3 可以看到，反映盈利性的两个变量，即总资产净利率（ROA）和留存收益总资产比（RE/TA）在 Tobit 模型中的系数符号相反，其含义难以解释，而 m110dtn 模型中，两个变量的系数不存在此种矛盾，含义更为合理。由此表明，本文引入两阶段模型对上市公司现金红利发放水平进行研究是适宜的。

表 4 - 4　　两个阶段的模型中变量系数的比较

		第二阶段		
		>0	<0	=0
第一阶段	>0	CON	ROA RE/TA MBRI	QR LTA QFII
	<0	GDPA AGE	STATE	
	=0		TL/TA	CPIA

资料来源：笔者整理。

根据表 4 - 3 中 m110dtn 模型的估计结果，得到以下一些主要发现。

（1）上市公司盈利性（总资产净利率和留存收益总资产比）与现金股利发放意愿呈正相关，与股利发放水平呈负相关。这是一个很有意思的现象，也就是说，盈利性越好的上市公司，越愿意发放股利，但是发放的股利占利润的比例较低。笔者认为，这可能与再融资政策有关。对于盈利性较差的上市公司，在保留公司日常经营所需资金之后，可能所剩无多，甚至不能满足这部分需求。这种情况下上市公司可能就会选择不分红。但是，由于再融资政策中存在对于分红的强制性条款，因此，可能存在上市公司突击分红，“一年分三年红”的情况。

（2）上市公司财务稳健性（资产负债率和速动比率）与现金股利发放意愿呈正相关，与股利发放水平呈负相关。速动比率较低、流动性较差的公司，需要留存更多资金维持运营，因此其分红的客观可能会随之降低。资产负债率较高的公司，为了保证其财务的安全性，会将更多利润进行留存。

（3）企业历史成长性（营业收入增长率）与现金股利发放意愿呈正相关，股利发放水平呈负相关。成长性好的公司更有能力发放现金红利，因此发放意愿更大，但是一旦这类公司面临更多、更好的投资机会，从而倾向于将更多的利润进行留存。

（4）宏观因素中，GDP 增长率与现金股利发放意愿呈负相关，与股利发放水平呈正相关，CPI 增长率对上市公司现金分红影响不显著。可能的原因是，GDP 增长率高给公司带来良好的预期，为了保证未来投资水平的扩张，公司可能会抑制发放现金红利的意愿，但是一旦决定发放红利，则由于对未来的预期良好，公司又表现得更为慷慨。当然，由于本文只选取了 7 年的数据，因此，该发现还需要进一步的证据。

除了上述发现，笔者还发现：国企现金分红意愿和股利发放水平显著低于非国企，这与其他研究的发现相反，有可能是由于国有资产在进行分配时，可能受到约束较多；第一大股东占比与现金分红意愿和股利发放水平均呈显著正相关，这一结果印证了“一鸟在手”理论和前人研究的结论，即上市公司大股东愿意将更多利润以红利形式进行分配，及时兑现收益；公司成立年数与现金股利发放意愿呈显著负相关，可能的原因在于初创期的公司由于处于扩张阶段，因此对资金需求程度更高，资金的紧缺可能造成部分公司没有分红能力；总资产的自然对数对现金股利发放意愿呈正相关，可能是因为对于规模较大的公司，其声誉往往较好，外部融资渠道较多，因此，更可能进行现金分红；QFII 持股比例越高，现金股利发放意愿越高，表明 QFII 可能更加偏好喜欢进行现金分红的公司；对比各行业分红的情况来看，公用事业行业股利发放意愿和水平最高。

（三）稳健性检验

为了验证本文研究结果的稳定性，笔者从以下两个方面进行了稳健性检验。

首先，笔者利用 Doudle - Hurdle 模型对各年样本进行分别研究。分年建模的结果表明，大部分变量的影响规律与全样本相同，其中，企业性质、第一大股东占比、速动比率、QFII 持股比例在部分年份中变为不显著，表明这几个因素对于上市公司现金分红的影响不够稳定。

其次，笔者对于体现成长性、公司规模、盈利性的指标分别尝试进行替换，来检验本文选取的指标是否体现了想要表达的影响因素。具体而言，营业收入增长率可以考虑用扣非净利润增长率替代，总资产的自然对数可以考虑用总市值的自然对数替代，总资产净利率可以考虑用扣非净资产收益率来替代。研究结果表明，采用替代指标后，模型结果几乎没有变化，而且通过 Vuong Test 检验，使用原始变量的模型显著优于使用替代变量的模型。

五、结　　论

本文分别建立了 Tobit 模型和四种 Double - Hurdle 模型对中国上市公司现金红利发放水平进行了研究，发现假设两阶段随机误差项不独立、第二阶段随机误差项为截尾正态分布的两阶段模型的效果最优，该模型能够发现各个因素在两阶段决策中影响力度和方向的差异，研究结果具有更强的可解释性，而且模型结果具有较好的稳健性。

本文的主要发现如下：在是否进行分红的决策阶段，盈利性和财务稳健性与现金分红意愿呈正相关，GDP 增长率与现金分红意愿呈负相关，国企现金分红意愿显著低于非国企；在红利发放水平的决策阶段，GDP 增长率与股利发放水平呈正相关，盈利性和财务稳健性与股利发放水平呈负相关，国企股利发放率显著低于非国企。

虽然，本文研究的自变量大多对现金分红有显著影响，但是，并没有包括企业的其他一些特征，如企业文化、管理层理念等。由于这些因素难以测量，本文没有纳入模型，有待今后进一步进行研究。此外，在宏观因素部分，未将股票市场整体波动情况考虑在内，未来可以考虑将其引入模型进行分析。

参考文献

[1] M. J. Gordon. *Dividends, Earnings and Stock Prices* [J]. Review of Economics and Statistics,

1959, 41 (41): 99 - 105.

[2] Brennan M. J.. *Taxes, Market Valuation and Financial Policy* [J]. National Tax Journal, 1970, 23.

[3] Bhattacharya S.. *Imperfect Information, dividend policy, and "the bird in the hand" fallacy* [J]. Bell Journal of Economics, 1979, 10 (10): 259 - 270.

[4] Guo J. *Divident Payout Policy in the Chinese Equity Market* [D]. Australia: Deakin University, 2013.

[5] Rozeff M. S.. *Growth, Beta and Agency Costs as Determinants of Dividend Payout Ratios* [J]. Journal of Financial Research, 1982, 5 (3): 249 - 259.

[6] Husam - Aldin Nizar Al - Malkawi. *Determinants of Corporate Dividend Policy in Jordan: An Application of the Tobit Model* [J]. Journal of Economic & Administrative Sciences, 2009, 23 (2): 44 - 70.

[7] He X, Li M, Shi J, et al. *Determinants of Dividend Policy in Chinese Firms: Cash Versus Stock Dividends* [J]. Ssrn Electronic Journal, 2009.

[8] 陈立泰，林川，陈耿．财务特征、公司治理与现金股利分配倾向 [J]. 广州：广东金融学院学报，2010 (2): 71 - 84.

[9] Guo J. *Dividend Payout Policy in The Chinese Equity Market* [D]. Australia: Deakin University, 2013.

[10] 唐清泉，罗党论．现金股利与控股股东的利益输送行为研究——来自中国上市公司的经验证据 [J]. 蚌埠：财贸研究，2006 (1): 92 - 97.

[11] 冯阳，薛锋，孙进．上市公司现金股利分配与公司成长性关系实证研究 [J]. 长春：经济纵横，2010 (2): 84 - 87.

[12] 石丹，王涛．基于动态面板数据的上市公司股利政策分析 [J]. 武汉：财会月刊，2012 (3): 30 - 34.

[13] 刘卓成．上市公司的财务特征与现金分红分配关系研究——基于 Logit 和 Tobit 模型 [J]. 成都：商，2015 (48): 177 - 178.

[14] 李桂兰，罗诗．中小板上市公司现金分红力度和分红倾向研究——基于多元回归和 Logistic 回归的检验结果 [J]. 太原：会计之友，2015 (8): 40 - 43.

[15] 董普，郭宇，王琳．深沪上市公司股利政策动态研究——基于生命周期理论 [J]. 武汉：财会月刊，2015 (11): 123 - 129.

[16] 郑开放，毕茜．上市公司现金股利政策影响因素实证研究 [J]. 武汉：财会通讯，2012 (24): 61 - 63.

[17] 卓德保，蔡国庆，瞿路航．基于行业类别视角对上市公司现金分红问题的研究 [J]. 北京：中国市场，2014 (4): 46 - 50 + 53.

[18] 谢军．股利政策、第一大股东和公司成长性：自由现金流理论还是掏空理论 [J]. 北京：会计研究，2006 (4): 51 - 57 + 94 - 95.

[19] 杨宝，袁天荣．政府监管、股利分配与再融资动机 [J]. 海口：海南大学学报（人文社会科学版），2013 (2): 83 - 89.

[20] 霍晓萍．生命周期视角下的现金股利分配决策研究——来自沪深 A 股上市公司的数据 [J]. 深圳：证券市场导报，2014 (4): 36 - 41 + 52.

基于序列直方图符号数据的时间序列相似性度量的有效性研究[①]

薛　薇[②]　陈　瀚[③]　邓惠琳[④]

摘　要：基于时序直方图符号数据的时序相似性度量进行预测是时序预测方法的重要方面。本文采用实验数据验证方法，根据符号数据研究的一般范式，围绕直方图符号数据构造、时序直方图相似性定义、影响因素和相似度计算等问题，探讨时序直方图相似性对时序预测的有效性和可行性。研究表明：基于时序直方图符号数据的时序相似性度量，能够有效克服时域伸缩、平移、长度变化等对普通时间序列相似性度量的影响，具有有效性和可行性。

关键词：直方图符号数据　时序相似性

Study on the Validity of Time Series Similarity Measure Based on the Symbolic Data of Temporal Order Histogram

Xue Wei　Chen Han　Deng Huilin

Abstract: Making predictions based on the time-series similarity measure using symbolic data of temporal order histogram is an important application of time-series forecasting method. Based on the general frame of the symbolic data research, this article uses test data validation method to discuss the validity and feasibility of applying the temporal order histogram's similarity measureto time series prediction by focusing on such problems as the symbolic data construction of histogram, the similarity definition, influencing factors and similarity computation of temporal order histogram. The results show thatsimilarity measureof time series using the symbolic data of temporal order histogram is valid and feasible. It can effectively overcome the effects of time domain's expansion, translation and length change on normal time series similarity measure.

Key words: the symbolic data of histogram, time-series similarity

一、引　言

时间序列的预测问题一直是数据挖掘研究的重要方面。时序数据挖掘在借鉴统

---

① 基金项目：中国人民大学重大规划项目《互联网统计学研究》。

② **薛薇**，中国人民应用统计科学研究中心副主任，中国人民大学统计学院副教授。
③ **陈瀚**，中国人民大学统计学院硕士研究生，现就职于上海银联数据服务有限公司。
④ **邓慧琳**，中国人民大学经济学院在读硕士研究生。

计学时间序列分析理论成果的基础上，更侧重以单个时间序列不同时段子序列相似性为基础进行的预测，其核心是如何找到一个恰当的度量刻画两个时序子序列的相似程度。

相似性角度开展时序预测的研究开始于 R. 阿格拉沃尔（R. Agrawal，1993）的论文。文中提出采用离散傅立叶变换将时间序列从时域空间变换到频域空间，然后，在频域空间使用欧氏距离计算相似性，并通过相似序列搜索建立 F－索引以满足“无漏报”原则。该研究得到了大量学者的广泛关注，此后时间序列相似性的研究层出不穷。由于时序中数据产生的时间顺序极为关键，所以时序相似性的度量比一般的距离测度更为复杂。它不仅要正确反映时序局部乃至整体的变化的趋势，而且还需适应序列平移、时间轴伸缩、变化幅度缩放等诸多时序复杂变形的情况。为此，D. J. 伯恩特（D. J. Berndt）在 1994 年把在语音识别中得到广泛应用的动态时间弯曲技术引入时间序列数据挖掘领域，提出了著名的动态时间弯曲（Dynamic Time Warping，DTW）距离。DTW 可以计算不同长度时间序列的相似性，能够有效处理时间序列在时间轴上的伸缩、变形等问题。由于 DTW 距离具备良好的鲁棒性和稳健性，被大量应用于时间序列数据挖掘研究中。

随着时序数据量的急增，探索简单且高效（计算复杂度低，时间开销小）的时序相似性度量，成为当今时间序列数据挖掘的研究热点。其中，从符号数据分析（Symbolic Data Analysis，SDA）角度出发，将时间序列转化为直方图表达，并以直方图间的相似性作为时序列相似度的测度得到了广泛关注。SDA 是一套完整的海量数据挖掘体系，它通过“数据打包”技术，不但能处理类型复杂、规模巨大的数据，实现对庞大样本空间的降维，还可以从全局上把握数据对象的内在结构特征，有利于揭示隐含在数据内部的规律。直方图既是一种常见的非参数统计图形，也是众多符号数据类型中的一种，即为“区间分布式”符号数据。因直方图符号数据具有信息量大、结构完整的特点，对直方图符号数据的研究十分广泛。例如，基于自适应距离以调整不同变量权重的直方图数据动态聚类算法。基于根据气象的区间型和直方图型符号，引入无监督神经网络中的自组织映射算法实现地区聚类。此外，大量研究表明时序直方图对降维和时序对象的整体性描述具有十分重要的意义。例如，基于 SP500 指数将月内的日回报率转化为直方图时间序列，运用 K－近邻方法预测下个月的收益率直方图等。黄超等（2009）利用管道技术探索了时序流直方图的构造方法，研究表明直方图符号数据对于处理金融领域的高频时间序列数据流具有重要的实际意义。总之，直方图符号数据是时序转化与降维的重要工具，与时序相似性相结合，是时序数据挖掘方法的重要拓展。

直方图与时间序列相似性结合的研究，目前尚缺乏详尽的实验验证。首先，在解决时序直方图经验构造的主观性，时序直方图欧氏距离测度的误差问题等方法，均存有较大的研究空间。其次，分时段直方图加入了时间信息，尽管克服单纯直方图舍弃时间维度的不足，但无法保证时序平移及伸缩变形对相似性度量的不变性。

再有，通常的实验验证多注重“单峰”或“双峰”时序列的判定考察，更为复杂和多样性时序的实验验证开展的不多，仍需更多的可行性检验。

本文将在前人研究的基础上，采用实验数据验证方法，根据符号数据研究的一般范式，围绕直方图符号数据构造、时序直方图相似性定义、影响因素和相似度计算等问题，从理论上探讨时序直方图相似性对时序预测的有效性和可行性。

二、直方图符号数据的构造和相似性度量

（一）直方图符号数据的构造

这里，将图形意义上的直方图构造理论引入到符号数据研究中，讨论直方图的经验构造法以及最优化直方图构造技术。

直方图是统计学中展示连续数据分布的图形，本质上是一种估计密度函数的非参数方法。对于连续随机变量来说，其密度函数即为分布函数的导数。估计密度函数可以从估计分布函数出发。设数据 X_1，X_2，…，X_n，其经验分布函数可视为对其分布函数的一种简单估计形式：

$$\hat{F}_n(x) = \frac{1}{n}\sum_{i=1}^{n} \mathrm{I}(X_i \leqslant x) \qquad (2-1)$$

其中，I(·）为示性函数，可直接得到密度函数的估计：

$$\hat{f}_n(x) = \lim_{h\to 0}\frac{1}{n}\sum_{i=1}^{n}\frac{\mathrm{I}(x < X_i \leqslant x+h)}{h} \qquad (2-2)$$

数据不可能无限稠密，因 $h\to 0$ 无法实现只能把 h 设定为一个或一系列数值，也就是在一些区间段内估计区间中的密度，于是便形成了直方图的基本思想。即：划分区间并统计有多少个数据点落入该区间中，以此作为密度函数估计工具。如果把实数轴分段：

$$b_1 < b_2 < \cdots < b_j < \cdots,\ j = 1,\ 2,\ \cdots,\ h_j = b_{j+1} - b_j \qquad (2-3)$$

则可用以下直方图密度估计表达式估计区间 $(b_j,\ b_{j+1}]$ 中的密度值：

$$\hat{f}_n(x) = \frac{1}{nh_j}\sum_{i=1}^{n}\mathrm{I}(b_j < X_i \leqslant b_{j+1}),\ x \in (b_j,\ b_{j+1}] \qquad (2-4)$$

这里的区间 $(b_j,\ b_{j+1}]$ 一般称为直方桶。h_j 为第 j 个直方桶的宽度，也称为桶宽。桶宽 h_j 决定了直方图的分类。

当 $h_1 = h_2 = \cdots = h_j = \cdots = h$ 时，直方图为常规直方图，桶宽 h 与直方桶个数 M 的数量关系为：$h = \frac{X_{(n)} - X_{(1)}}{M}$。其中，$X_{(n)}$ 和 $X_{(1)}$ 分别为 X_1，X_2，…，X_n 中的最大值和最小值。对于同一组数据，直方桶个数 M 或桶宽 h 的选择将极大影响直方图的表达效果。当 h_j 不全相等时，直方图为可变直方图，能够更好地表达数据的

真实密度。数值表达下的直方图即为直方图符号数据，一般形式为：

$$\{[a_k, b_k), p_k; k = 1, 2, \cdots, M\}, \sum_{k=1}^{M} p_k = 1 \tag{2-5}$$

从 SDA 角度看，直方图型符号数据不仅用于估计数据密度，更具有以下两个意义：第一，直方图符号数据可以压缩数据量；第二，直方图是一种数据的高层抽象表达能够更好地反映数据全貌。

构造直方图符号数据的关键是确定直方桶个数 M 和各个直方桶的宽度 $h_j(j=1, 2, \cdots, M)$。假定数据经过标准化后实际密度为 f，直方图用 $\hat{f}$ 表示。用 $\hat{f}$ 估计未知 f 的经验风险为：

$$R_n(f, \hat{f}, l_f) = E_f[l_f(f, \hat{f})] \tag{2-6}$$

其中，l_f 代表损失函数，可视为两个密度函数之间的差异，也就是信息损失程度。常用的 l_f 形式有：

- L_r 度量：$l_f(f, g) = (\int_R |f(x) - g(x)|^r \mathrm{d}x)^{1/r}$
- Hellinger 平方距离：$l_f(f, g) = \frac{1}{2}\int_R (\sqrt{f(x)} - \sqrt{g(x)})^2 \mathrm{d}x$
- Kullback – Leibler 散度：$l_f(f, g) = \int_R \log\left(\frac{f(x)}{g(x)}\right) f(x)\mathrm{d}x$

对于常规直方图，可以把 $\hat{f}$ 表示为更便于数值计算的形式。设产生直方图的数据为 $x_1, x_2, \cdots, x_n$，其中最小值为 $x_{(1)}$，最大值为 $x_{(n)}$。对于 $x_{(1)} \leqslant x \leqslant x_{(n)}$，数据在 x 点的密度用直方图表示即为 x 所在直方桶包含数据的频率除以直方桶的宽度：

$$\hat{f}(x) = \frac{\sum_{i=1}^{M} [p_i \Psi_i(x)]}{[x_{(n)} - x_{(1)}]/M} \tag{2-7}$$

其中，p_i 表示第 i 个直方桶的数据频率，Ψ_i 类似于示性函数：

$$\Psi_i(x) = \begin{cases} 1 & \underline{I}_i \leqslant x \leqslant \bar{I}_i \\ 0 & \text{其他} \end{cases}, \text{当 } i = 1$$

$$\Psi_i(x) = \begin{cases} 1 & \underline{I}_i < x \leqslant \bar{I}_i \\ 0 & \text{其他} \end{cases}, \text{当 } 2 \leqslant i \leqslant M \tag{2-8}$$

可变直方图也能进行如上所述的相似转化，这里不做详细讨论。

使经验风险最小化的直方图为最优直方图，包括最优常规直方图和最优可变直方图。在常规直方图情形下，最优常规直方图能使密度函数估计的误差达到最小。如果考虑可变直方图，那么最优可变直方图能比最优常规直方图更多地减少信息损失。

构造最优直方图的实质是估计直方桶个数 M 和每个直方桶的宽度 $h_j(j=1, 2, \cdots, M)$。目前有许多估计得到 $\hat{M}$ 和 $\hat{h}_j$ 的研究。例如，基于平滑密度假定的 *Plug-in* 方法、交叉验证法以及罚极大似然估计法等。

这里，重点讨论罚极大似然估计。采用了 Kullback – Leibler 散度的 l_f 损失函数，得到风险最小时的似然函数形式为：$L(M) = \sum_{i=1}^{M} N_i \log(N_i M/n)$。其中，$N_i$ 表示第 i 个直方桶内数据的频数。显然，随 M 增加 $L(M)$ 是不断递增的，即当直方桶数量趋于无穷时风险最小。所以，需引入罚函数限制 M 的取值，以保持模型拟合效果和复杂度的平衡。罚极大似然估计的最大化似然函数是：

$$L_{pen}(M) = \sum_{i=1}^{M} N_i \log(MN_i) - pen(M) \tag{2-9}$$

对于常规直方图，罚函数主要有以下形式：

$$pen(M) = \begin{cases} m & AIC \\ m + [\log(m)]^{2.5} & BR \\ m\log(n)/2 & BIC \end{cases} \tag{2-10}$$

AIC 和 BIC 准则广泛运用于模型选择中，这里罚函数定义也借助了该思想。BR 罚函数是基于 AIC 罚函数的改进，能显著改善对小样本问题的解决效果。

对于可变直方图，不仅需要罚极大似然估计，还必须选择划分的位置。一般采用网格搜索（Grid Search）方法不断试探直方桶的划分点。划分位置可位于两个数据间的中点，也可让所有划分正好位于数据点之上，或者两者同时考虑。无论怎样划分位置的总数量均是有限的，可进行不断搜索尝试。每一次划分结束后得到直方桶数量 D 并计算出罚似然函数值。因罚函数较为复杂，常采用由 Rozenholc 等（2009）提出的 RMG 罚函数：

$$pen(J) = c\log\binom{n-1}{D-1} + \alpha(D-1) + ck\log(D) + 2\sqrt{c\alpha(D-1)\left(\log\binom{n-1}{D-1} + k\log D\right)} \tag{2-11}$$

其中 c、α 和 k 都是调节参数，常设置为 $c=1$，$\alpha=0.5$，$k=2$。

（二）直方图符号数据的相似性度量

直方图符号数据的相似性度量即计算直方图间的距离。有两种计算思路：第一，直接比较两个直方图符号数据，用直方桶之间的差异度量直方图距离，称为基于直方桶的距离；第二，将直方图符号数据转化为近似的累积分布函数，然后度量累积分布函数的差异，称为基于分布的距离。

1. 基于直方图的距离

基于直方桶的距离最简单的形式即一一比较对应直方桶的差异，类似于明氏距离：$D_{L_1}(A, B) = \sum_{i=1}^{N} |A_i - B_i|$或欧氏距离：$D_{L_2}(A, B) = \sqrt{\sum_{i=1}^{N} (A_i - B_i)^2}$。其中 A、B 代表两个直方图符号数据，它们都有 N 个直方桶，$i=1, 2, \cdots, N$ 表示第 i 个直方桶，A_i、B_i 该直方桶所表示的数据密度。由于上述距离度量忽略了相邻直方桶间的联系，相邻较近的直方桶所表示的数据水平接近，相隔较远的直方桶数据水平差异较大，相邻较远和较近的直方桶间的密度差异不能被同等看待，为此，可采

用直方图符号数据的加权明氏距离：

$$MIN(A,\ B)=(Z'WZ)^{1/2} \tag{2-12}$$

其中，$Z=|A-B|$，即为单个直方桶明氏距离向量，Z'是其转置，W是权重矩阵：$W_{ij}=1-\frac{|i-j|}{M}$。其中M是直方桶数目。其意义是从相邻到最远的直方桶间依此赋予$\frac{M-1}{M}$，$\frac{M-2}{M}$，…，$\frac{1}{M}$的递减权重。

2. 基于分布的距离

直方图表示的是数据的分布，直方图的比较本质上是分布函数的比较。可先把直方图转化为分布函数，然后采用度量分布函数的相似性，以之代表直方图的相似性。Wasserstein 距离是一种度量分布函数距离的常用方法，表示为：

$$D_m(A,\ B)\ =\ \left[\int_0^1 |F_A^{-1}(t)\ -\ F_B^{-1}(t)|^m \mathrm{d}t\right]^{\frac{1}{m}} \tag{2-13}$$

其中，F_A 和 F_B 是 H_A、H_B 两个直方图所代表的累积分布函数。F_A^{-1} 和 F_B^{-1} 为两个累积分布的分位函数。当 $m=2$ 时，$D_2(A,\ B)\ =\ \sqrt{\int_0^1[F_A^{-1}(t)\ -\ F_B^{-1}(t)]^2\mathrm{d}t}$ 被称为 Mallows 距离，实质上是分位函数的欧氏距离。Mallows 距离已被证明和人类对于直方图差异性的感知具有一致性，最终计算式为：

$$D_M^2(h_X,\ h_Y)\ =\ \sum_{i=1}^{m}\pi_i\left[(c_{Xi}-c_{Yi})^2+\frac{1}{3}(r_{Xi}-r_{Yi})^2\right] \tag{2-14}$$

其中 $c_i=\frac{\underline{\mathrm{I}}_i+\bar{\mathrm{I}}_i}{2}$，$r_i=\frac{\bar{\mathrm{I}}_i-\underline{\mathrm{I}}_i}{2}$，$\bar{\mathrm{I}}_i$、$\underline{\mathrm{I}}_i$ 分别为第 i 个直方桶的上下区间端点，π_i 为该区间的数据频率。

三、时序直方图符号数据的构造

对包含 N 个观测截面数据，可采用上述方法转换成 M 个直方图形成直方图符号数据，同样对于一条长度为 n 的时间序列 S：$S=(x_1,\ x_2,\ \cdots,\ x_n)$，构造时序直方图符号数据就是按照时间顺序将其分为 δ 个部分（$1\leqslant\delta<n$），形成 δ 条子序列（直方图），最终得到（$Seg1$，$Seg2$，…，$Seg\delta$），其中 $Segi$ 为第 i 个数据包（$1\leqslant i\leqslant\delta$），也是第 i 条子序列。

研究 δ 的意义在于：相对截面数据的直方图构造，构造时序直方图更为复杂。若忽略 δ，将两条时序分别转化为直方图并借助直方图测度数据分布的差异，可出现图 3-1 所示的两种极端现象。

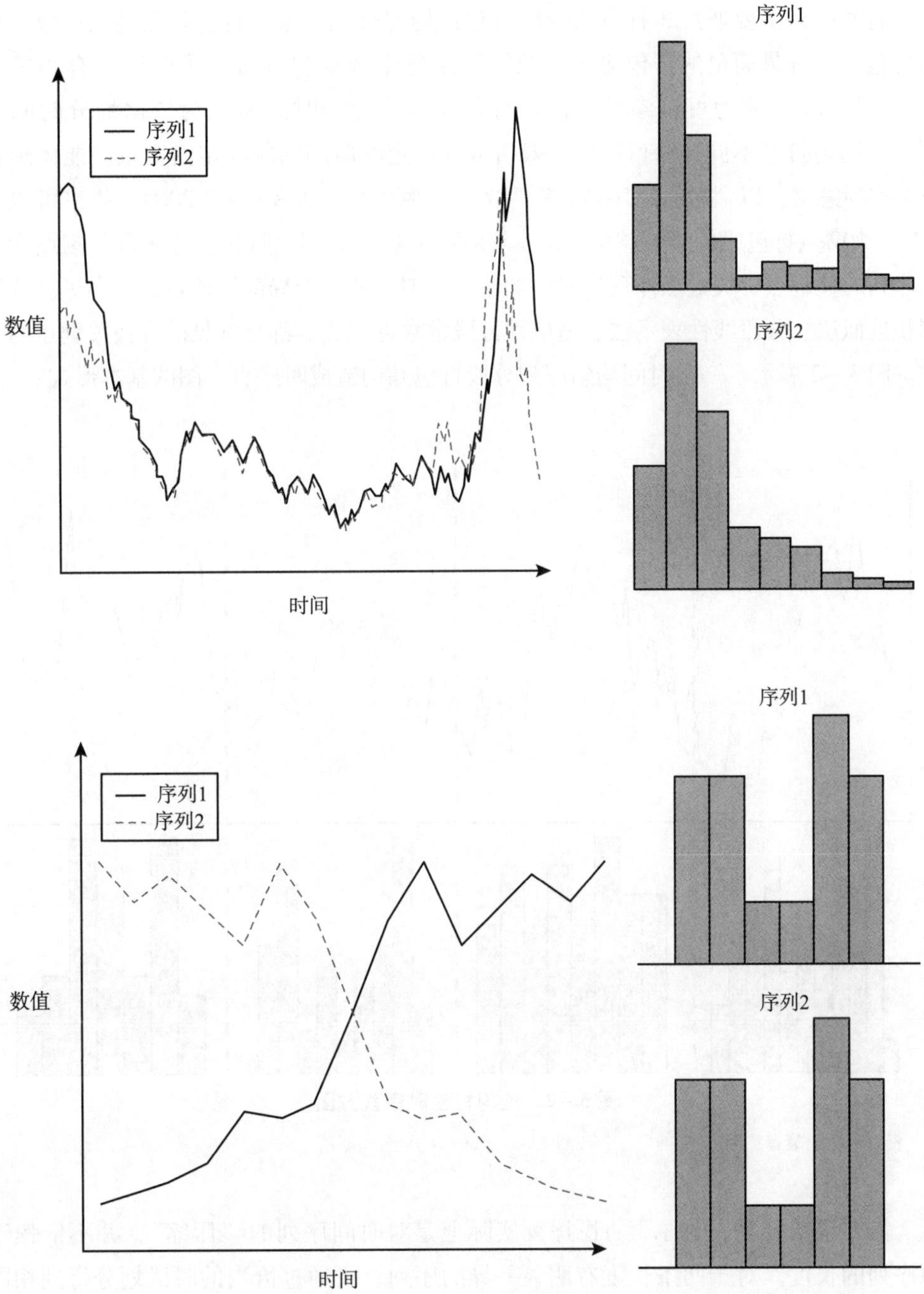

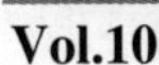

图 3－1　相似与不相似时序及其直方图

资料来源：笔者整理。

图 3－1 的左图表明：相似的时间序列具有相似的时序直方图。图 3－1 的右图表明：不相似的时序也可以有相似的时序直方图。直方图相似是时间序列相似的必要条件。为使直方图符号数据准确表达时间序列的趋势变化，通常需将时间序列划分为多个（$\delta \geqslant 2$）小片段（子序列），每个片段“打包”成一个直方图符号数据，并形成直方图在时间上的分布。

时间序列主要通过 3 种方式分段打包：均匀打包、窗口打包和关键点打包。均匀打包是一种最简单的打包方式，只需限定每个数据包 Segi（子序列）有相等的长度：$l_i = n/\delta$，δ 为可调参数；窗口打包即以确定的时间窗宽为依据划分时间序列。与均匀打包不同，窗口打包一般需依据特定的应用问题确定窗宽且应能体现窗宽的实际意义。以金融时间序列分析为例，J. 阿罗约（J. Arroyo，2009）指出可以以“天”为窗宽打包股价、收益率、汇率等时序数据；关键点打包，即时段分割点为时间序列的关键点。关键点体现了时序的轮廓骨架，通常为局部极值点、拐点等。分段累积近似法、分段线性表示法、适应性分段常数近似法等都是常见的寻找关键点的方法。图 3 - 2 展示了一条时间均匀序列分段打包并构造成时序直方图的基本形式。

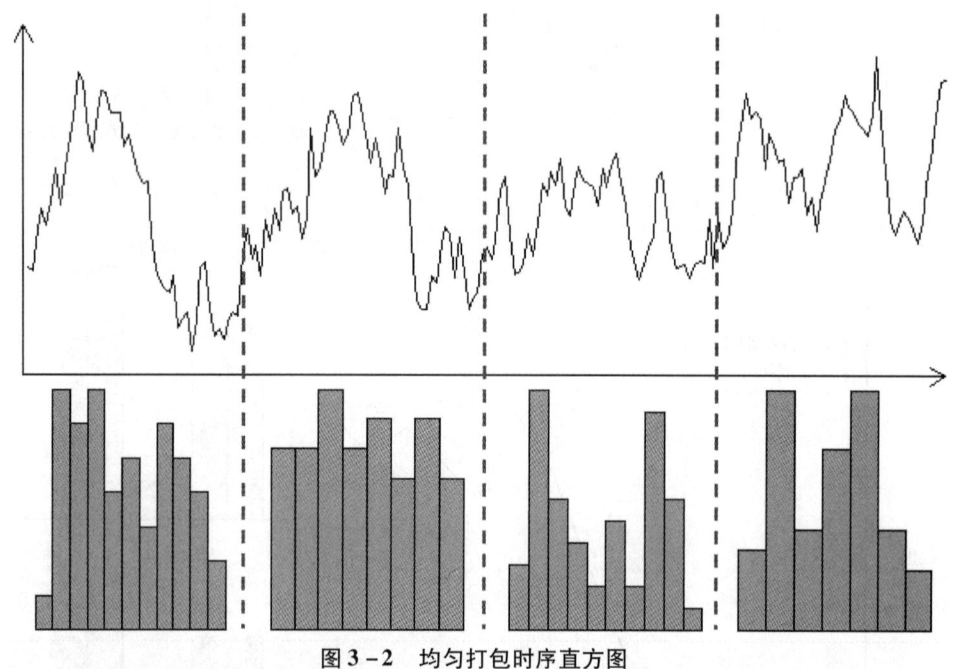

图 3 - 2　均匀打包时序直方图

资料来源：笔者整理。

需要说明的是，时序直方图序列实际上是对时间序列的“压缩”，并不依赖于原序列的长度。对于两条长度有明显差异的序列，可通过恰当的时段划分得到相同个数的子序列。此外，如果允许相似时间序列存在数值水平差异，可以在构造直方图符号数据前，对序列进行 y 轴平移预处理。如果允许相似时间序列存在波动幅度上的伸缩，也可以使用数据标准化方法进行预处理。

四、基于直方图符号数据的时序相似性度量

时间序列相似性的 L_n 范数距离、DTW 距离等，仍可应用于基于直方图符号数

据的时序相似性度量中。常见的度量有曼哈顿距离和 DTW 距离。

（一）时序直方图的曼哈顿距离

曼哈顿距离即 L_1 距离，其一般形式是：$D_{MHT} = \sum_{i=1}^{n} |x_i - y_i|$。对两条原始时间序列 S_A、S_B，经打包获得时序直方图 $\{H_{A1}, H_{A2}, \cdots, H_{A\delta}\}$ 和 $\{H_{B1}, H_{B2}, \cdots, H_{B\delta}\}$，长度均为 δ，其曼哈顿距离定义为：

$$D_{MHT} = \frac{\sum_{i=1}^{\delta} |H_{Ai} - H_{Bi}|}{\delta} \tag{4-1}$$

其中 $|H_{Ai} - H_{Bi}|$ 代表了 H_{Ai} 和 H_{Bi} 两个直方图的差异性，一般选择 Mallow 距离：$|H_{Ai} - H_{Bi}| = D_M(H_{Ai}, H_{Bi}) = d_i$。其中，$i = 1, 2, \cdots, \delta$，$D_M$。曼哈顿距离 D_{MHT} 还有以下两种衍生距离。

1. 加权曼哈顿距离

使用加权平均计算时序的整体相似性，即：$D_{WMHT}(S_A, S_B) = \sum_{i=1}^{\delta} \omega_i d_i$。其中，$\omega_i$ 是第 i 段子序列相似性的权重，$\sum_{i=1}^{\delta} \omega_i = 1$。若认为时间序列的后期变化比前期重要，可为后期设置更大的权重。当分段规则是根据实际应用制定的，可方便地找到权重设定的实际依据。

2. 带平移的曼哈顿距离

若两条时序具有平移相似性，则一定存在一定长度的重合子序列。在这样的假设下，可固定一条时序且不断平移另一条时序，在两者的重合部分寻找重合子序列。由于时序直方图是离散的，可轻松模拟整个序列的平移过程。首先，将待比较的两条时间序列 S_A、S_B 转化为 δ 个直方图符号数据，形成时序直方图序列。然后，固定 S_A 不动，从左至右平移 S_B。首先重合记为 H_{A1} 和 $H_{B\delta}$，计算它们的直方图距离 $d_{1,\delta}$。继续向右平移 S_B 1 步，使直方图 H_{A1} 和 $H_{B(\delta-1)}$ 重合，H_{A2} 和 $H_{B\delta}$ 重合，计算它们的距离 $d_{1,\delta-1}$ 和 $d_{2,\delta}$。这样依次一步一步地向右平移 S_B，计算两条序列重合部分对应直方图的距离。经过 2δ 次平移后，S_B 会完全脱离 S_A，平移停止。假如目前是第 k 次平移，$1 \leqslant k \leqslant 2\delta - 1$，则两条序列存在重合时所得到的直方图距离从左向右依次为：

$$\begin{cases} d_{1,\delta-k+1},\ d_{2,\delta-k+2},\ \cdots,\ d_{k,\delta}, & 1 \leqslant k \leqslant \delta \\ d_{k-\delta+1,1},\ d_{k-\delta+2,2},\ \cdots,\ d_{\delta,2\delta-k}, & \delta < k \leqslant 2\delta - 1 \end{cases} \tag{4-2}$$

设置距离阈值 ε，当 $d_{i,j} < \varepsilon$ 时，可认为序列 S_A 的第 i 段与序列 S_B 的第 j 段相似。在以上直方图距离序列中寻找有多少个连续的 d 小于 ε，记为 l_k，并记录这次平移得到的重合子序列在 S_A 中的起始位置 a_k 和在 S_B 中的起始位置 b_k。平移完成后，可以形成集合 $\{l_1, l_2, \cdots, l_{2\delta-1}\}$，并得到该集合中的最大值 $l_{\max}$ 和当时的平移步数 k'：

$$l_{\max} = \max\{l_1, l_2, \cdots, l_{2\delta-1}\} \quad (4-3)$$
$$k' = \arg\max_{1 \leqslant i \leqslant 2\delta-1}\{l_i\}$$

设 $l_{\max}$ 对应的最长子序列的起始位置在 S_A 和 S_B 分别为 u 和 t，则 S_A 和 S_B 的重合子序列即为 $\{S_{Au}, S_{A(u+1)}, \cdots, S_{A(u+l_k-1)}\}$ 和 $\{S_{Bt}, S_{B(t+1)}, \cdots, S_{B(t+l_k-1)}\}$。

若两序列具有平移相似性，它们的重合子序列应足够长，即 $l_{\max}$ 必须要足够大。即若设长度阈值 φ，则 $l_{\max} \geqslant \varphi$。否则，序列的相似度仅来自于原始序列。于是，带平移的曼哈顿距离为：

$$D_{MHT-M} = \begin{cases} D_{MHT}(S_{A'}, S_{B'}), & l_{\max} \geqslant \varphi \\ D_{MHT}(S_A, S_B) & l_{\max} < \varphi \end{cases} \quad (4-4)$$

其中 $S_{A'}$、$S_{B'}$ 分别是 S_A 和 S_B 上的重合子序列。$D_{MHT}(S_{A'}, S_{B'})$ 是这两条重合子序列的直方图曼哈顿距离。$D_{MHT}(S_A, S_B)$ 是原始序列的距离。

（二）时序直方图的 DTW 距离

对于长度为 M 的时序直方图 S_A 和长度为 N 的时序直方图 S_B，$M \neq N$，将弯曲路径中的距离函数 f 替换为合适的直方图距离度量：$\begin{cases} w_k = f(H_{Ai}, H_{Bj}) \\ w_{k+1} = f(H_{Ai'}, H_{Bj'}) \end{cases}$，$i \leqslant i' \leqslant i+1$，$j \leqslant j' \leqslant j+1$，可得到 S_A 与 S_B 的动态时间弯曲距离：

$$D_{DTW}(S_A, S_B) = \arg\min_W \left(\sum_{k=1}^{l} w_k / l\right) \quad (4-5)$$

可采用动态规划方法搜索最短弯曲路径 W'。利用端点对齐规则做如下迭代：

$$D_{i,j} = \begin{cases} f(H_{Ai}, H_{Bj}), & i=1, j=1 \\ f(H_{Ai}, H_{Bj}) + \min\{D_{i,j-1}, D_{i-1,j}, D_{i-1,j-1}\}, & \text{其他} \end{cases} \quad (4-6)$$

其中，$1 \leqslant i \leqslant M$，$1 \leqslant j \leqslant N$，$D_{i,j}$ 表示 S_A 中 $1-i$ 的子序列和 S_B 中 $1-i$ 子序列的 DTW 距离，$D_{i,0} = D_{0,j} = \infty$。最终 $D_{DTW}(S_A, S_B) = D_{M,N}$。

五、实验及分析

本节将使用多个数据集进行实验，从形态识别、结构识别、综合判定等不同角度验证基于时序直方图度量时间序列相似性的有效性和可行性。

（一）形态识别的有效性

实验采用的数据集包含 17 个国家以及经济与货币联盟（EMU）公布的从 1995 年 1 月到 2012 年 11 月，10 年期政府债券的月利率数据，共有 18 条时间序列，每条序列都有 215 个数据。图 5－1 展示了这些时间序列变化的基本形态。

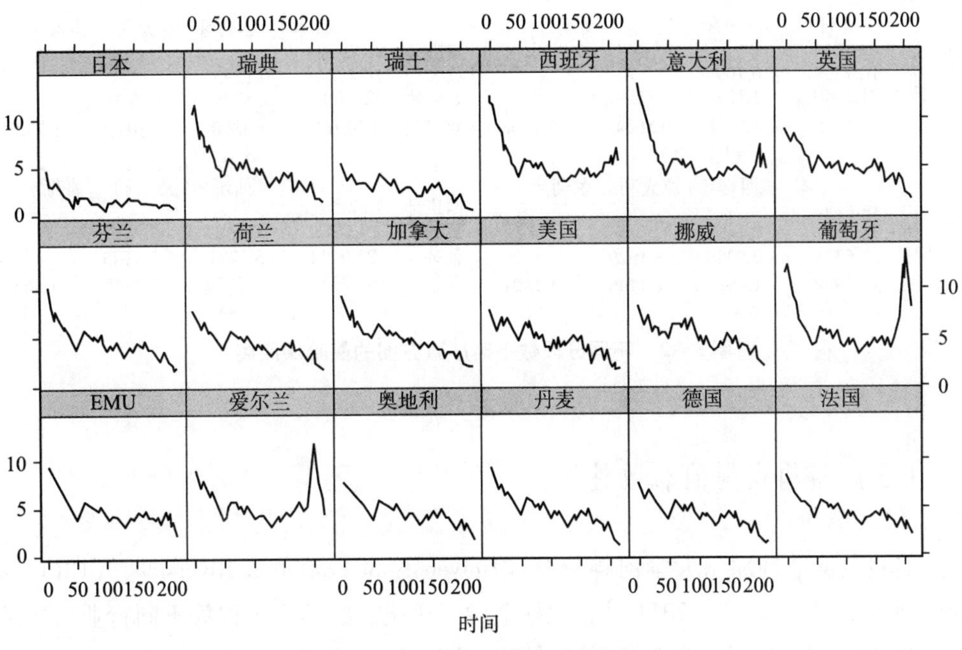

图 5－1　长期债券月利率序列

资料来源：笔者整理。

图 5－1 可见，这些序列几乎都呈下降趋势。找到其中有代表性 5 个时序：日本利率从头至尾都下降得非常平缓，且整体利率水平明显偏低；西班牙、意大利的利率开始剧烈下降，而后变得平稳；葡萄牙、爱尔兰利率后期出现了一个明显的向上波动。

计算这 5 个时序的相似性，考虑数值水平和波动幅度的差异，使用均匀打包和曼哈顿距离，考察分段个数 $\delta=1$，2，3，4 的情况，分别得到见图 5－2 所示的距离矩阵。

其中，日本与其他国家利率序列的距离都大于 10，在 $\delta=4$ 时与葡萄牙的距离达到 25. 04。因所有其他国家之间的距离都不超过 5，可认为日本对应的序列较为另类。$\delta=1$ 时，西班牙与意大利和爱尔兰的距离比较接近，爱尔兰与西班牙和意大利的距离要小于其与葡萄牙的距离。当 $\delta=2$，3，4 时，西班牙与意大利的距离明显低于其与爱尔兰的距离；爱尔兰与西班牙、意大利的距离显著上升，而与葡萄牙的距离保持稳定不变且在所有国家中最小。对比图 5－3，西班牙与意大利属于同一类，爱尔兰和葡萄牙具有相似模式。可见，相比于单个直方图，分段时序直方图的结果更为准确。同时，在分段个数由 2 增至 4 的过程中两序列间距离的计算结果变化并不明显，可不必继续尝试更多的分段个数。

上述实验说明基于时序直方图的相似性度量能通过距离的计算，正确区分相似性和不同时序的形态变化特征，具有较高的形态识别能力。选择合适的分段数目较为重要，当分段个数增加而距离变化不显著时，就不必再进行更细的分段。

	日本	西班牙	意大利	葡萄牙
西班牙	14.6933			
意大利	16.7359	0.1094		
葡萄牙	21.5940	1.1221	0.7360	
爱尔兰	15.1766	0.3147	0.5604	1.1668

$\delta=1$

	日本	西班牙	意大利	葡萄牙
西班牙	14.2806			
意大利	16.4222	0.1295		
葡萄牙	22.3728	2.8799	2.8619	
爱尔兰	15.2766	1.4820	2.1075	1.2323

$\delta=2$

	日本	西班牙	意大利	葡萄牙
西班牙	14.4792			
意大利	16.2891	0.1468		
葡萄牙	22.5338	2.9329	3.1529	
爱尔兰	16.4942	1.4624	2.1146	1.1601

$\delta=3$

	日本	西班牙	意大利	葡萄牙
西班牙	16.7132			
意大利	19.1413	0.1595		
葡萄牙	25.0434	3.1271	3.4145	
爱尔兰	16.6797	2.1022	2.9548	1.4646

$\delta=4$

图 5-2　不同分段数下时序直方图的曼哈顿距离

资料来源：笔者整理。

（二）结构识别的有效性

实验数据来自加州大学河畔分校（University of California Riverside，UCR）时间序列数据库（Keogh，2011）①，包括金融、科技、医学、工程等不同行业背景的 11 组时间序列，每组包含 2 条不同时段的子序列，见图 5-3 所示。

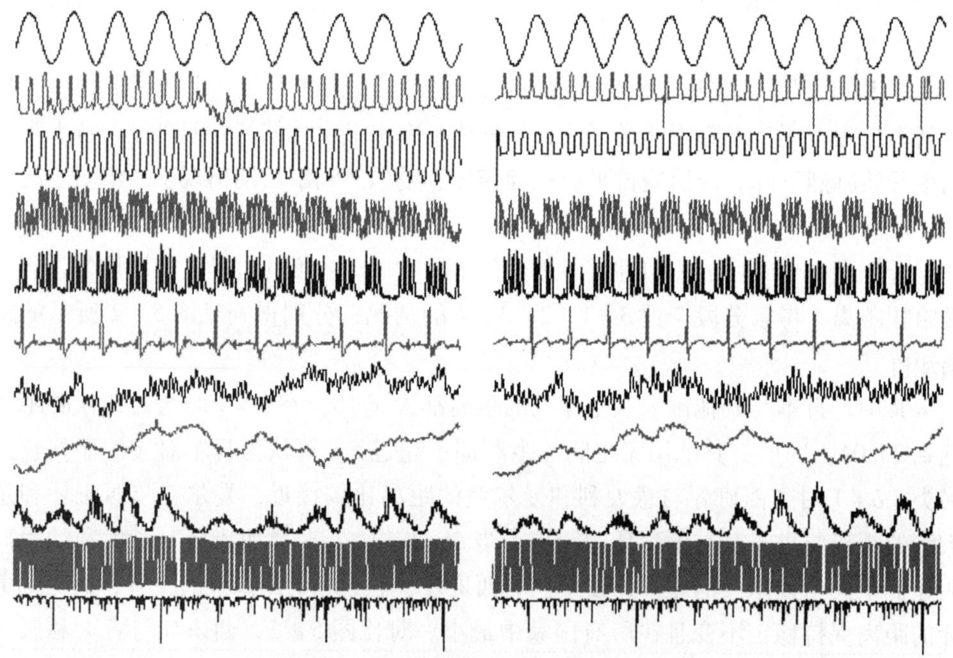

图 5-3　不同领域的 11 组时间序列

资料来源：笔者整理。

图 5-3 表明，不同组时间序列的整体结构具有明显差异，且组内两个序列在局部形态中出现了波幅不同、时间伸缩和平移等变形。用局部变化趋势描述整体变化具有一定的不合理性。这里，首先对时间序列进行预处理，然后转化为直方图符

① Keogh E，Zhu Q，Hu B，Hao Y，Xi X，Wei L，Ratanamahatana CA（2011）. The UCR Time SeriesClassication/Clustering Homepage. URL http：//www. cs. ucr. edu/ ~ eamonn/time_series_data/.

号数据，并使用曼哈顿距离计算序列相似性，最后用聚类数基于相似性的层次聚类结果，见图 5 -4 所示。

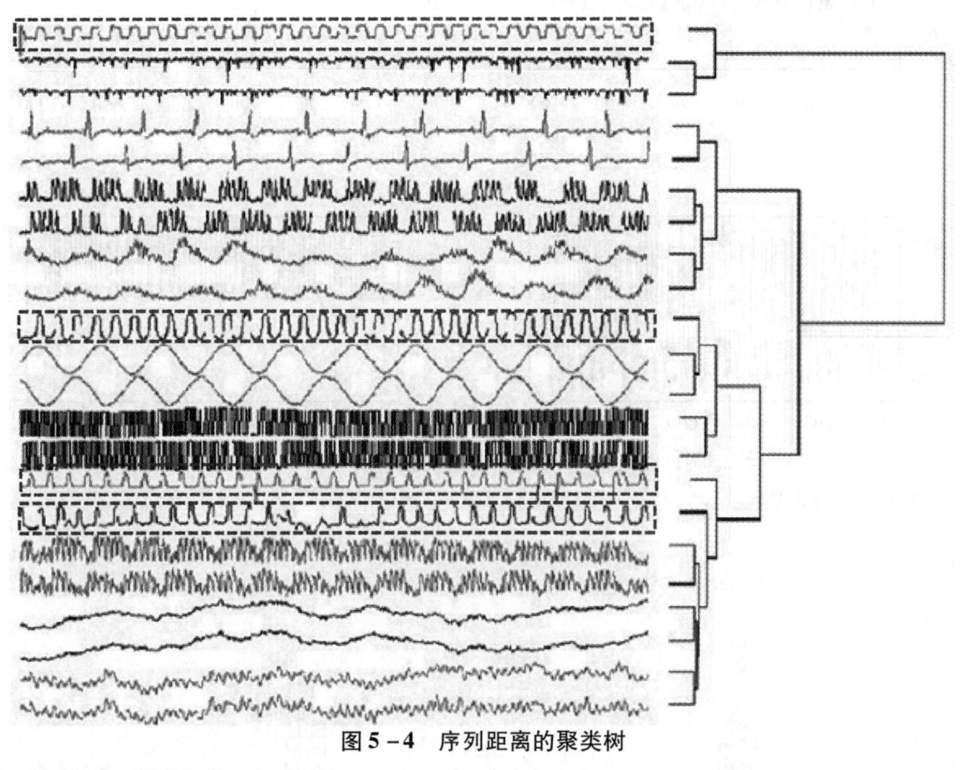

图 5 -4　序列距离的聚类树

资料来源：笔者整理。

E. 基欧（E. Keogh，2002）指出可通过观察聚类树的叶节点判断度量结果的准确性。依据聚类原理，被聚在一起的两个序列应是距离较近较为相似的序列。图 5 -4 可见，在时序直方图相似性基础上得到了 9 组序列相似性的正确度量，它们被聚在了一起。位于红色虚线方框中的 4 条序列出现了错误，究其原因图 5 -5 展示了其中 2 条错误序列的详细情况。

图 5 -5 表明，2 条错误序列有一个共同点，即存在异常值。若进行预处理将数据转化到［0，1］区间中，这些异常值会显著改变数据的分布状况。以图 5 -5 中第 2 条序列为例，图 5 -6 中标准化前两条序列的直方图是相似的（忽略最左端的异常值），而标准化后在［0，1］区间中两个直方图的差异很明显。可见，剔除异常值在序列预处理中较为关键。

进一步，采用 Q 系数度量聚类精确，它测度了给定序列中的 1 条能够准确找到与其最相似序列的概率。本例为 18/22 = 0. 818。表 5 - 1 给出了采用不同相似性度量方法对 22 条时间序列进行聚类得到的 Q 系数。

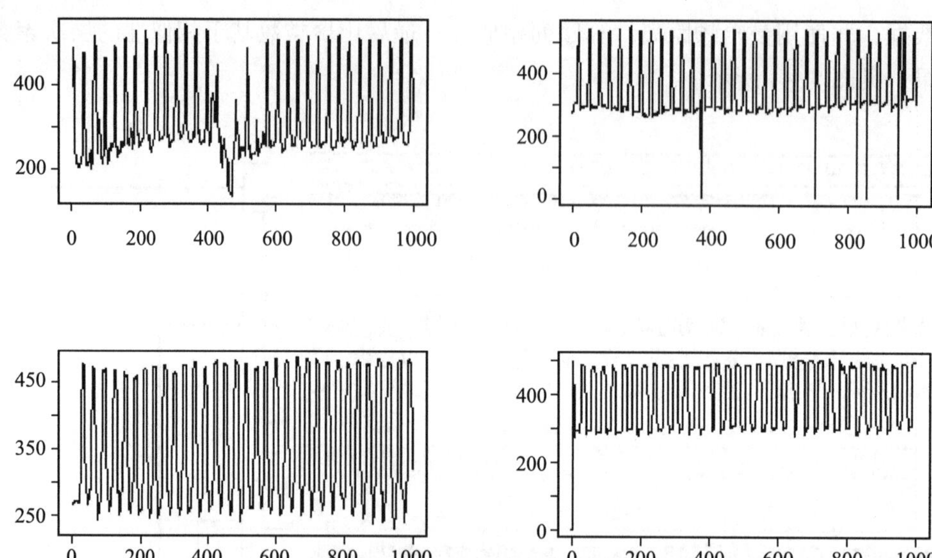

图 5－5　聚类错误的两组时间序列

资料来源：笔者整理。

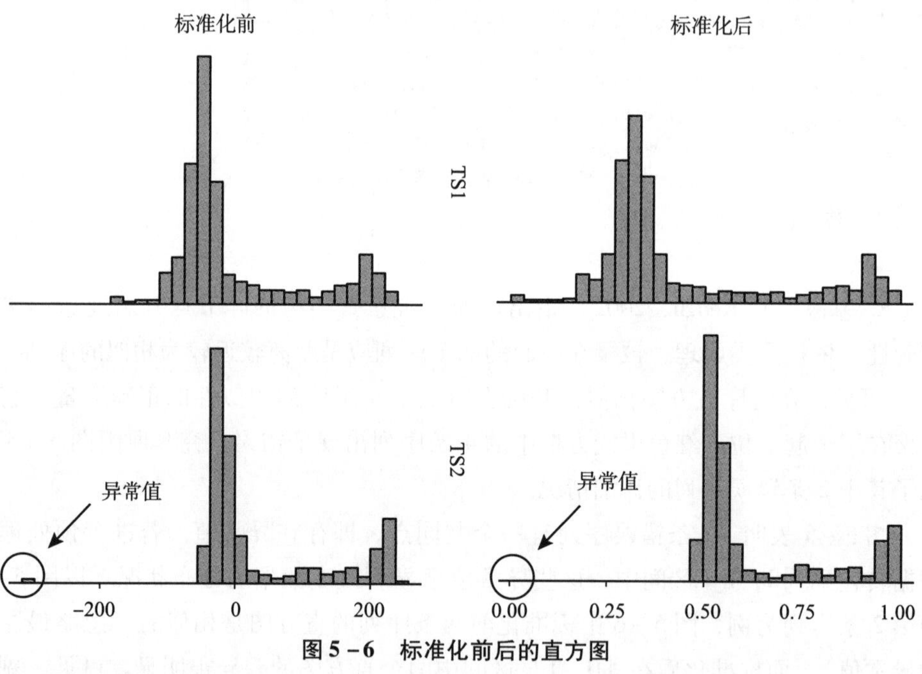

图 5－6　标准化前后的直方图

资料来源：笔者整理。

表 5－1　不同相似性度量下的聚类 Q 系数

方法	基于直方图的度量	欧氏距离	DTW 距离	基于离散小波变换的度量	基于自回归模型的度量
Q 系数	0.8182	0.4545	0.8182	0.4545	0.7273

资料来源：笔者整理。

表5－1表明，基于时序直方图的相似性度量与DTW距离的精确度相同，优于自回归模型的度量方法，表现最差的是欧氏距离。

许多领域中的时间序列都有其独特的结构模式，本实验表明基于直方图的时间序列相似性度量可以识别序列的整体结构。如果不进行标准化，基于直方图的方法可以排除异常值对度量结果的干扰。但属于同一领域的时间序列经常存在波动幅度的差异，因此一般需要先行进行数据标准化，此时需特别注意剔除异常值。

（三）综合判定的有效性

实验采用UCI的“合成控制图时间序列”（Synthetic Control Chart Time Series）数据库①，对基于序列直方图符号数据的时间序列相似性度量的有效性做进一步综合探讨，主要比较不同打包方式、直方图构造方法、直方图距离度量和不同序列分段数目对度量以及聚类结果的影响。

该时间序列数据集包含600条时间序列，分属一般（Normal）、周期（Cyclic）、上升趋势（Increasing trend）、下降趋势（Decreasing trend）、向上漂移（Upward shift）和向下漂移（Downwa shift）6个不同的序列类型，每个类型有100个样本，时间长度均为60。图5－7展示了各类型序列中典型样本的情况。可见，这些类型既包括整体结构的不同（周期），也包含局部趋势的差异（上升、向下漂移等），还存在序列的平移。

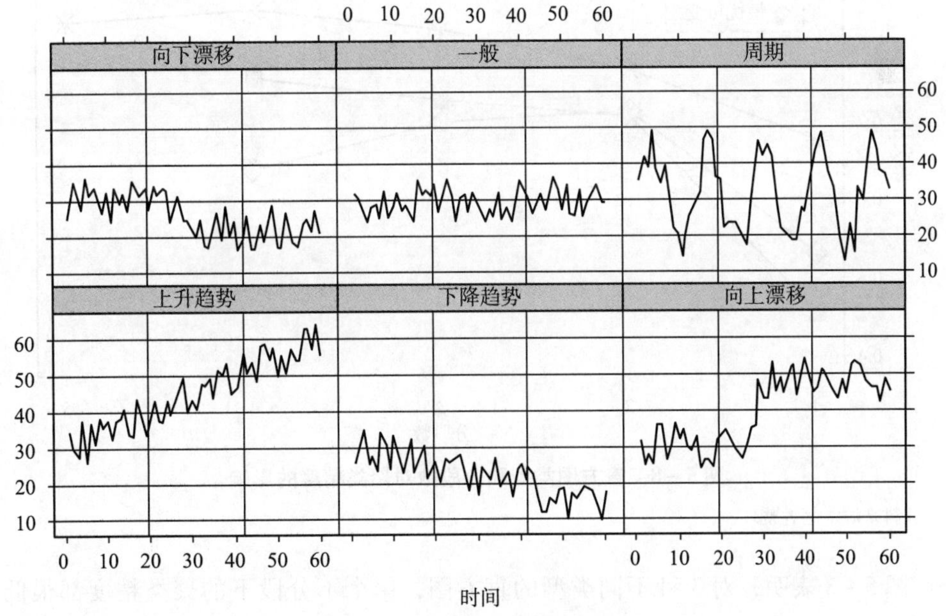

图5－7　各类型的时间序列样本

资料来源：笔者整理。

① 数据来源于http：//archive. ics. uci. edu/ml/datasets/Synthetic + Control + Chart + Time + Series.

首先使用均匀分段，依照表 5 – 2 所示步骤进行实验。在构造最优常规直方图和可变直方图的时候分别采用 BR 罚函数和 RMG 罚函数。因这些时序的长度较短，为保证构造每一个分段直方图的数据量足够（不少于 15 个数据），基于不同的直方图类型对分段数据包个数也做了一定的限制。

表 5 – 2　　实验步骤

步骤	直方图类型	构造方法	时序直方图距离	分段个数
1	常规	设定直方桶个数为 7①	Minkowski	1 ~ 5
2	最优常规	BR 罚函数	Mallows	1 ~ 4
3	最优可变	RMG 罚函数	Mallows	1 ~ 4

资料来源：笔者整理。

进一步，在时间序列直方图距离（考虑平移相似）的基础上采用基于 K – Means 方法进行聚类，且采用 $Sim(G, A) = \frac{1}{k}\sum_{i=1}^{k} \max_{1 \leqslant j \leqslant k} Sim(G_i, A_j)$ 评估聚类效果。其中，k 为真实类别个数，G 为所有对象的真实类别集合，A 为聚类算法得到的类别集合。

$$Sim(G_i, A_j) = \frac{|G_i \cap A_j|}{|G_i| + |A_j|} \qquad (5-1)$$

$|\bullet|$ 表示集合的元素个数。最终聚类结果见图 5 – 8 所示。

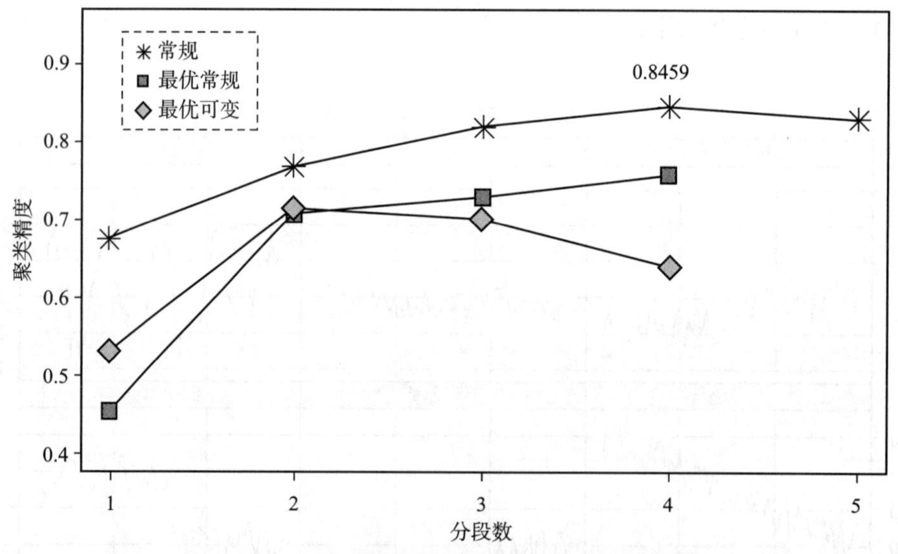

图 5 – 8　直方图类型和分段数对聚类精度的影响

资料来源：笔者整理。

图 5 – 8 表明，对 3 种不同类型的直方图，单个不分段下的聚类精度都很低。随着分段数的增加，聚类精度都随之提高，不过最优可变直方图在分段个数大于 2 时精度呈下降趋势。在不同分段数下，使用经验准则构造的常规直方图都优于最优

① 根据 Sturges 经验准则确定。

直方图，这种现象的出现很可能源于数据量。在分段数达到3时段内数据量只有20，而构造最优直方图对数据量的要求较大，如果数据量太小则直方桶的个数一般会很少，不利于比较直方图的相似度进而正确度量时间序列的相似性。相对于可变直方图而言，构造最优常规直方图对数据量的要求相对较低，因此其聚类结果也稍好于可变直方图。最佳结果出现在根据 Sturges 经验准则构造的常规直方图、分段数为4时，聚类精度为0.8459。

使用关键点打包技术和 DTW 距离（距离函数 f 采用 Mallows 方法），得到关键点打包的聚类精度，并与其他相似性度量方法进行比较，见表5-3所示。

表5-3　　　　聚类精度的比较

方法	均匀打包	关键点打包	欧氏距离	DTW 距离	基于小波变换	基于自回归模型
聚类精度	0.8459	0.8705	0.6735	0.8716	0.5246	0.6785

资料来源：笔者整理。

表5-3表明，两种基于直方图的方法都优于欧氏距离、离散小波变化和基自回归模型的度量。因向上漂移、向下漂移都存在明显的关键点，所以关键点打包的聚类精度要优于均匀打包，与原始序列 DTW 距离的精度几乎相同。由于经过直方图符号数据压缩后的时间序列存在一定的信息损失，使得聚类精度略逊于传统的动态时间弯曲方法，但其计算效率是大大提升的。需要指出的是，采用经验准则构造的直方图和 Minkowski 距离在计算速度上相比于关键点打包和最优直方图的方案更为优秀，且也能达到比较高的精度。

六、结　束　语

本文根据符号数据的一般研究思路，提出了时序直方图的构造，基于时序直方图的时间序列相似性度量方法。进一步，实验验证表明该测度能够克服时域伸缩、平移、长度变化等对时间序列相似性度量的影响以及更多的复杂变形问题。同时，数据实验也验证了度量方法在形态识别、模式判断和时间序列聚类中的均具有较强的有效性和可行性。

参考文献

[1] R. Agrawal, C. Faloutsos, A.. *Swami. A.. Efficient similarity search in sequence in sequence databases* [C]. in: D. Lomet ed., Proceedings of 4th International Conference on Foundations of Data Organization and Algorithms, Chicago, Illinois, USA, 1993. Springer Verlag, 1994. 69 - 84.

[2] Joan Serrà, Josep Ll. Arcos. *An empirical evaluation of similarity measures for time seriesclassification* [J]. Knowledge - Based Systems, 2014, 67: 305 - 314.

[3] Berndt, Clifford. *Using Dynamic Time Warping to Find Patterns in Time Series* [J]. KDD

Workshop, 1994: 359 – 370.

[4] Kremer H., Günnemann S.. IvanescuA. *Efficient processing ofmultiple DTW queries in time series databases* [C]. Proceedings of the 23ndinternational conference on Scientific and statistical database, 2011: 150 – 167.

[5] Zhang Y., Glass J.. *An inner-product lower-bound estimate for dynamic time. warping* [C]. Proceedings of the IEEE International Conference onAcoustics, Speech and Signa l Processing, 2011: 5660 – 5663.

[6] L. Billard, E. Diday. *From the Statistics of Data to the Statistics of Knowledge: Symbolic Data Aanlysis* [J]. Journal of the American Statistical Association, 2003, 98 (462): 470 – 487.

[7] Monique Noirhomme Fraiture1, Paula Brito. *Far Beyond the Classical Data Models: Symbolic Data Analysis* [J]. Statistical Analysis and Data Mining, 2011, 22: 1 – 14.

[8] Antonio Irpino, Rosanna Verde, Francisco de A. T. De Carvalho. *Dynamic clustering of histogram data based on adaptivesquared Wasserstein distances* [J]. Expert Systems with Applications, 2014, 41, 3351 – 3366.

[9] El Golli, Brieuc Conan – Guez, FabriceRossil. *Self-organizing maps and symbolic data* [J]. JSDA Electronic Journal of Symbolic Data Analysis, 2004, 2 (1): 1 – 7.

[10] Miin – Shen Yang, Wen – Liang Hung, De – HuaChena. *Self-organizingmap for symbolic data* [J]. Fuzzy Setsand Systems, 2012 (203): 49 – 73.

[11] Lynne Billard, Edwin Diday. *Symbolic Data Analysis: Conceptual Statistics and Data Mining* [M]. Wiley Series in Computational Statistics, 2006.

[12] Javier Arroyo, Carlos Mateb. *Forecasting histogram time series with k-nearestneighboursmethods* [J]. International Journal of Forecasting, 2009 (29): 1768 – 1774.

[13] 黄超，龚惠群．时间序列数据流直方图构造方法研究［J］．统计与决策，2009 (4): 24 – 25.

[14] Scott D. W. *Multivariate Density Estimation. Theory, Practice and Visualization.* New York, Wiley, 1992.

[15] Davies P. Laurie, Gather Ursula, Nordman Daniel, Weinert Henrike. *Constructing a regular histogram: a comparison of methods* [J]. The Open Access Publication Server of the ZBW – Leibniz Information Centre for Economics, 2007.

[16] Lucien Birge1, Yves Rozenholc. *How Many Bins Should Be Put in a Regular Histogram* [J]. Probability and Statistics, 2006 (10): 24 – 45.

[17] Davies, P. L., Gather, U., Nordman, D. J., Weinert, H.. *A comparison of automatichistogram constructions* [J]. ESAIM: Probability and Statistics, 2009, 13, 181 – 196.

[18] Rozenholc, Y., Mildenberger, T. and Gather, U.. *Combining regular and irregular histogramsby penalized likelihood* [J]. Discussion Paper 2009, 31, SFB 823, TU Dortmund.

[19] Yu Ma, Xiaodong Gu, Yuanyuan Wang. *Histogram similarity measure using variable bin size distance* [J]. Computer Vision and Image Understanding, 2010 (114): 981 – 989.

[20] Mallows, C. L. *A note on asymptotic joint normality* [J]. The Annals of Mathematical Statistics, 1972, 43 (2), 508 – 515.

[21] Pablo Montero, Jose A. Vilar. *TSclust: An R Package for Time Series Clustering* [J]. Journal of Statistical Software, 2014, 62 (1): 28 – 33.

工具变量估计量和普通最小二乘估计量的比较研究

张荷观①

摘　要：本文讨论随机解释变量的内生性，指出目前的工具变量估计和普通最小二乘估计理论所存在的问题。并根据最小均方误差准则下的回归系数设定值，证明随机解释变量模型的普通最小二乘估计量仍是一致估计。同时在均方误差意义下，证明普通最小二乘估计量优于工具变量估计量。

关键词：工具变量　普通最小二乘　内生性　一致性

Comparison of the IV Estimator and the OLS Estimator

Zhang Heguan

Abstract: In this paper, endogeneity of stochastic explanatory variables is discussed. The problems existing in instrumental variables estimation and ordinary least squares estimation are pointed out. According to the least mean square error criterion, the regression coefficients value is presented. We show that the OLS estimator is consistent. In the sense of mean square error, we prove that the OLS estimator is better than IV estimator.

Key words: Instrumental Variable (IV), Ordinary Least Squares (OLS), Endogeneity, Consistency

一、引　言

设随机变量 Y 与 X 满足一元线性回归模型

$$Y=\beta_0+\beta_1 X+u \tag{1-1}$$

根据简单随机样本 Y_i，$X_i(i=1, 2, \cdots, n)$，回归系数 β_0 和 β_1 的普通最小二乘估计量为

$$\hat{\beta}_0=\bar{Y}-\hat{\beta}_1\bar{X},\ \hat{\beta}_1=\frac{\sum_{i=1}^{n}(X_i-\bar{X})(Y_i-\bar{Y})}{\sum_{i=1}^{n}(X_i-\bar{X})^2},\ \bar{Y}=\frac{1}{n}\sum_{i=1}^{n}Y_i,\ \bar{X}=\frac{1}{n}\sum_{i=1}^{n}X_i \tag{1-2}$$

① 张荷观，江南大学商学院教授，研究方向为应用统计和计量经济学。

把模型式（1－1）代入式（1－2），得

$$\hat{\beta}_1 = \beta_1 + \frac{\sum_{i=1}^{n}(X_i - \overline{X})u_i}{\sum_{i=1}^{n}(X_i - \overline{X})^2}$$

则

$$Plim(\hat{\beta}_1) = \beta_1 + \frac{Cov(X, u)}{Var(X)} \tag{1－3}$$

根据式（1－3），目前的计量经济理论认为当随机解释变量 X 与随机误差 u 相关时，普通最小二乘估计量 $\hat{\beta}_1$ 就不是回归系数值 β_1 的一致估计。

若随机变量 Z 满足

$$Cov(Z, u) = 0, Cov(Z, X) \neq 0 \tag{1－4}$$

则 Z 是 X 的工具变量。在取得相应的简单随机样本 $Z_i(i=1, 2, \cdots, n)$ 时，目前的计量经济理论提出 β_1 的工具变量估计量为

$$\hat{\beta}_{1(IV)} = \frac{\sum_{i=1}^{n}(Z_i - \overline{Z})(Y_i - \overline{Y})}{\sum_{i=1}^{n}(Z_i - \overline{Z})(X_i - \overline{X})}, \overline{Z} = \frac{1}{n}\sum_{i=1}^{n}Z_i \tag{1－5}$$

再把模型式（1－1）代入式（1－5），得

$$\hat{\beta}_{1(IV)} = \beta_1 + \frac{\sum_{i=1}^{n}(Z_i - \overline{Z})u_i}{\sum_{i=1}^{n}(Z_i - \overline{Z})(X_i - \overline{X})}$$

那么由式（1－4）即得

$$Plim(\hat{\beta}_{1(IV)}) = \beta_1 + \frac{Cov(Z, u)}{Cov(Z, X)} = \beta_1 \tag{1－6}$$

根据式（1－6），目前的计量经济理论认为工具变量估计量 $\hat{\beta}_{1(IV)}$ 是模型（1－1）的回归系数值 β_1 的一致估计。这就是说，目前的计量经济理论认为随机解释变量模型的普通最小二乘估计量可能不一致，而工具变量估计量则是一致估计。因此对随机解释变量模型，目前的计量经济分析广泛采用工具变量法。

但根据式（1－5）和式（1－6），可得

$$Plim(\hat{\beta}_{1(IV)}) = \frac{Cov(Z, Y)}{Cov(Z, X)} = \beta_1 \tag{1－7}$$

式（1－7）表明，工具变量法设定的回归系数值 β_1 与 X，Y，Z 的协方差有关。而随机解释变量 X 与随机误差 u 不相关时，根据式（1－2）和式（1－3），可得

$$Plim(\hat{\beta}_1) = \frac{Cov(X, Y)}{Var(X)} = \beta_1 \tag{1－8}$$

式（1－8）则表明，普通最小二乘法设定的回归系数值 β_1 只与 X，Y 的方差和协方差有关。式（1－7）和式（1－8）表明，工具变量法设定的回归系数值与普通最小二乘法设定的回归系数值并不相同。也就是说，工具变量法所估计的回归系数

值与普通最小二乘法所估计的回归系数值实际上并不相同，而目前的计量经济理论误认为工具变量估计量 $\hat{\beta}_{1(IV)}$ 和普通最小二乘估计量 $\hat{\beta}_1$ 估计同一个回归系数值。本文分别一元和多元随机解释变量模型，研究工具变量估计量和普通最小二乘估计量的一致性。一方面，本文证明采用普通最小二乘法时的回归系数设定值使均方误差达到最小，并且回归模型的随机解释变量与随机误差不相关，普通最小二乘估计量是最小均方误差的一致估计。另一方面，本文证明工具变量估计量不是最小均方误差的一致估计，从而普通最小二乘估计量在均方误差意义下优于工具变量估计量。

二、一元线性回归模型的工具变量估计量和普通最小二乘估计量的比较研究

（一）普通最小二乘估计量是最小均方误差的一致估计

设随机变量 Y 与 X 满足一元线性回归模型（1-1），其中

$$E(u)=0,\ Var(u)=\sigma^2,\ E(Y)=\mu_Y,\ E(X)=\mu_X \tag{2-1}$$

对随机解释变量模型（1-1），在用 $\beta_0+\beta_1 X$ 作为 Y 的估计时，回归分析理论要求回归系数值 β_0 和 β_1 使均方误差 $E[Y-(\beta_0+\beta_1 X)]^2$ 达到最小。由于

$$\begin{aligned}\sigma^2 &= E[Y-(\beta_0+\beta_1 X)]^2\\ &= Var(Y)+\beta_1^2 Var(X)+(\mu_Y-\beta_1\mu_X-\beta_0)^2-2\beta_1 Cov(X,\ Y)\end{aligned}$$

从而要求模型（1-1）的回归系数值 β_0 和 β_1 使 σ^2 达到最小时，则 β_0 和 β_1 应满足如下的方程组

$$\frac{\partial\sigma^2}{\partial\beta_j}=0,\ j=0,\ 1$$

整理后即得

$$\beta_0=\mu_Y-\beta_1\mu_X,\ \beta_1=\frac{Cov(X,\ Y)}{Var(X)} \tag{2-2}$$

式（2-2）定义的回归系数值，就是模型（1-1）在最小均方误差准则下的回归系数设定值。式（2-2）表明，模型（1-1）的回归系数设定值 β_0 和 β_1 只与 Y 和 X 的原点矩、中心矩以及协方差有关。

由式（1-2）和式（2-2）即得

$$\text{Plim}(\hat{\beta}_1)=\frac{Cov(X,\ Y)}{Var(X)}=\beta_1,\ \text{Plim}(\hat{\beta}_0)=\mu_Y-\beta_1\mu_X=\beta_0 \tag{2-3}$$

根据式（2-3），则普通最小二乘估计量 $\hat{\beta}_0$ 和 $\hat{\beta}_1$ 是回归系数值 β_0 和 β_1 的一致估计，并且在采用普通最小二乘法时，模型（1-1）的回归系数值就等于最小均方误差准则下的回归系数设定值。由于普通最小二乘估计量不仅是一致估计，同时回

归系数设定值又使均方误差达到最小，所以普通最小二乘估计量是最小均方误差的一致估计。而根据式（1－2）和式（2－2），普通最小二乘估计量也是最小均方误差准则下回归系数设定值的矩估计。

根据式（1－1）和式（2－2），则

$$Cov(X,\ u)=Cov(X,\ Y)-\beta_1 Var(X)=0 \tag{2-4}$$

式（2－4）表明，当模型（1－1）按最小均方误差准则设定回归系数值时，模型（1－1）的随机解释变量 X 与随机误差 u 不相关。由于式（2－3）表明采用普通最小二乘法时，模型（1－1）就按最小均方误差准则设定回归系数值，所以采用普通最小二乘法时一元线性回归模型（1－1）的 X 与 u 必定不相关。

由式（1－3）和式（2－4）即得

$$p\lim(\hat{\beta}_1)=\beta_1+\frac{Cov(X,\ u)}{Var(X)}=\beta_1$$

从而根据 $Cov(X,\ u)=0$，同样可得普通最小二乘估计量是模型（1－1）的回归系数值的一致估计。

根据式（2－1）和式（2－4），采用普通最小二乘法时一元线性回归模型（1－1）的总体矩条件为

$$E(u)=E(Y-\beta_0-\beta_1 X)=0$$

$$E(Xu)=E[X(Y-\beta_0-\beta_1 X)]=0$$

则由总体矩条件同样可得回归系数设定值为

$$\beta_0=\mu_Y-\beta_1\mu_X,\ \beta_1=\frac{Cov(X,\ Y)}{Var(X)}$$

这就是说，总体矩条件下的回归系数设定值与最小均方误差准则下的回归系数设定值相等。

（二）工具变量估计量不是最小均方误差的一致估计

为了比较普通最小二乘法和工具变量法设定的回归系数值，采用工具变量法时的一元线性回归模型改写为

$$Y=\beta_{0(IV)}+\beta_{1(IV)}X+u_{(IV)} \tag{2-5}$$

其中

$$E(u_{(IV)})=0,\ Var(u_{(IV)})=\sigma^2_{(IV)} \tag{2-6}$$

工具变量法假定 X 为内生变量，即 $Cov(X,\ u_{(IV)})\neq 0$，而 X 的工具变量 Z 满足

$$Cov(Z,\ u_{(IV)})=0,\ Cov(Z,\ X)\neq 0 \tag{2-7}$$

根据式（2－6）和式（2－7），采用工具变量法时的总体矩条件为

$$E(u_{(IV)})=E(Y-\beta_{0(IV)}-\beta_{1(IV)}X)=0$$

$$E(Zu_{(IV)})=E[Z(Y-\beta_{0(IV)}-\beta_{1(IV)}X)]=0 \tag{2-8}$$

由式（2－8）即得采用工具变量法时的回归系数设定值

$$\beta_{0(IV)} = \mu_Y - \beta_{1(IV)}\mu_X, \quad \beta_{1(IV)} = \frac{Cov(Z, Y)}{Cov(Z, X)} \tag{2-9}$$

式（2－9）表明，模型（2－5）的回归系数设定值包含了工具变量 Z 的影响。而根据式（2－2）和（2－9），模型（2－5）与模型（1－1）的回归系数值通常不相等。只有当 $Z=X$ 时，模型（2－5）与模型（1－1）的回归系数设定值才相等。

根据式（2－8），采用工具变量法时的样本矩条件为

$$\frac{1}{n}\sum_{i=1}^{n} e_{(IV)i} = \frac{1}{n}\sum_{i=1}^{n}(Y_i - \hat{\beta}_{0(IV)} - \hat{\beta}_{1(IV)}X_i) = 0$$

$$\frac{1}{n}\sum_{i=1}^{n} Z_i e_{(IV)i} = \frac{1}{n}\sum_{i=1}^{n} Z_i(Y_i - \hat{\beta}_{0(IV)} - \hat{\beta}_{1(IV)}X_i) = 0 \tag{2-10}$$

整理后即得工具变量估计量为

$$\hat{\beta}_{0(IV)} = \bar{Y} - \hat{\beta}_{1(IV)}\bar{X}, \hat{\beta}_{1(IV)} = \frac{\sum_{i=1}^{n}(Z_i - \bar{Z})(Y_i - \bar{Y})}{\sum_{i=1}^{n}(Z_i - \bar{Z})(X_i - \bar{X})} \tag{2-11}$$

这就是说，工具变量估计量也是回归系数设定值（2－9）的矩估计。并且

$$Plim(\hat{\beta}_{1(IV)}) = \beta_{1(IV)}, \quad Plim(\hat{\beta}_{0(IV)}) = \beta_{0(IV)} \tag{2-12}$$

所以工具变量估计量 $\hat{\beta}_{0(IV)}$ 和 $\hat{\beta}_{1(IV)}$ 是模型（2－5）回归系数设定值 $\beta_{0(IV)}$ 和 $\beta_{1(IV)}$ 的一致估计。但根据式（2－2）和式（2－9），则

$$Plim(\hat{\beta}_{1(IV)}) = \beta_{1(IV)} \neq \beta_1, \quad Plim(\hat{\beta}_{0(IV)}) = \beta_{0(IV)} \neq \beta_0$$

从而工具变量估计量 $\hat{\beta}_{0(IV)}$ 和 $\hat{\beta}_{1(IV)}$ 并不是模型（1－1）在最小均方误差准则下的回归系数设定值 β_0 和 β_1 的一致估计，即工具变量估计量并不是最小均方误差的一致估计。

现在可以进一步说明，为什么式（2－6）会得出工具变量估计量 $\hat{\beta}_{1(IV)}$ 是模型（1－1）的回归系数值 β_1 一致估计的错误结论。工具变量法设定了模型（2－5），即工具变量法用模型（2－5）描述随机变量 Y 与 X 之间的数量关系，而普通最小二乘法则用模型（1－1）描述随机变量 Y 与 X 之间的数量关系，并且模型（2－5）与模型（1－1）的回归系数值通常不相等。这就是说，工具变量法和普通最小二乘法设定了不同的回归模型，从而设定了不同的回归系数值。但对工具变量估计量（1－5），目前的计量经济理论却仍用模型（1－1）描述 Y 与 X 之间的数量关系，即目前的计量经济理论把模型（1－1）代入式（1－5）并由此得出了错误的结论。实际上，采用工具变量法时应该把模型（2－5）代入式（1－5），得

$$\hat{\beta}_{1(IV)} = \beta_{1(IV)} + \frac{\sum_{i=1}^{n}(Z_i - \bar{Z})u_i}{\sum_{i=1}^{n}(Z_i - \bar{Z})(X_i - \bar{X})}$$

从而

$$Plim(\hat{\beta}_{1(IV)}) = \beta_{1(IV)} + \frac{Cov(Z, u)}{Cov(Z, X)} = \beta_{1(IV)}$$

所以，目前的计量经济理论正是由于忽略了模型（2-5）与模型（1-1）的回归系数值不等而得出了错误的结论。

（三）工具变量估计量和普通最小二乘估计量的比较

由于模型（1-1）在采用普通最小二乘法时的回归系数设定值β_0和β_1使均方误差达到最小，从而普通最小二乘法设定的模型（1-1）的均方误差不大于工具变量法设定的模型（2-5）的均方误差，即

$$\sigma^2 = E[Y-(\beta_0+\beta_1 X)]^2 \leqslant E[Y-(\beta_{0(IV)}+\beta_{1(IV)}X)]^2 = \sigma^2_{(IV)} \qquad (2-13)$$

所以在均方误差意义下模型（1-1）优于模型（2-5）。这就是说，虽然普通最小二乘估计量和工具变量估计量分别是模型（1-1）和模型（2-5）的回归系数设定值的一致估计，但普通最小二乘估计量是最小均方误差的一致估计，而工具变量估计量并不是最小均方误差的一致估计。所以在均方误差意义下一元线性回归模型的普通最小二乘法优于工具变量法，即一元线性回归模型的普通最小二乘估计量优于工具变量估计量。

根据样本数据，记

$$\hat{Y}_i = \hat{\beta}_0 + \hat{\beta}_1 X_i,\ \hat{Y}_{(IV)i} = \hat{\beta}_{0(IV)} + \hat{\beta}_{1(IV)} X_i$$

由于普通最小二乘估计量$\hat{\beta}_0$和$\hat{\beta}_1$使残差平方和达到最小，即

$$\sum_{i=1}^{n}(Y_i - \hat{Y}_i)^2 \leqslant \sum_{i=1}^{n}(Y_i - \hat{Y}_{(IV)i})^2$$

从而

$$R^2 = \frac{\sum_{i=1}^{n}(\hat{Y}_i - \bar{Y})^2}{\sum_{i=1}^{n}(Y_i - \bar{Y})^2} \geqslant R^2_{(IV)} = \frac{\sum_{i=1}^{n}(\hat{Y}_{(IV)i} - \bar{Y})^2}{\sum_{i=1}^{n}(Y_i - \bar{Y})^2} \qquad (2-14)$$

即对每一个样本，采用普通最小二乘法时的样本可决系数R^2不小于采用工具变量法时的样本可决系数$R^2_{(IV)}$，所以一元线性回归模型的普通最小二乘估计量在拟合优度意义下也优于工具变量估计量。

三、多元线性回归模型的工具变量估计量和普通最小二乘估计量的比较研究

一般，设随机变量Y与X_1，X_2，…，X_p满足p元线性回归模型

$$Y = \beta_0 + \beta_1 X_1 + \beta_2 X_2 + \cdots + \beta_p X_p + u \qquad (3-1)$$

其中

$$E(u)=0,\ Var(u)=\sigma^2,\ E(Y)=\mu_Y,\ E(X_j)=\mu_j,$$
$$Var(X_j)=\sigma_j^2 (j=1,\ 2,\ \cdots,\ p)$$

（一）普通最小二乘估计量是最小均方误差的一致估计

根据回归分析理论，随机解释变量模型（3－1）在用$\beta_0+\sum_{j=1}^{p}\beta_jX_j$作为$Y$的估计时，同样要求回归系数值$\beta_0$，$\beta_1$，…，$\beta_p$使均方误差$E[Y-(\beta_0+\sum_{j=1}^{p}\beta_jX_j)]^2$达到最小。由于

$$\begin{aligned}\sigma^2&=E[Y-(\beta_0+\sum_{j=1}^{p}\beta_jX_j)]^2\\&=Var(Y)+\sum_{j=1}^{p}\beta_j^2\sigma_j^2+\sum_{l\neq j}^{p}\beta_j\beta_l\sigma_{jl}+(\mu_Y-\sum_{j=1}^{p}\beta_j\mu_j-\beta_0)^2-2\sum_{j=1}^{p}\beta_j\sigma_{jY}\end{aligned}$$

其中

$$Cov(X_j,\ X_l)=\sigma_{jl}(j\neq l),\ Cov(X_j,\ Y)=\sigma_{jY}(j,\ l=1,\ 2,\ \cdots,\ p)$$

从而要求模型（3－1）的回归系数值β_0，β_1，…，β_p使均方误差σ^2达到最小时，则β_0，β_1，…，β_p应满足如下的方程组

$$\frac{\partial\sigma^2}{\partial\beta_j}=0,\ j=0,\ 1,\ \cdots,\ p$$

整理后即得

$$\begin{aligned}\beta_0&=\mu_Y-\sum_{j=1}^{p}\beta_j\mu_j\\\beta_1\sigma_1^2+\beta_2\sigma_{12}+\cdots+\beta_p\sigma_{1p}&=\sigma_{1Y}\\\beta_1\sigma_{21}+\beta_2\sigma_2^2+\cdots+\beta_p\sigma_{2p}&=\sigma_{2Y}\\&\vdots\\\beta_1\sigma_{p1}+\beta_2\sigma_{p2}+\cdots+\beta_p\sigma_p^2&=\sigma_{pY}\end{aligned}\qquad(3-2)$$

或

$$\beta_0=\mu_Y-\sum_{j=1}^{p}\beta_j\mu_j$$

$$\begin{pmatrix}\beta_1\\\beta_2\\\vdots\\\beta_p\end{pmatrix}=\begin{pmatrix}\sigma_1^2&\sigma_{12}&\cdots&\sigma_{1p}\\\sigma_{21}&\sigma_2^2&\cdots&\sigma_{2p}\\\vdots&\vdots&\cdots&\vdots\\\sigma_{p1}&\sigma_{p2}&\cdots&\sigma_p^2\end{pmatrix}^{-1}\begin{pmatrix}\sigma_{1Y}\\\sigma_{2Y}\\\vdots\\\sigma_{pY}\end{pmatrix}\qquad(3-3)$$

式（3－3）定义的回归系数值，就是模型（3－1）在最小均方误差准则下的回归系数设定值。式（3－3）表明，模型（3－1）的回归系数值β_0，β_1，…，β_2只与Y，X_1，X_2，…，X_p的原点矩、中心矩以及协方差有关。

根据简单随机样本Y_i，X_{1i}，X_{2i}，…，$X_{pi}(i=1,\ 2,\ \cdots,\ n)$，模型（3－1）的回归系数设定值的普通最小二乘估计量为

$$\hat{\beta}_0=\overline{Y}-\sum_{j=1}^{p}\hat{\beta}_j\overline{X}_j$$

$$\begin{pmatrix}\hat{\beta}_1\\ \hat{\beta}_2\\ \vdots\\ \hat{\beta}_p\end{pmatrix}=\begin{pmatrix}L_{11} & L_{12} & \cdots & L_{1p}\\ L_{21} & L_{22} & \cdots & L_{2p}\\ \vdots & \vdots & \cdots & \vdots\\ L_{p1} & L_{p2} & \cdots & L_{pp}\end{pmatrix}^{-1}\begin{pmatrix}L_{1Y}\\ L_{2Y}\\ \vdots\\ L_{pY}\end{pmatrix} \tag{3-4}$$

其中

$$L_{jl} = \sum_{i=1}^{n}(X_{ji}-\overline{X}_j)(X_{li}-\overline{X}_l),\ L_{jY} = \sum_{i=1}^{n}(X_{ji}-\overline{X}_j)(Y_i-\overline{Y})$$

$$\overline{Y} = \frac{1}{n}\sum_{i=1}^{n}Y_i,\ \overline{X}_j = \frac{1}{n}\sum_{i=1}^{n}X_{ji},\ j,\ l = 1,\ 2,\ \cdots,\ p$$

记

$$\beta=\begin{pmatrix}\beta_1\\ \beta_2\\ \vdots\\ \beta_p\end{pmatrix},\ \sum\nolimits_{XX}=\begin{pmatrix}\sigma_1^2 & \sigma_{12} & \cdots & \sigma_{1p}\\ \sigma_{21} & \sigma_2^2 & \cdots & \sigma_{2p}\\ \vdots & \vdots & \cdots & \vdots\\ \sigma_{p1} & \sigma_{p2} & \cdots & \sigma_p^2\end{pmatrix},\ \sum\nolimits_{XY}=\begin{pmatrix}\sigma_{1Y}\\ \sigma_{2Y}\\ \vdots\\ \sigma_{pY}\end{pmatrix}$$

$$\hat{\beta}=\begin{pmatrix}\hat{\beta}_1\\ \hat{\beta}_2\\ \vdots\\ \hat{\beta}_p\end{pmatrix},\ L_{XX}=\begin{pmatrix}L_{11} & L_{12} & \cdots & L_{1p}\\ L_{21} & L_{22} & \cdots & L_{2p}\\ \vdots & \vdots & \cdots & \vdots\\ L_{p1} & L_{p2} & \cdots & L_{pp}\end{pmatrix},\ L_{XY}=\begin{pmatrix}L_{1Y}\\ L_{2Y}\\ \vdots\\ L_{pY}\end{pmatrix}$$

根据式（3－3）和式（3－4），则

$$\beta = \sum\nolimits_{XX}^{-1}\sum\nolimits_{XY},\ \hat{\beta} = L_{XX}^{-1}L_{XY} \tag{3-5}$$

由于

$$\mathrm{Plim}\left(\frac{1}{n}L_{jl}\right)=\sigma_{jl}(j\neq l),\ \mathrm{Plim}\left(\frac{1}{n}L_{jj}\right)=\sigma_j^2,\ \mathrm{Plim}\left(\frac{1}{n}L_{jY}\right)=\sigma_{jY},\ j,\ l=1,\ 2,\ \cdots,\ p$$

所以

$$\mathrm{Plim}\left(\frac{1}{n}L_{XX}^{-1}\right) = \sum\nolimits_{XX}^{-1},\ \mathrm{Plim}\left(\frac{1}{n}L_{XY}\right) = \sum\nolimits_{XY}$$

根据式（3－5），得

$$\mathrm{Plim}(\hat{\beta})=\beta$$

再根据式（3－3）和式（3－4），即得

$$\mathrm{Plim}(\hat{\beta}_j)=\beta_j,\ j=0,\ 1,\ \cdots,\ p \tag{3-6}$$

根据式（3－6），普通最小二乘估计量 $\hat{\beta}_0$，$\hat{\beta}_1$，…，$\hat{\beta}_2$ 是回归系数设定值 β_0，β_1，…，β_2 的一致估计，并且在采用普通最小二乘法时，模型（3－1）的回归系数值就等于最小均方误差准则下的回归系数设定值。由于普通最小二乘估计量不仅是一致估计，同时回归系数设定值又使均方误差达到最小，所以多元线性回归模型的普通最小二乘估计量同样也是最小均方误差的一致估计。而式（3－3）和式（3－4）同样表明，普通最小二乘估计实际上也是最小均方误差准则下回归系数设定值的矩估计。

由式（3－1）和式（3－2），则

$$Cov(X_j,\ u) = \sigma_{jY} - \beta_j\sigma_j^2 - \sum_{l\neq j}^{p}\beta_l\sigma_{jl} = 0$$

$$j = 1,\ 2,\ \cdots,\ p \tag{3-7}$$

式（3－7）表明，当模型（3－1）的回归系数值等于最小均方误差准则下的回归系数设定值时，模型（3－1）的随机解释变量 $X_j(j=1,\ 2,\ \cdots,\ p)$ 与随机误差 u 都不相关。由于式（3－6）表明采用普通最小二乘法时，模型（3－1）的回归系数值就等于最小均方误差准则下的回归系数设定值，所以采用普通最小二乘法时多元线性回归模型（3－1）的 $X_j(j=1,\ 2,\ \cdots,\ p)$ 与 u 必定都不相关。

根据式（3－7），则采用普通最小二乘法时模型（3－1）的总体矩条件为

$$E(u) = E(Y-\beta_0-\beta_1X_1-\cdots-\beta_pX_p)=0$$

$$E(X_ju) = E[X_j(Y-\beta_0-\beta_1X_1-\cdots-\beta_pX_p)]=0,\ j=1,\ 2,\ \cdots,\ p \tag{3-8}$$

由总体矩条件（3－8）同样可得模型（3－1）的回归系数设定值，并且总体矩条件下的回归系数设定值与最小均方误差准则下的回归系数设定值也相等。

（二）工具变量估计量不是最小均方误差的一致计估

为了比较普通最小二乘法和工具变量法设定的回归系数值，采用工具变量法时的 p 元线性回归模型改写为

$$Y=\beta_{0(IV)}+\beta_{1(IV)}X_1+\beta_{2(IV)}X_2+\cdots+\beta_{p(IV)}X_p+u_{(IV)} \tag{3-9}$$

其中

$$E(u_{(IV)})=0,\ Var(u_{(IV)})=\sigma_{(IV)}^2$$

工具变量法假定其中的 X_1 为内生变量，即

$$Cov(X_j,\ u_{(IV)})=0(j=2,\ 3,\ \cdots,\ p),\ Cov(X_1,\ u_{(IV)})\neq 0$$

并且 Z 是 X_1 的工具变量，满足

$$Cov(Z,\ u_{(IV)})=0,\ Cov(Z,\ X_1)\neq 0 \tag{3-10}$$

从而采用工具变量法时的总体矩条件为

$$E(u_{(IV)})=E(Y-\beta_{0(IV)}-\beta_{1(IV)}X_1-\cdots-\beta_{p(IV)}X_p)=0$$

$$E(Zu_{(IV)})=E[Z(Y-\beta_{0(IV)}-\beta_{1(IV)}X_1-\cdots-\beta_{p(IV)}X_p)]=0 \tag{3-11}$$

$$E(X_ju_{(IV)})=E[X_j(Y-\beta_{0(IV)}-\beta_{1(IV)}X_1-\cdots-\beta_{p(IV)}X_p)]=0,\ j=2,\ 3,\ \cdots,\ p$$

由式（3－11）可得采用工具变量法时的回归系数设定值

$$\beta_{0(IV)} = \mu_Y - \sum_{j=1}^{p}\beta_{j(IV)}\mu_j$$

$$\begin{pmatrix}\beta_{1(IV)}\\ \beta_{2(IV)}\\ \vdots\\ \beta_{p(IV)}\end{pmatrix}=\begin{pmatrix}\sigma_{Z1} & \sigma_{Z2} & \cdots & \sigma_{Zp}\\ \sigma_{21} & \sigma_2^2 & \cdots & \sigma_{2p}\\ \vdots & \vdots & \cdots & \vdots\\ \sigma_{p1} & \sigma_{p2} & \cdots & \sigma_p^2\end{pmatrix}^{-1}\begin{pmatrix}\sigma_{ZY}\\ \sigma_{2Y}\\ \vdots\\ \sigma_{pY}\end{pmatrix} \tag{3-12}$$

其中

$$Cov(Z,\ X_j)=\sigma_{Zj},\ Cov(Z,\ Y)=\sigma_{ZY}(j=1,\ 2,\ \cdots,\ p)$$

式（3-12）表明，模型（3-9）的回归系数设定值同样包含了工具变量 Z 的影响。根据式（3-3）和式（3-12），模型（3-9）与模型（3-1）的回归系数值通常不相等，只有当 $Z=X_1$ 时，模型（3-9）与模型（3-1）的回归系数设定值才相等。

根据式（3-11），采用工具变量法时的样本矩条件为

$$\frac{1}{n}\sum_{i=1}^{n}e_{(IV)i}=\frac{1}{n}\sum_{i=1}^{n}(Y_i-\hat{\beta}_{0(IV)}-\hat{\beta}_{1(IV)}X_{1i}-\cdots-\hat{\beta}_{p(IV)}X_{pi})=0$$

$$\frac{1}{n}\sum_{i=1}^{n}Z_ie_{(IV)i}=\frac{1}{n}\sum_{i=1}^{n}Z_i(Y_i-\hat{\beta}_{0(IV)}-\hat{\beta}_{1(IV)}X_{1i}-\cdots-\hat{\beta}_{p(IV)}X_{pi})=0$$

$$\frac{1}{n}\sum_{i=1}^{n}X_{ji}e_{(IV)i}=\frac{1}{n}\sum_{i=1}^{n}X_{ji}(Y_i-\hat{\beta}_{0(IV)}-\hat{\beta}_{1(IV)}X_{1i}-\cdots-\hat{\beta}_{p(IV)}X_{pi})=0,\ j=2,3,\cdots,p \tag{3-13}$$

整理即得工具变量估计量为

$$\hat{\beta}_{(IV)}=(Z'X)^{-1}Z'Y \tag{3-14}$$

其中

$$\hat{\beta}_{(IV)}=\begin{pmatrix}\hat{\beta}_{0(IV)}\\ \hat{\beta}_{1(IV)}\\ \vdots\\ \hat{\beta}_{p(IV)}\end{pmatrix},\ Z=\begin{pmatrix}1 & Z_1 & X_{21} & \cdots & X_{p1}\\ 1 & Z_2 & X_{22} & \cdots & X_{p2}\\ \vdots & \vdots & \vdots & \cdots & \vdots\\ 1 & Z_n & X_{2n} & \cdots & X_{pn}\end{pmatrix},$$

$$X=\begin{pmatrix}1 & X_{11} & X_{21} & \cdots & X_{p1}\\ 1 & X_{12} & X_{22} & \cdots & X_{p2}\\ \vdots & \vdots & \vdots & \cdots & \vdots\\ 1 & X_{1n} & X_{2n} & \cdots & X_{pn}\end{pmatrix},\ Y=\begin{pmatrix}Y_1\\ Y_2\\ \vdots\\ Y_n\end{pmatrix}$$

式（3-14）就是工具变量估计量的一般表达式。由式（3-14）即得

$$\hat{\beta}_{0(IV)}=\overline{Y}-\sum_{j=1}^{p}\hat{\beta}_{j(IV)}\overline{X}_j$$

$$\begin{pmatrix}\hat{\beta}_{1(IV)}\\ \hat{\beta}_{2(IV)}\\ \vdots\\ \hat{\beta}_{p(IV)}\end{pmatrix}=\begin{pmatrix}L_{Z1} & L_{Z2} & \cdots & L_{Zp}\\ L_{21} & L_{22} & \cdots & L_{2p}\\ \vdots & \vdots & \cdots & \vdots\\ L_{p1} & L_{p2} & \cdots & L_{pp}\end{pmatrix}^{-1}\begin{pmatrix}L_{ZY}\\ L_{2Y}\\ \vdots\\ L_{pY}\end{pmatrix} \tag{3-15}$$

其中

$$L_{Zj}=\sum_{i=1}^{n}(Z_i-\overline{Z})(X_{ji}-\overline{X}_j),\ L_{ZY}=\sum_{i=1}^{n}(Z_i-\overline{Z})(Y_i-\overline{Y})$$

所以多元线性回归模型的工具变量估计量同样也是回归系数设定值式（3-12）的

矩估计。

记

$$\beta_{(IV)}=\begin{pmatrix}\beta_{1(IV)}\\ \beta_{2(IV)}\\ \vdots\\ \beta_{p(IV)}\end{pmatrix},\ \sum\nolimits_{ZX}=\begin{pmatrix}\sigma_{Z1} & \sigma_{Z2} & \cdots & \sigma_{Zp}\\ \sigma_{21} & \sigma_2^2 & \cdots & \sigma_{2p}\\ \vdots & \vdots & \cdots & \vdots\\ \sigma_{p1} & \sigma_{p2} & \cdots & \sigma_p^2\end{pmatrix},\ \sum\nolimits_{ZY}=\begin{pmatrix}\sigma_{ZY}\\ \sigma_{2Y}\\ \vdots\\ \sigma_{pY}\end{pmatrix}$$

$$\hat{\beta}_{(IV)}=\begin{pmatrix}\hat{\beta}_{1(IV)}\\ \hat{\beta}_{2(IV)}\\ \vdots\\ \hat{\beta}_{p(IV)}\end{pmatrix},\ L_{ZX}=\begin{pmatrix}L_{Z1} & L_{Z2} & \cdots & L_{Zp}\\ L_{21} & L_{22} & \cdots & L_{2p}\\ \vdots & \vdots & \cdots & \vdots\\ L_{p1} & L_{p2} & \cdots & L_{pp}\end{pmatrix},\ L_{ZY}=\begin{pmatrix}L_{ZY}\\ L_{2Y}\\ \vdots\\ L_{pY}\end{pmatrix}$$

根据式（3－12）和式（3－15），则

$$\beta_{(IV)}=\sum\nolimits_{ZX}^{-1}\sum\nolimits_{ZY},\ \hat{\beta}_{(IV)}=L_{ZX}^{-1}L_{ZY} \qquad (3-16)$$

由于

$$Plim\left(\frac{1}{n}L_{Zj}\right)=\sigma_{Zj},\ Plim\left(\frac{1}{n}L_{ZY}\right)=\sigma_{ZY},\ Plim\left(\frac{1}{n}L_{jl}\right)=\sigma_{jl}(j\neq l)$$

$$Plim\left(\frac{1}{n}L_{jj}\right)=\sigma_j^2,\ Plim\left(\frac{1}{n}L_{jY}\right)=\sigma_{jY},\ j,\ l=1,\ 2,\ \cdots,\ p$$

从而

$$Plim\left(\frac{1}{n}L_{ZX}^{-1}\right)=\sum\nolimits_{ZX}^{-1},\ Plim\left(\frac{1}{n}L_{ZY}\right)=\sum\nolimits_{ZY}$$

根据式（3－16），可得

$$Plim(\hat{\beta}_{(IV)})=\beta_{(IV)}$$

再根据式（3－12）和式（3－15），即得

$$Plim(\hat{\beta}_{j(IV)})=\beta_{j(IV)},\ j=0,\ 1,\ \cdots,\ p \qquad (3-17)$$

所以工具变量估计量 $\hat{\beta}_{j(IV)}$ 是模型（3－9）回归系数设定值 $\beta_{j(IV)}$ $(j=0,\ 1,\ \cdots,\ p)$ 的一致估计。但根据式（3－3）和式（3－12），则

$$Plim(\hat{\beta}_{j(IV)})=\beta_{j(IV)}\neq\beta_j,\ j=0,\ 1,\ \cdots,\ p$$

从而工具变量估计量 $\hat{\beta}_{j(IV)}$ 并不是模型（3－1）在最小均方误差准则下的回归系数设定值 β_j $(j=0,\ 1,\ \cdots,\ p)$ 的一致估计，即工具变量估计量不是最小均方误差的一致估计。

（三）工具变量估计量和普通最小二乘估计量的比较

由于模型（3－1）在采用普通最小二乘法时的回归系数设定值 β_0，β_1，…，β_p 使均方误差达到最小，从而普通最小二乘法设定的模型（3－1）的均方误差不大于工具变量法设定的模型（3－9）的均方误差，即

$$\sigma^2 = E[Y - (\beta_0 + \sum_{j=1}^{p}\beta_j X_j)]^2 \leqslant E[Y - (\beta_{0(IV)} + \sum_{j=1}^{p}\beta_{j(IV)} X_j)]^2 = \sigma^2_{(IV)} \tag{3-18}$$

所以，在均方误差意义下模型（3－1）优于模型（3－9）。也就是说，虽然普通最小二乘估计量和工具变量估计量分别是模型（3－1）和（3－9）的回归系数设定值的一致估计，但普通最小二乘估计量是最小均方误差的一致估计，而工具变量估计量并不是最小均方误差的一致估计。所以在均方误差意义下多元线性回归模型的普通最小二乘法同样优于工具变量法，即多元线性回归模型的普通最小二乘估计量同样优于工具变量估计量。

根据样本数据，记

$$\hat{Y}_i = \hat{\beta}_0 + \sum_{j=1}^{p}\hat{\beta}_j X_{ji},\ \hat{Y}_{(IV)i} = \hat{\beta}_{0(IV)} + \sum_{j=1}^{p}\hat{\beta}_{j(IV)} X_{ji}$$

由于普通最小二乘估计量 $\hat{\beta}_0$，$\hat{\beta}_1$，…，$\hat{\beta}_p$ 使残差平方和达到最小，即

$$\sum_{i=1}^{n}(Y_i - \hat{Y}_i)^2 \leqslant \sum_{i=1}^{n}(Y_i - \hat{Y}_{(IV)i})^2$$

从而

$$R^2 = \frac{\sum_{i=1}^{n}(\hat{Y}_i - \bar{Y})^2}{\sum_{i=1}^{n}(Y_i - \bar{Y})^2} \geqslant R^2_{(IV)} = \frac{\sum_{i=1}^{n}(\hat{Y}_{(IV)i} - \bar{Y})^2}{\sum_{i=1}^{n}(Y_i - \bar{Y})^2} \tag{3-19}$$

即对每一个样本，采用普通最小二乘法时的样本可决系数 R^2 不小于采用工具变量法时的样本可决系数 $R^2_{(IV)}$，所以多元线性回归模型的普通最小二乘估计量在拟合优度意义下同样也优于工具变量估计量。

四、结　　语

计量经济模型大多为随机解释变量模型，目前的计量经济理论认为随机解释变量模型的普通最小二乘估计量可能不一致，而工具变量估计量则是一致估计。本文证明采用普通最小二乘法时，则随机解释变量模型按最小均方误差准则设定回归系数值，随机解释变量与随机误差都不相关，从而随机解释变量模型的普通最小二乘估计量必定是一致估计。

由于最小均方误差准则下的回归系数设定值同时也是总体矩条件下的回归系数设定值，从而工具变量法和普通最小二乘法实际上都按各自的总体矩条件设定模型的回归系数值。但工具变量法在引进工具变量时修改了原模型的总体矩条件，进而修改了原模型的回归系数设定值，所以，工具变量法设定的模型和普通最小二乘法设定的模型已是两个不同的随机解释变量模型。本文证明，虽然工具变量估计量和普通最小二乘估计量分别是各自设定模型的回归系数值的一致估计，但普通最小二

乘估计量是最小均方误差的一致估计，从而在均方误差意义下普通最小二乘估计量优于工具变量估计量。同时，在拟合优度意义下普通最小二乘估计量同样也优于工具变量估计量。也就是说，对随机解释变量模型，普通最小二乘估计量仍具有良好的统计性质。

参考文献

[1] Greene, W. H.. *Econometric Analysis* [M]. 北京：清华大学出版社，2001.

[2] Woodbridge, J. M.. *Introductory Econometrics: A Modern Approach* [M]. 北京：清华大学出版社，2007.

[3] 靳云汇，金赛男等. 高级计量经济学（上册）[M]. 北京：北京大学出版社，2007.

[4] 陈希孺，王松桂. 近代回归分析 [M]. 合肥：安徽教育出版社，1987.

初中生课外补习的影响因素研究

——来自 CEPS 的调查数据分析①

吴翌琳②　朱枫怡③

摘　要：课外补习由于依附于主流教育，主要以提高学生学习成绩为目标，因此被称为影子教育（shadow education）。目前，国家有关课外补习的政策并不多，这使得课外补习处于相对缺少监督和控制的环境。研究者、教育规划者以及政府决策部门对此的数据搜集很少。然而，近十年课外补习的蓬勃发展使得人们不得不把目光投向它，对课外补习进行深入的研究已经成为迫切以及极具价值的课题。本文通过对上海市 12 所初中进行抽样调查，对现阶段我国初中生课外补习的规模、强度、支出及其影响因素进行了分析与探讨。研究显示：参加课外补习的学生规模庞大。九年级比七年级课外补习的强度更大。课外补习支出与家庭经济水平呈正比例关系。性别、年级、成绩排名、家庭经济水平和父亲受教育水平对学生的补习参与概率都有非常显著的正影响。户口类型和学校水平对学生的补习参与概率没有影响。年级和父亲受教育水平对课外补习强度有显著影响。性别、成绩排名、户口类型、家庭经济水平、学校水平对课外补习的强度没有显著的影响。年级、父亲受教育年限和家庭经济水平对课外补习支出有显著的影响，性别、成绩排名、户口类型和学校水平对课外补习支出没有显著的影响。

关键词：课外补习　补习强度　Logistic 回归

Research on the Influence Factors of the Junior Middle School Students' After-school Tutoring—Evidence from CEPS

Wu Yilin　Zhu Fengyi

Abstract: Because the after-school tutoring is attached to the mainstream education, some researchers call it the shadow education. At present, China has not many policies about regulating the tutoring market, which makes the tutoring run under insufficient supervision and control. The researchers, education planners and government decision-makers collect little data about it. The last decade, however, has seen

---

① 本研究的数据来自于中国人民大学中国调查与数据中心（NSRC）设计与实施的大型追踪调查项目中国教育追踪调查（CEPS），作者在此深表感谢！

② **吴翌琳**，女，1983 年生，广东潮州人，中国人民大学统计学院、中国调查与数据中心副教授，硕士生导师，中国人民大学应用统计科学研究中心研究员，经济学博士。研究方向为经济社会统计分析。

③ **朱枫怡**，女，1995 年生，浙江湖州人，北京大学数学科学学院应用统计专业研究生，研究方向为大数据应用。

the vigorous development of after-school tutoring. In-depth study of after-school tutoring has become a very valuable issue. Based on data collected from 12 junior high schools in Shanghai, the paper uses the methods of literature analysis and questionnaire investigation to analyze the scale, intensity, cost and its influencing factors of the after-school tutoring. Research shows that the scale of after-school tutoring is huge. The after-school tutoring intensity of the Ninth grade students is greater than the seventh grade's. The after-school tutoring cost increases in proportion to the family economic status. Gender, grade, academic performance, family economic status and father's education level have significant positive impact on student's participation rate of after-school tutoring. Account type and school rank have no effect on student's participation rate of after-school tutoring. Grade and father's education level have significant positive impact on student's after-school tutoring intensity. Gender, academic performance, account type, family economic status and school rank have no effect on student's after-school tutoring intensity. Grade, father's education level and family economic status have significant positive impact on student's cost on after-school tutoring. Gender, academic performance, account type and school rank have no effect on student's cost on after-school tutoring.

Key words: After-school tutoring, Tutoring Intensity, Logistic regression

一、问题的提出

课外补习不仅在中国，在各个国家和地区都很普遍。无论在发达国家如美国、加拿大、英国等地，还是发展中国家如津巴布韦、肯尼亚、柬埔寨等地，课外补习的现象都很普遍①。课外补习一方面成为了学生巩固课堂知识、提高学习成绩的途径；另一方面，一些学者也非常担心其社会效应。M. 布雷（Mark Bray）指出："教育补习看上去成为了一种维持社会不公平的机制，并有可能加剧社会的不公平。有一些地方教育补习的类型比较极端，它们可能对整个社会的稳定都产生了威胁。"②

由于各国的国情不同，各国政府对待课外补习的政策也不尽相同，主要分为以下四类。(1) 完全放任型。有些国家政府感到不能或者不愿意对课外补习采取任何措施。这种情况可以分为两种类型，一种是由于政府比较弱，没有能力对补习进行管制。大多数的非洲国家就是如此。另外一种类型是政府肴能力监管课外补习，但是，他们认为这是政府职责之外的事情。他们认为，这些补习规模比较小，不太重要，或者他们宁愿把这些问题交给市场去办。③ (2) 鼓励引导型。泰国、我国台湾、新加坡、菲律宾当属此类。泰国学者 R. 劳（Rattana Lao, 2014）在其论文中，运用文献分析和半结构化采访对泰国政策制定者进行了访问，得到的结论是：泰国政府把课外补习视为市场化的产物，学生是顾客，辅导老师是服务者，辅导老师的存在促进了泰国经济发展和劳动力就业。④ 我国台湾学者战和胜利（Zhan &

① 补习教育的地域延展及其社会效应分析．陈全功．比较教育研究，2013 (3).

② Mark Bray: The ShadowEducation System: Private Tutoring and Its Implications for Planners. Paris, UNESCO 1999 (First edition), 2007 (Second edition), 17.

③ 城市义务教育阶段学生课外补习研究．唐丽静．硕士学位论文．华中师范大学，2009.

④ Rattana Lao (2014) Analyzing the Thai state policy on private tutoring: the prevalence of the market discourse, Asia Pacific Journal of Education, 34: 4, 476 - 491, DOI: 10.1080/02188791.2014.960799.

Shengli，2014）在其论文中研究了我国台湾执政当局对课外辅导产业的政策变化，得到的结论为“市场为主，政府管理”（*market mechanism and government regulation*），即政府不提供辅导服务或者财政资助辅导服务，但是辅导服务的发展需要在政府的管理下进行。[①]（3）规范控制性。我国澳门、美国属于此类。我国澳门教育暨青年局（DSEJ）是澳门特别行政区（SAR）的教育主管部门，它制定了一系列政策法规来管理辅导机构的运行，例如安全措施、辅导教师执业资格证等等。DSEJ 还成立了多家专门针对低收入家庭的辅导机构。[②] 在美国，校外补习是以特许权形式给大公司，由这些公司提供标准化服务以及更广范围的项目，校外补习已成为一种专业的服务行业。[③]（4）完全禁止型。韩国属于此类。韩国政府自 20 世纪 60 年代晚期开始关注补习问题，在 20 世纪 80 年代、90 年代都曾禁止任何形式的补习。事实上，实行这种政策并未起到作用，补习活动禁而不绝，从 2000 年开始，政策逐渐放松对课外补习的管制，课外补习教育变得合法化。[④]

M. 布雷（2015）指出，课外补习会产生一些正面影响，例如，发展教育系统是日本及韩国社会经济崛起的重要因素。影子教育也起到一定的作用，只是在带来正面效应的同时，补习也引致多方压力。有些课外补习能帮助学生完成课程，填补孩子的课外时间，并改善兼职教师的收入。然而，课外补习也有许多负面效应，过度的补习会给孩子带来额外的压力。同时，如果完全将课外补习交由市场力量来支配，则很可能导致甚至加剧社会的不公平。因而，考虑到整个社会和大众的利益，政府需要对课外补习进行适当管控。

在中国，政府往往出于素质教育的理由对课外补习活动进行管制。然而，补习机构、学校往往会通过各种方式例如转移阵地、变更名目等方法继续给家长和学生提供补习服务。如何让政府调整政策，更加积极地引导补习市场的发展？这需要深入地研究课外补习产生的环境。当今中国课外补习呈现怎样的格局？课外补习给学生造成了怎样的影响？不同类型、不同层级、不同家庭背景的学生在参加课外补习上有无差异？上述问题的深入研究，对政府制定政策规范补习市场、家庭选择课外补习有重要的指导意义。

二、研究目的以及意义

（一）研究目的

本文应用中国人民大学中国调查与数据中心（NSRC）设计与实施的大型追踪

---

① Shengli Zhan（2014）The private tutoring industry in Taiwan：government policies and their implementation，Asia Pacific Journal of Education，34：4，492 – 504，DOI：10.1080/02188791.2014.960796.

② Titus Siu Pang Li & Ben Cheong Choi（2014）Private supplementary tutoring in Macao：past，present and the future，Asia Pacific Journal of Education，34：4，505 – 517，DOI：10.1080/02188791.2014.978743.

③ 补习教育的地域延展及其社会效应分析．陈全功．比较教育研究，2013（3）.

④ 城市义务教育阶段学生课外补习研究．唐丽静．硕士学位论文．华中师范大学，2009.

调查项目中国教育追踪调查（CEPS）的数据，对上海市12所中学进行了比较全面、深入的研究，旨在向读者展示一个较为清晰和全面的关于补习教育的全景，探讨初中学生课外补习的规模、强度、支出及其影响因素，帮助家长更理智地为孩子选择合适的课外补习，也为政府制定政策，规范补习市场透明化、多样化提供建议和意见。

（二）研究意义

1. 对家长选择课外补习有参考意义

家长为孩子选择课外补习班，往往不考虑孩子是否有兴趣去上，甚至不考虑孩子是否有必要去上，而只是考虑其他家长是否让孩子参加了同样的补习班，自己的孩子不能落于人后。这是一种盲从、非理性的行为。让家长意识到课外补习的非必须性意义深远。

2. 对学生的时间管理、身心健康发展具有参考意义

学生将大量时间花在了补习上，没有时间用来娱乐、社交以及运动，这对学生树立时间管理意识，培养兴趣爱好以及身心健康发展都是不利的。让学生学会放弃不必要的补习投入，换取更多属于自己的时间用来娱乐、社交、培养兴趣爱好，这对学生的综合素质发展以及心理健康建设具有深远意义。

3. 对政府合理规范补习市场具有参考意义

课外补习冲击了学校正规教育。学校教师不认真教课，而把精力放在补习班上。同时，课外补习市场消费者和服务提供方冲突频繁，缺少合理的维权机制。最重要的是，补习市场存在的社会经济不公、性别不公、地域不公没有引起足够的关注。本次研究，将用数据揭示不公平现象存在的各个维度，为政策制定者合理规范补习市场提供现实依据。

三、研究设计

（一）核心概念界定

本研究中，课外补习只针对主课而言，譬如语文、英语、数学，不包含体育、舞蹈、音乐等不需要参加正规考试的课程。它也不包含老师、家庭成员或他人提供的免费的学习辅导。课外补习是一种收费的活动，并且不发生在标准学校（standard school）内。

（二）研究对象

本次调查将上海市所辖18个县（区）作为一个抽样框，从中抽取3个县

(区)作为样本。具体而言，在抽样框中，由于上海市多个县（区）拥有大量外来流动人口，为了更好地反映这种特殊性，在抽样时首先从上海市全部 18 个县（区）中抽取 1 个县（区）作为抽样框的核心样本，再将 18 个县（区）中拥有大量流动人口的 13 个县（区）作为一个子抽样框，从中抽取 2 个县（区）作为抽样框的补充样本。样本规模 1408 名，其中包括七年级学生 821 名（其中女生 407 名），九年级学生 587 名（其中女生 289 名）。①

（三）研究内容

针对已有研究的缺陷与不足，笔者在本文中主要探究以下三个问题。

（1）了解上海市初中生接受课外补习的基本状况，包括补习的规模、补习的强度、补习的支出、效果等。

（2）探讨上海市初中生参加课外补习的影响因素，个人因素如性别、所在年级，家庭因素如家庭经济条件、父母受教育水平，社会因素如学校类型、学校水平等。

（3）通过对上海市课外补习现状以及影响因素的探讨，希望给读者描述一个较为清晰和全面的关于补习教育的全景，帮助家长正确为孩子选择课外辅导；同时，关照学生自身的身心健康发展，给其更多自我时间的支配权；为教育行政部门提供一些参考意见，为国家制定有效的教育政策提供有力的依据。

四、研究结果

（一）课外补习的基本状况

我国政府的课外补习政策是“混合型”，即针对不同性质（取决于“谁”供给）的课外补习采取不同的政策：教育部先后出台的《关于在小学减轻学生过重负担的紧急通知》和《关于加强基础教育办学管理若干问题的通知》，对学校举办特长班、超常班、实验班等行为，持“不准”或“报经批准”的态度。在职学校教师提供课外补习一直倍受争议，比如我国的“有偿家教”，全国各地的“有偿家教”政策可分类如下：一是明令禁止——以温州市、武汉市、济南市为例；二是允许存在但应规范——以金华市、南京市为例；三是不提倡也不明文禁止——以广州市、舟山市为例。政府对非在职教师“家教”尤其是大学生“家教”持认可态度，甚至积极鼓励。②

在这样的混合型政策下，课外补习无论遭受阻力还是推力，都如雨后春笋一般蓬勃生长，发展出了一对一、多对一、一对多等多种教学方式，补习科目由单科补

---

① http://ceps.ruc.edu.cn/assets/admin/org/ueditor/php/upload/20150415/142907870290.pdf.

② 徐政法．国内课外补习研究回顾与展望［J］．教学研究，2009（1）.

习到综合补习，补习机构由提供单一服务到各种服务一条龙包办，从而表现出更多商品经营的特点，成为教育产业的一道亮丽的风景线。

1. 规模

（1）参加补习的学生数量庞大。被调查的学生中总共有1408名，其中参加补习的有996名，占总人数的70.94%；未参加补习的有408名，占总人数的29.06%。可见，参加补习的人数比例比较大。

从教育的不同阶段来看，七年级初中生参加课外补习的比例为68.42%，九年级初中生参加课外补习的比例为74.45%，可见六成以上的初中生都参加了课外补习，课外补习市场需求巨大。

（2）不同背景下的学生参加补习情况比较。将指标分为三类：个人指标、家庭指标、社会指标。其中个人指标包括学生的性别、年级、成绩排名、户口类型，家庭指标包括学生的家庭经济水平、父亲的受教育水平，社会指标包括学校的水平。

选取学生性别、年级、成绩排名以及户口类型作为学生个人背景的指标，对四个指标下学生课外补习参与情况进行分析。

从性别来看，女生比男生有更大的补习比例。见表4-1所示。女生参加课外补习的比例为75.5%，男生为66.6%，低于女生近9个百分点。可见，女生比男生更加积极地参加补习。

表4-1　　不同性别的学生参加课外补习的比例

性别	参加课外补习的比例（%）	总人数（人）
男	66.6	707
女	75.5	691

资料来源：笔者整理。

从年级来看，九年级比七年级有更高的补习比例。见表4-2所示。九年级参加课外补习的比例为74.4%，七年级为68.4%，低于九年级6个百分点。可见，面对初升高的压力，九年级选择参加课外补习的人数比例升高了。

表4-2　　不同年级的学生参加课外补习的比例

年级	参加课外补习的比例（%）	总人数（人）
七年级	68.4	817
九年级	74.4	587

资料来源：笔者整理。

从成绩排名来看，排名中上的学生参加课外补习的比例最高，为75.7%，其次是排名很好的学生，为75.0%，排名不好的学生补习比例最低，为56.8%（见表4-3）。

表4-3　　不同成绩排名的学生参加课外补习的比例

成绩排名	参加课外补习的比例（%）	总人数（人）
不好	56.8	118
中下	67.0	261
中等	69.8	374
中上	75.7	482
很好	75.0	160

资料来源：笔者整理。

从户口类型来看，本县（区）户口的学生参加课外补习的比例比外县（区）高。见表4-4所示，本县（区）参加课外补习的比例为73.5%，外县（区）参加课外补习的比例为66.1%，低于本县（区）学生7个百分点。

表4-4　　不同户口类型的学生参加课外补习的比例

户口类型	参加课外补习的比例（%）	总人数（人）
外县（区）	66.1	481
本县（区）	73.5	923

资料来源：笔者整理。

这里选取父亲受教育背景和家庭经济水平作为学生家庭背景的指标，对两个指标下学生课外补习参与情况进行分析。

研究者发现，家庭经济水平越高，学生参加课外补习比率越大。见表4-5所示。很富裕家庭的学生参加补习的比例为80.0%，非常困难家庭的学生参加补习的比例为0.0%。很富裕家庭学生参加补习的比例比比较困难家庭参加补习比例足足高了24.2个百分点。

表4-5　　不同家庭经济水平的学生参加课外补习的比例

家庭经济条件	参加课外补习的比例（%）	总人数（人）
非常困难	0.0	7
比较困难	55.8	86
中等	70.8	1146
比较富裕	84.1	151
很富裕	80.0	10

资料来源：笔者整理。

从父亲的受教育程度来看，父亲受教育程度越高，学生参加课外补习的比例越高。见表4-6所示，父亲受教育水平为研究生及以上的学生参加补习的比例达到

87.5%，父亲受教育水平为小学学历的学生参加补习的比例为47.1%，低于前者30个百分点。两者存在差异。

表4-6　　不同父亲受教育水平的学生参加课外补习的比例

父亲受教育水平	参加课外补习的比例（%）	总人数（人）
没受过任何教育	1.0	2
小学	47.1	51
初中	58.4	310
中专/技校	68.4	174
职业高中	79.3	58
高中	69.6	293
大学专科	81.1	180
大学本科	81.4	285
研究生及以上	87.5	48

资料来源：笔者整理。

这里选取学校水平和农业户口学生所占比例作为学生社会背景的指标，对两个指标下学生课外补习参与情况进行分析。

从学校的水平看，最好学校的学生参加课外补习的比例最大。见表4-7，最好学校学生的课外补习比例达到89.3%，其次是中间学校，比例为70.5%，中上学校学生参加课外补习的比例最低，比例为68.9%。可见，越好的学校，学生的竞争越激烈，参加课外补习的学生比例越大。

表4-7　　不同学校水平的学生参加课外补习的比例

学校水平	参加课外补习的比例（%）	总人数（人）
中间	70.5	220
中上	68.9	1062
最好	89.3	122

资料来源：笔者整理。

从农业户口学生所占比例来看，农业户口占比低于25%的学校的学生参加课外补习的比例高于农业户口占比为25%到60%的学校的学生。见表4-8所示，农业户口占全校比重低于25%的学校，学生参加课外补习的比例为79.1%，农业户口占全校比重达到25%～60%的学校，学生参加课外补习的比例为57.6%，低于前者近22个百分点。

表 4 – 8　　不同农业户口学生比重的学校参加课外补习的比例

户口类型农业户口比重	参加课外补习的比例（%）	总人数（人）
低于 25%	79.1	868
25% ~60%	57.6	536

资料来源：笔者整理。

2. 强度

笔者选择补习时间支出和补习科目数作为强度的测量指标。在参加补习的学生中，多数学生参加了一门补习。总共有 997 名学生参加了课外补习，其中参加 1 门的比例最高，达到 31.49%，其次依次是 2 门和 3 门，比例分别为 29.79%、22.67%，参加 4 门的学生也不少，占 11.53%，有 4.51% 的学生补习的科目数达到了 5 门或 5 门以上。具体见表 4 – 9 所示。

表 4 – 9　　不同补习科目数的人数分布

科目数	总人数（人）	比例（%）
1	314	31.49
2	297	29.79
3	226	22.67
4	115	11.53
5	37	3.71
6	4	0.4
7	2	0.2
8	1	0.1
11	1	0.1
总计	997	100

资料来源：笔者整理。

（1）九年级比七年级人均补习科目数更多。在参加补习的调查对象中，九年级的人均补习课目数为 2.43 节，七年级为 2.19 节，比九年级少了 0.24 节。在九年级学生中，补习 2 门课的学生占比最多，为 34.93%，其次依次是 3 门课和 1 门课，比例分别为 26.03%、22.6%。在七年级学生中，补习 1 门课的学生占比最多，为 38.46%，其次依次是 2 门课和 3 门课，比例分别为 25.76%、20.04%（见表 4 – 10、表 4 – 11）。

表 4 - 10　　九年级不同补习科目数的人数分布

科目数	总人数（人）	比例（%）
1	99	22.6
2	153	34.93
3	114	26.03
4	53	12.1
5	15	3.42
6	2	0.46
8	1	0.23
11	1	0.23
总计	438	100

资料来源：笔者整理。

表 4 - 11　　七年级不同补习科目数的人数分布

科目数	总人数（人）	比例（%）
1	215	38.46
2	144	25.76
3	112	20.04
4	62	11.09
5	22	3.94
6	2	0.36
7	2	0.36
总计	559	100

资料来源：笔者整理。

另外，从补习的科目类别来看，九年级比七年级更倾向于补习主课。对于七年级来说，排在前两位的科目分别英语、数学，比例分别是 36.2%、27.3%；对于九年级来说，排在前两位的科目分别是数学、英语，比例分别是 52.5%、51.6%。具体而言，七年级与九年级相比，参加的课程里，比例减少的科目有奥数（6.1% ~ 2.9%）、绘画（12.5% ~6%）、书法（6.5% ~3.2%）、音乐/乐器（19.1% ~ 12.9%）、舞蹈（5.1% ~4.3%）、棋类（2.3% ~1.4%）和体育（11.8% ~ 4.4%），比例提高的科目有普通数学（不包括奥数，27.3% ~52.5%）、语文/作文（17.7% ~25.2%）、英语（36.2% ~51.6%）和其他（5% ~17%）。具体分析其他一项，词频统计的结果表明，七年级（样本量 41）【其他】中，物理占 31.7%，化学占 0%，九年级（样本量 101）【其他】中，物理占 69.3%，化学占 37.6%，同时补习物理和化学的占 25.7%。

分析结果表明，进入九年级，学生的人均补习科目数增加了，补习科目变了，由舞蹈、体育等文体素质课转移到了数、理、化、语、英五大主课。学生们主要的精力被用来准备中考。随着中考日渐逼近，学生对补习市场的需求更大。

（2）学生接受课外补习的时间较长，学业繁重。从每周参加补习的时间来看，在参加补习的学生中，平均补习时间为 1.25 小时，最多的一位学生每周用来补习的时间长达 24 小时。七年级学生平均每周补习 0.91 小时，九年级学生平均每周补习 1.68 小时。这说明了学生接受补习的强度在临近中考时更大。与此同时，此次调查表明，对于平均每天完成补习班布置的作业的时间，七年级和九年级分别为 0.97 小时、1.42 小时，对于平均每天完成学校作业的时间，七年级和九年级分别为 2.66 小时、3.55 小时。也就是说，在参加补习的学生中，一个学生平均每天用在学习上的时间，七年级和九年级分别为 4.54 小时、6.65 小时。由此可见，在上海市，初中生的课业负担非常繁重，繁重的课业负担会引发多方面问题，教育部门应当遏制此类风险的发生。

3. 支出

调查发现，参加课外补习的学生每学期的课外补习费用平均为 4866.92 元，上海市 2014 年城市居民家庭人均可支配收入为 47710 元①，占上海市 2014 年城市居民家庭人均可支配收入的 10.20%。支出最多的一个家庭每学期支付的补习费用高达 70000 元。

（1）课外补习支出与家庭经济水平呈正比例关系。见表 4－12 所示。在参加课外补习的学生中，学生家庭经济水平越高，其课外补习支出越大。家庭经济水平为非常富裕的学生每学期在课外补习上的平均支出为 11833.3 元，家庭经济水平分别为比较富裕、中等的学生每学期在补习上的平均支出分别为 5556.08 元、4728.53 元，而家庭经济水平为比较困难的学生每学期在补习上的平均支出为 2852.27 元。可见，课外补习支出与家庭经济水平成正比例关系，随着家庭经济水平提高而增加。

表 4－12　　学生家庭经济水平与课外补习支出

学生家庭经济水平	平均课外补习支出（元）	人数（人）
比较困难	2852.2727	44
中等	4728.5341	734
比较富裕	5556.0781	107
很富裕	11833.333	6
合计	4866.9158	891

（2）不同背景的学生课外补习支出差异比较。将指标分为三类：个人指标、家庭指标、社会指标。其中个人指标包括学生的性别、年级、成绩排名、户口类

① http：//www.stats-sh.gov.cn/xwdt/201501/276502.html.

型，家庭指标包括学生的家庭经济水平、父亲的受教育水平，社会指标包括学校的水平。

从性别看，见表4－13所示，参加补习的女生每学期在课外补习上的平均支出比男生高，前者为5486.76元，后者为4168.67元。

从年级来看，参加补习的九年级学生每学期在课外补习上的平均支出比七年级高，前者为6435.18元，后者为3689.70元，差异显著。

从成绩排名看，参加补习的学生中，成绩最好学生每学期在课外补习的平均支出最高，为5731.70，远远高于成绩中下、中上、中等、不好的平均支出，分别为4844.27元、4825.70元、4675.14元和4658.25元。除了成绩最好的学生的平均每学期支出，其他成绩的学生的支出差异并不大。

从户口类型来看，参加补习的本县（区）学生每学期在课外补习的支出略大于外县（区）学生，前者为4927.66元，后者为4734.18元。

从父亲受教育水平来看，参加课外补习的学生中，父亲受教育水平为大学本科的学生每学期平均课外补习支出最大，为6041.58元，其次依次为研究生及以上、职业高中、中专/技校、大学专科、高中，分别为5745.49元、5728.57元、5106.10元、5003.83元和4077.95元，父亲受教育水平为初中及以下的每学期平均课外补习支出都不超过3000元。总体来看，父亲受教育水平越高，孩子补习支出也越大。

从学校水平来看，参加课外补习的学生中，最好学校的学生每学期平均课外补习支出最大，为8770.7元，其次依次为中下和中上学校，其支出分别为4675.07元和4375.64元。最好学校学生平均每学期补习支出是中上学校的2倍多，差距巨大。

表4－13　　不同背景的学生课外补习支出差异比较

	每学期课外补习支出均值（元）	样本量
男	4168.6659	419
女	5486.7606	472
七年级	3689.7039	510
九年级	6435.1775	383
成绩排名		
不好	4658.2456	57
中下	4844.4744	156
中等	4675.1381	239
中上	4825.7019	322
很好	5731.6964	112
外县（区）	4734.1828	279
本县（区）	4927.6629	614

续表

	每学期课外补习支出均值（元）	样本量
父亲受教育水平		
没受过任何教育	3500	2
小学	3605.9048	21
初中	3692.5641	156
中专/技校	5106.0952	105
职业高中	5728.5714	42
高中	4077.9505	182
大学专科	5003.8298	141
大学本科	6041.5845	207
研究生及以上	5745.4865	37
学校排名		
中间	4675.069	145
中上	4375.6444	658
最好	8770.7	90

资料来源：笔者整理。

（二）参加课外补习的影响因素分析

反映课外补习行为的指标有补习概率、补习强度和补习支出，以这三个指标作为回归模型的被解释变量。根据文献分析以及前面的研究，这里选取性别、年级、成绩排名、户口类型、学生的家庭经济水平、父亲的受教育水平以及学校的水平作为这三个被解释变量的解释变量。

1. 学生参加课外补习概率的影响因素研究

学生是否参加课外补习是一个二元决策问题。这里用 0 表示学生没有参加课外补习，1 表示学生参加了课外补习，建立二元 Logistic 回归模型：

$$\ln\left(\frac{p}{1-p}\right)=f(gender, grade, strank, hkplace, steco, stfedu, schrank)$$

在模型中，p 表示学生参加补习的概率，$(1-p)$ 表示学生未参加补习的概率，模型中的因变量是上海市初中生补习参与的对数似然比，即 $\ln\left(\frac{p}{1-p}\right)$，它是事件发生概率 p 的转换。

Gender 代表性别水平，1 表示男生，2 表示女生。

Grade 代表年级，1 代表九年级，0 代表七年级。

Strank 代表学生成绩排名，1、2、3、4、5 依次代表不好、中下、中等、中上、很好。

Hkplace 代表户口类型，1 代表本县（区），0 代表外县（区）。

Steco 代表学生家庭经济水平，1、2、3、4、5 依次代表非常困难、比较困难、中等、富裕、比较富裕。

Stfedu 代表学生父亲受教育水平，原始数据中，1 ~9 依次代表没受过任何教育、小学、初中、中专/技校、职业高中、高中、大学专科、大学本科、研究生及以上。在本文的分析中用受教育年限来替代，分别为0、6、9、12、12、12、15、16、19。

Schrank 代表学校水平，1、2、3、4、5 依次代表不好、中下、中等、中上、最好（样本学校不存在不好和中下水平学校）。

表4 -14 是上海市初中生参加补习的 Logistic 回归分析结果。模型卡方检验的显著性水平为0.0000，通过了 1% 的显著性水平检验。Logistic 回归方程不能直接解释自变量变化对事件发生概率的影响大小，但可以分析其对 Ln[*Ps*/(1 - *Ps*)] 的影响强度。一般而言，回归系数为正，事件发生概率将增加；回归系数为负，事件发生的概率将降低。

从表4 -14 可以看出，在控制其他因素情况下，从回归系数符号可以判断，就个人因素来看，女生比男生有更高的补习概率，差异非常显著，九年级比七年级有更高的补习概率，成绩排名较好的学生比较差的学生有更高的补习概率。

虽然从回归符号来看，本县（区）户口学生比外县（区）户口学生有更高的补习概率，但是回归系数没有通过显著性检验，因此认为不同户口类型下学生的补习参与概率没有差异。

从家庭因素来看，家庭经济水平和父亲受教育水平对学生的补习参与概率都有非常显著的正影响。家庭经济水平越高，学生参加补习概率越高，父亲受教育水平越高，学生参加补习概率越高。

从社会因素来看，从回归符号来看，学校水平对学生补习概率有正影响，但是其回归系数没有通过显著性检验，因此，认为不同学校水平学生的补习参与纪律没有差异。

表4 -14　　学生参加课外补习概率的影响因素分析

解释变量	Ln(p/1 - p)
性别	1.551*** (0.195)
年级	1.389* (0.179)
成绩排名	1.131* (0.062)
户口类型	1.180 (0.157)
家庭经济水平	1.801*** (0.261)
父亲受教育水平	1.148*** (0.026)
学校水平	1.118 (0.152)
常数项	0.0140*** (0.010)
McFadden's Adj R2	0.058
N	1408

注：括号内为标准误 * p<0.05，** p<0.01，*** p<0.001。
资料来源：笔者整理。

2. 学生课外补习强度的影响因素分析

本研究以学生每学期课外补习的时间加做补习班布置的作业的时间代表该学生的课外补习强度。本研究以课外补习强度为因变量，以性别、年级、成绩排名、户口类型、学生的家庭经济水平、父亲的受教育水平以及学校的水平作为自变量建立多元线性回归方程，模型如下。

$$P = f(gender, grade, strank, hkplace, steco, stfedu, schrank)$$

在模型中，P 表示课外补习强度，由学生每学期平均每天课外补习时间与完成补习班所留作业的时间相加得，即 $P = C + H$。C 表示每学期平均每天课外补习时间，H 表示平均每天完成补习班所留作业的时间。

Gender 代表性别水平，1 表示男生，2 表示女生。

Grade 代表年级，1 代表九年级，0 代表七年级。

Strank 代表学生成绩排名，1、2、3、4、5 依次代表不好、中下、中等、中上、很好。

Hkplace 代表户口类型，1 代表本县（区），0 代表外县（区）。

Steco 代表学生家庭经济水平，1、2、3、4、5 依次代表非常困难、比较困难、中等、富裕、比较富裕。

Stfedu 代表学生父亲受教育水平，原始数据中，1 ~9 依次代表没受过任何教育、小学、初中、中专/技校、职业高中、高中、大学专科、大学本科、研究生及以上。在本文的分析中用受教育年限来替代，分别为 0、6、9、12、12、12、15、16、19。

Schrank 代表学校水平，1、2、3、4、5 依次代表不好、中下、中等、中上、最好（样本学校不存在不好和中下水平学校）。

在回归分析中，采用逐步回归法，结果见表 4 – 15。模型卡方检验的显著性水平为 0.000，通过了 1% 的显著性水平检验。我们发现，性别、成绩排名、户口类型、家庭经济水平、学校水平对课外补习的强度没有显著的影响，年级和父亲受教育年限对课外补习的强度有显著的影响，且都为正效应。即年级越高、父亲受教育年限越高，课外补习的强度越大。

表 4 – 15　　学生课外补习强度的影响因素分析

解释变量	因变量（学生课外补习的强度）
年级（以七年级为参照）	1.197*** （0.142）
父亲受教育水平	0.082*** （0.024）
常数项	0.328（0.310）
调整后的 R2	0.062
N	1408

注：括号内为标准误 $*p<0.05$，$**p<0.01$，$***p<0.001$。
资料来源：笔者整理。

3. 学生课外补习支出的影响因素分析

对于学生课外补习支出的影响因素分析，本研究采用多元线性回归模型。模型如下：

$$C = f(gender, grade, strank, hkplace, steco, stfedu, schrank)$$

C 代表本学期孩子上校外辅导班或学习兴趣班每学期所需要的费用共计。

Gender 代表性别水平，1 表示男生，2 表示女生。

Grade 代表年级，1 代表九年级，0 代表七年级。

Strank 代表学生成绩排名，1、2、3、4、5 依次代表不好、中下、中等、中上、很好。

Hkplace 代表户口类型，1 代表本县（区），0 代表外县（区）。

Steco 代表学生家庭经济水平，1、2、3、4、5 依次代表非常困难、比较困难、中等、富裕、比较富裕。

Stfedu 代表学生父亲受教育水平，原始数据中，1～9 依次代表没受过任何教育、小学、初中、中专/技校、职业高中、高中、大学专科、大学本科、研究生及以上。在本文的分析中用受教育年限来替代，分别为0、6、9、12、12、12、15、16、19。

Schrank 代表学校水平，1、2、3、4、5 依次代表不好、中下、中等、中上、最好（样本学校不存在不好和中下水平学校）。

本研究采用逐步回归法选择自变量。回归分析结果见表 4－16 所示，模型卡方检验的显著性水平为 0.000，通过了 1% 的显著性水平检验。我们发现，性别、成绩排名、户口类型和学校水平对课外补习支出没有显著的影响，年级、父亲受教育年限和家庭经济水平对课外补习支出有显著的影响，且都为正效应。即年级越高、家庭经济水平越高、父亲受教育年限越高，课外补习支出越大。

表 4－16　　学生课外补习支出的影响因素分析

解释变量	因变量（学生课外补习的强度）
年级（以七年级为参照）	2066.025*** （344.028）
父亲受教育水平	199.863*** （57.910）
家庭经济水平	1264.394*** （375.013）
常数项	－4115.404*** （1262.210）
调整后的 R2	0.045
N	1408

注：括号内为标准误 * $p<0.05$，** $p<0.01$，*** $p<0.001$。
资料来源：笔者整理。

五、结论与讨论

（一）基本结论

1. 参加课外补习的学生规模庞大

在调查的上海市 12 所中学的初中生中，超过 70% 的学生参加了课外补习。而且不同层次下学生参加课外补习的比例分布有所不同。女生比男生参加课外补习的比例更高，九年级比七年级参加课外补习的比例更高，排名靠前的学生比排名靠后的学生参加课外补习的比例更高，父亲受教育水平更高的学生参加课外补习的比例更高，家庭经济水平更好的学生参加课外补习的比例越高，水平更高的学校学生参加课外补习的比例更高。

2. 九年级比七年级课外补习的强度更大

研究发现，九年级学生平均每天花在课外补习上的时间（包括听课和完成作业）为3.10小时，七年级则为1.88小时。如果考虑完成学校老师布置作业的时间，九年级为6.65小时，七年级则为4.54小时。无论是七年级还是九年级学生，其学习强度都非常大。高强度的学习有可能会导致身体以及心理疾病的产生。

3. 课外补习支出与家庭经济水平呈比例关系

调查发现，参加课外补习的学生每学期的课外补习费用平均为4866.92元，占上海市2014年城市居民家庭人均可支配收入的10.20%。随着家庭经济水平的提高，学生每学期平均课外补习支出也显著提升。

4. 相关解释变量对学生补习行为的影响

在控制其他变量的条件下，从个人因素来看，女生比男生有更高的补习概率，差异非常显著，九年级比七年级有更高的补习概率，成绩排名较好的学生比较差的学生有更高的补习概率。从家庭因素来看，家庭经济水平和父亲受教育水平对学生的补习参与概率都有非常显著的正影响。家庭经济水平越高，学生参加补习概率越高，父亲受教育水平越高，学生参加补习概率越高。

在控制其他变量的条件下，年级和父亲受教育水平对课外补习强度有显著影响。年级越高、父亲受教育水平越高，课外补习的强度越大。性别、成绩排名、户口类型、家庭经济水平、学校水平对课外补习的强度没有显著的影响。

在控制其他变量的条件下，性别、成绩排名、户口类型和学校水平对课外补习支出没有显著的影响，年级、父亲受教育年限和家庭经济水平对课外补习支出有显著的影响，且都为正效应。即年级越高、家庭经济水平越高、父亲受教育年限越高，课外补习支出越大。

（二）讨论

1. 课外补习普遍存在，并且将长期存在

在调查样本中，超过70%的中学生参加了课外补习。可见，课外补习在我国初中已是非常普遍的现象。具体分析而言，有经济、文化和社会三方面的原因。

经济方面，随着经济的发展，社会生活的成本越来越高，家长在工作上所耗费的时间和精力越来越多，往往无暇辅导子女的学业。而家长望子成龙、望女成凤的愿望都很迫切，希望子女在学习上不落人后，因此，将子女送到课外补习班是他们认为保障和提高子女学习成绩的有效方法。

文化方面，自古以来，儒学占据我国思想的正统地位，其重视教育的思想也深深扎根于中国传统文化中。古代就有“学而优则仕”“光宗耀祖”的思想。父母以子女考入好大学为荣，子女也背负着父母的期望，为考入好大学而不懈奋斗。课外补习一定程度上巩固了考试知识点，提升了考试成绩，所以受到家长和学生的欢迎，拥有了广阔的市场。

社会方面，中国人口众多，教育资源有限。而更加稀缺的优质教育资源则是一个人未来获得更多机遇和发展的敲门砖。为了争夺极其有限的优质教育资源，学生展开了激烈的竞争。高考就是在如此严峻的环境下诞生的。虽然，高考有其评价标准单一性、片面性的局限性，但是其甄选人才的效果还是目前任何方法无法取代的。由高考产生的应试教育制度使学生必须以提高自己的考试成绩为最终目标不断努力。所以，学生参加课外补习的最终目标是为了提高自己进入好大学乃至进入上流社会的概率。

中国人口众多、竞争激烈的现状不会改变，并且会继续持续下去，有利又有弊。利在于竞争有助于提高劳动力素质、加快中国经济的发展速度，使中国尽快赶上美国的发展水平，弊在于激烈的竞争增加了人们的生活压力，加快了人们的生活节奏。

2. 学生课外补习负担重，缺少自由支配时间

研究发现，在参加补习的九年级学生中，补习 2 门课的学生占比最多，为 34.93%，其次依次是 3 门课和 1 门课，比例分别为 26.03%、22.60%。从补习的时间支出来看，九年级学生平均每天花在课外补习上的时间（包括听课和完成作业）为 3.10 小时，七年级则为 1.88 小时。如果考虑完成学校老师布置作业的时间，九年级为 6.65 小时，七年级则为 4.54 小时。也就是说，如果学生每天 8 点钟上学，4 点半放学，那么他回到家还要花 5 ~ 7 小时在学习上，勉强只能在 9 点半之前睡觉。高强度学习和不足的睡眠时间会造成学生心理压力增大，激素分泌失调，引发失眠、抑郁等心理疾病。然而减负愿望不敌升学压力，家长们在意识到孩子面临巨大的压力同时，也担心孩子万一没有参加某门补习，落于人后或者希望孩子可以通过某门补习来弥补其在相应学科的薄弱。无法否认，家长和学生都深深陷入了课外补习的“泥淖”。

3. 课外补习保持和扩大了社会差距

在我国，虽然从 2008 年秋季学期开始全部免除城市义务教育阶段公办学校学生学杂费，但是选择性教育支出和扩展性教育支出却在家庭教育支出中占据越来越重要的位置。选择性教育支出主要指教育支出中的择校费，由于涉及贪污腐败而一直受到较高的关注。与之相比，扩展性教育支出——参加课外补习的费用受到的关注较少。然而，调查发现，参加课外补习的学生每学期的课外补习费用平均为 4866.92 元，占上海市 2014 年城市居民家庭人均可支配收入的 10.20%。如果按一年计算，课外补习费用占 2014 年城市居民家庭人均可支配收入的比例高达 20.4%。唐丽静（2009）的研究发现①，课外补习负担率随着家庭年收入提高而呈

---

① 唐丽静．城市义务教育阶段学生课外补习研究［J］．武汉：华中师范大学，2009.

现累退趋势，收入水平越高，课外补习负担率越低。因此，家庭经济水平相对较高的学生参加课外补习的比例明显高于家庭经济水平相对较低的学生，而且家庭经济水平高的学生参加的课外补习班教学水平更好。这会导致家庭经济水平低的学生接受的扩展性教育质量低于家庭经济水平高的学生，成绩的提高幅度也低于后者。如果成绩的好坏决定了今后考入的大学，进而决定了今后进入的社会阶层，那么家庭经济水平低的学生显然处在不利的位置。

六、对策建议

国务院总理李克强2015年11月18日主持召开国务院常务会议，决定统一城乡义务教育经费保障机制，推进教育领域公共服务均等化，从2017年春季学期开始，统一对城乡义务教育学生（含民办学校学生）免除学杂费、免费提供教科书、补助家庭经济困难寄宿生生活费。这一举措扩大了义务教育的实施范围，由城市推广到乡村，由公办学校推广到民办学校，是教育均等化进程中里程碑的一步。然而，课外补习也是教育公平非常重要的组成部分。政府应当将注意力转移到学校外的管控之上。不仅仅是因为课外补习的内在机制，更重要的是，由于它对正规学校教育的重大影响和社会作用。

（一）对补习机构的监管

现在网络上、涂鸦墙上常常有小广告承诺“1998获取研究生文凭”“半年专升本”，理智的人都会明白这样的广告都是骗人的。课外补习存在着很多的欺诈现象，政府在杜绝补习机构欺骗行为上应该有所作为。例如，政府可以制定政策：补习机构每三年到权威部门进行资格认证；公布机构的课程结构、收费标准、教师资质和经验；必须具有足够的教师；必须有足够的安全保障等。

（二）对补习教师的监管

补习机构的一部分教师是公立学校教师兼职的，他们在补习机构中提供额外的补习。在中国，这一行为是被禁止的，尤其是公立学校的教师，而私立学校的教师在补习机构兼职则不受监管。政府可以允许公立学校教师在补习机构兼职。

（三）给予消费者透明、多样的选择

M. 布雷（2012）在其采访①中指出，政府仅靠一己之力无法监管参与影子教

---

① 刘菁菁. 东亚国家（地区）课外补习的政府监管之道——香港大学教育学院比较教育研究中心主任马克·贝磊教授专访，2012.

育的所有主体，因此，大部分政府都将希望寄托于消费者的自觉。他们通过网站、电台和电视台来发布提醒和警示。一般这些提醒包括警示消费者选择具有资质的机构，仔细阅读机构的课程介绍，了解机构的收费标准，尽量选择按月付费，保管缴费发票，选择合适的课程等。

（四）给予消费者深层次、理性的指导

政府应该指引消费者判断他们的孩子是否需要补习，为何需要补习。政府可以设立专门的信息咨询机构，建立专门的信息发布平台，供家长查询补习机构的课程，补习机构和学校在教学内容和教学风格上的区别。政府还可以制作专题电视节目，让社会各界人士共同探讨当下学生的额外课业压力以及家长如何呵护孩子的心理健康发展。政府在这一问题上必须切入重点，如果仅仅停留在表面上的规定和提醒，将无法将盲从的家长和学生从补习的“泥淖”中唤醒。

参考文献

[1] 陈全功．补习教育的地域延展及其社会效应分析．比较教育研究，2013（3）.

[2] 唐丽静．城市义务教育阶段学生课外补习研究．硕士学位论文．华中师范大学．2009.

[3] 徐政法．国内课外补习研究回顾与展望．教学研究．2009（1）.

[4] 刘菁菁．东亚国家（地区）课外补习的政府监管之道——香港大学教育学院比较教育研究中心主任马克·贝磊教授专访．2012.

[5] Mark Bray. *The Shadow Education System：Private Tutoring and Its Implications for Planners.* Paris，UNESCO 1999（First edition），2007（Second edition），17.

[6] Rattana Lao. *Analyzing the Thai state policy on private tutoring：the prevalence of the market discourse.* Asia Pacific Journal of Education，2014（34）：4，476－491，DOI：10.1080/02188791.2014.960799.

[7] Shengli Zhan. *The private tutoring industry in Taiwan：government policies and their implementation.* Asia Pacific Journal of Education，2014（34）：4，492－504，DOI：10.1080/02188791.2014.960796.

[8] Titus Siu Pang Li & Ben Cheong Choi. *Private supplementary tutoring in Macao：past，present and the future.* Asia Pacific Journal of Education，2014（34）：4，505－517，DOI：10.1080/02188791.2014.978743.

基于伊辛模型的项目推荐算法研究[①]

孙怡帆[②] 王 磊[③]

摘　要：随着互联网和电子商务发展的日新月异，如何利用已知信息对用户进行精准化推荐成为越来越重要的研究课题。在反伊辛问题的启发下，提出了基于伊辛模型的推荐算法。该算法通过最大化条件概率的似然函数确定出模型未知参数，从而计算出每个项目被推荐的可能性。此外，还针对项目属性已知的情况对算法进行改进。应用该算法分析了某漫画互联网公司脱敏后的用户－漫画收藏数据，结果表明该算法在预测准确度，推荐精确度和推荐项目多样性方面明显优于协同过滤方法和 SVD 矩阵分解算法。

关键词：伊辛模型　推荐算法　极大似然估计　条件概率

Item Recommendation Algorithm Based on Ising Model

Sun Yifan　Wang Lei

Abstract: With the rapid growth of Internet and electronic commerce, recommendation system has been increasingly important in academic field and research applications. Inspired by the inverse Ising problem, this paper puts forward an Ising-based recommend algorithm, which defines a Boltzman distribution for the data that records the items being bought, browsed or collected by a user, then estimates the couplings between any pair of items and the external parameter of a single item in model via maximizing the likelihood of the conditional probability, and thus computes the probability of a given item being recommended. The proposed algorithm keeps all the data and is easy to get parallel acceleration for the computing process. Following the similar way, an improved algorithm is proposed, which incorporates the attributes of the items. A dataset of manga, provided by a company, which includes user id and their favorites of manga, is processed in this paper. The results represent that the proposed algorithm has remarkable advantages in the accuracy of prediction, precision of recommendation and the diversity of recommended items, compared with CF and SVD recommendation algorithms.

Key words: Ising model, recommendation system, maximum likelihood method, conditional probability

---

① 基金项目：教育部人文社会科学研究项目（16YJCZH088），国家自然科学基金项目（11605288）。

② **孙怡帆**，中国人民大学统计学院，应用统计科学研究中心，副教授，研究方向为社交网络推断与最优化问题。

③ **王磊**，中国人民大学统计学院硕士，研究方向为社交网络的数据挖掘。

一、引　言

随着互联网的普及和电子商务的发展，频繁的用户行为和庞大的商品信息使得信息量大幅增长，为了提高信息利用率，解决信息超载问题，推荐系统逐渐成为电子商务及互联网技术的一个重要研究课题，受到越来越多学者的关注。

如今的推荐技术中，最常使用的是基于协同过滤的推荐方法分为基于用户（User-based）和基于项目（Item-based）的协同过滤。该方法提出的动机是人们经常从兴趣相投的朋友那里得到他们想要的推荐，由此看见协同过滤是一种典型的利用集体智慧的方法。协同过滤方法在电子邮件分类过滤，新闻、书籍、电影和音乐的推荐和评分等诸多领域有广泛应用。近些年，有关协同过滤算法的改进的拓展工作层出不穷：如帕克（Park）等人将协同过滤算法与搜索引擎相结合，在 Yahoo!门户网站实现了更准确的电影推荐；黄创光等人为了解决系统不稳定和用户评分稀疏带来的问题，提出了基于不确定近邻的协同过滤算法；贾冬艳等人提出一种基于双重邻居选取策略的算法以提高系统的抗攻击力；李瑞敏等人以重启性随机游走和二部图节点相似性为基础，建立用户、项目和标签之间两两对应关系，实现音乐的个性化推荐。

矩阵奇异值分解（SVD）也是推荐系统常见的解决方案。基于 SVD 的协同过滤方法可以实现用户 - 项目评分矩阵的降维。通过用户行为和资源使用信息建立满意度评分体系，对 SVD 的协同过滤算法进行改进，可以解决大量资源匹配的逐步复杂化问题。对于高维矩阵，还可以将社交网络中的信息综合到推荐系统中，利用矩阵分解方法提高推荐准确性。

还有一类基于相似度的推荐方法。这类方法通过用户或项目的相似程度来进行项目推荐，常用的相似度评价指标有同邻（CN）、Jaccard 指标、资源分配指数（RA）、偏好链接指标（PA）、Katz 指标和局部路径指标（LP）等。除此之外，还有基于扩散的推荐方法如热扩散算法（HDiff）和多级传播算法（MultiS），以及考虑社交关系的社会过滤算法如信任感知推荐系统等，详见。

本文提出一种概率模型下的推荐算法。按照最大熵原理，用户购买行为服从伊辛模型在温度等于 1 时的玻尔兹曼分布。采用伪极大似然方法计算出分布中的未知参数，从而根据条件概率为用户推荐项目。此外，还针对已知项目属性的情况，对上述推荐算法进行了改进。数值实验结果表明该算法相比于已有推荐算法在推荐准确度和多样性方面有显著提升。

二、基于伊辛模型的项目推荐算法

（一）模型的建立

假定有 M 个用户和 N 个项目，已知每个用户购买或收藏部分项目：$\sigma_i^{(l)}=1$ 表示用户 i 已购买（或收藏、浏览）$\sigma_i^{(l)}=-1$ 则表示未收藏或购买。该信息可表示为矩阵形式（见图 2-1 所示），其中行代表用户，列代表项目。矩阵第 1 行元素表示用户 1 的购买行为，记为 $\sigma^l=\{\sigma_1^{(l)},\ \sigma_2^{(l)},\ \cdots,\ \sigma_N^{(l)}\}$；矩阵第 i 列元素表示项目 i 的被购买情况。

user \ item	1	2	…	N
1	1	-1	…	-1
2	-1	1	…	1
⋮	⋮	⋮	⋮	⋮
M	-1	-1	…	-1

图 2-1　推荐系统中的用户-项目关系矩阵

资料来源：笔者整理。

为用户 l 的购买行为 $\sigma^{(l)}$ 定义如下概率分布：

$$P(\sigma^{(l)})=\frac{1}{Z}\exp\left(\sum_{i<j}J_{ij}\sigma_i^{(l)}\sigma_j^{(l)}+\sum_i h_i\sigma_i^{(l)}\right) \tag{2-1}$$

式（2-1）中 Z 是配分函数，J_{ij} 是耦合常数，表示项目 i 和项目 j 之间的关系。$J_{ij}>0$ 表示项目之间呈正关系，$J_{ij}<0$ 则表示负相关，J_{ij} 的绝对值越大表示两个项目的关系越强。h_i 是外部场，表示用户对某个项目特定的倾向性。h_i 的正负号代表了所有用户对 σ_i 项目的整体偏好，$h_i>0$ 则表示购买某项目的可能性较高，反之表示可能性较小。

式（2-1）就是统计物理中著名的铁磁伊辛模型在温度等于 1 时的玻尔兹曼（Boltzman）分布。伊辛模型是磁性系统一个比较粗糙的模拟，是统计物理中迄今为止唯一一个同时具备表述简单、内涵丰富、应用广泛这三种优点的模型。提出该模型最初是为了解释铁磁物质相变，即铁磁物质在加热到一定临界温度以上会出现磁性消失，而降温到临界温度以下又会表现出磁性的现象。如见，该模型的应用范围已拓展到生物信息、社会动力学、机器学习等诸多领域。

事实上，给定项目 i 的平均购买信息（统计物理中称为磁矩）：

$$m_i\equiv\frac{\sum_{l=1}^{M}\sigma_i^{(l)}}{M} \tag{2-2}$$

和项目协方差

$$c_{ij} \equiv \frac{\sum_{l=1}^{M} \sigma_i^{(l)} \sigma_j^{(l)}}{M} - m_i m_j \tag{2-3}$$

熵最大的分布即为式（2－1）。由于熵代表不确定性，由此看出式（2－1）就是满足已知条件中最符合实际情况的分布。

（二）参数估计

想要确定分布式（2－1）的具体形式，需要确定两个未知参数族 $\{J_{ij}\}$ 和 $\{h_i\}$ 的值，这就是所谓的反伊辛问题。极大似然是最容易想到的解决办法。但由于分布中配分函数 Z 的存在，导致直接最大化分布式（2－1）的似然函数十分困难。针对这一问题，Aurell 和 Ekeberg 在 2012 年提出了伪极大似然方法，即最大化条件概率的似然函数。该方法计算简单，并且由于将所有数据用了 N 次，因此提高了参数估计的准确度。本文采用该方法进行参数估计。

假定用户 e 的购买行为满足分布式（2－1），则该用户对项目 i 的购买行为 $\sigma_i^{(l)}$ 的条件概率为：

$$P_{\{h,J\}}(\sigma_i^{(l)} \mid \sigma_{\setminus i}^{(l)}) = \frac{1}{1 + e^{-2\sigma_i^{(l)}[\sum_{i \neq j} J_{ij}\sigma_j^{(l)} + h_i]}}, \tag{2-4}$$

式（2－4）中 $\sigma_{\setminus i}^{(l)} = (\sigma_1^{(l)}, \cdots, \sigma_{i-1}^{(l)}, \sigma_{i+1}^{(l)}, \cdots, \sigma_N^{(l)})$ 表示用户 l 对除项目 i 以外其他项目的购买行为。将 $\sigma_i^{(l)}$ 视为因变量，补集 $\sigma_{\setminus i}^{(l)}$ 为自变量，则对于给定 M 个用户的购买行为，参数 h_i 和 $J_i = \{J_{ij}\}_{i \neq j}$ 的伪极大似然估计就是求下式的最小值：

$$f_i(h_i, J_i) = -\frac{1}{M}\sum_{l=1}^{M} \ln P_{\{h,J\}}(\sigma_i^{(l)} \mid \sigma_{\setminus i}^{(l)}). \tag{2-5}$$

在估计参数时，分别以 σ_i 和 σ_j 作为因变量会给出两个不同的耦合常数 $J_{ij}^{*,i}$ 和 $J_{ij}^{*,j}$，因此，为简单起见，这里取两者的均值作为参数的估计值：$J_{ij}^{*} = \frac{1}{2}(J_{ij}^{*,i} + J_{ij}^{*,j})$。

为了估计未知参数，需要对目标函数（2－5）求偏导。对于 J_i，由于其是一个参数集合，故需要对其中的每一个参数 J_{ij} 求偏导：

$$\frac{\partial f_i}{\partial J_{ij}}(h_i, J_i) = \frac{1}{M}\sum_{l=1}^{M} \frac{-2\sigma_i^{(l)}\sigma_j^{(l)}}{e^{2\sigma_i^{(l)}[\sum_{i \neq j} J_{ij}\sigma_j^{(l)} + h_i]} + 1}. \tag{2-6}$$

同样地，对 h_i 求偏导：

$$\frac{\partial f_i}{\partial h_i}(h_i, J_i) = \frac{1}{M}\sum_{l=1}^{M} \frac{-2\sigma_i^{(l)}}{e^{2\sigma_i^{(l)}[\sum_{i \neq j} J_{ij}\sigma_j^{(e)} + h_i]} + 1}. \tag{2-7}$$

使得式（2－6）和式（2－7）同时等于 0 的解极为参数的估计值。

确定出参数值后，就可通过条件概率（2－4）为任意一个用户 l 推荐项目。具体地，对用户 l 所有未购买项目 i（在关系矩阵中 $\sigma_i^{(l)} = -1$），计算 $\sigma_i^{(l)} = 1$ 的条件概率式（2－4）。条件概率最大的前 p 个项目或者条件概率超过某个阈值的项目就

是该方法为用户 l 推荐的项目。

三、加入项目属性的伊辛模型推荐算法

如果已知项目的属性信息（如项目标签），可以对上述算法进行改进。具体地，给定 $N\times K$ 维的项目－属性关系矩阵 R，N 为项目数，K 为属性数。矩阵元素 $R_i^a=1$ 表明项目 i 具有属性 a，$R_i^a=-1$ 则表明项目 i 不具有属性 a。用户 l 购买行为 $\sigma^{(l)}$ 满足如下分布：

$$P(\sigma^{(l)}) = \frac{1}{Z}\exp\left(\sum_{\langle i,j\rangle}\sum_{a\neq b}J_{ab}R_i^aR_j^b\sigma_j^{(l)}\sigma_j^{(l)} + \sum_i h_i\sigma_i^{(l)}\right) \tag{3-1}$$

式（3－1）中 R_i^a 和 R_j^b 分别表示第 i 个项目的 a 属性以及第 j 个项目的 b 属性。J_{ab} 表示 a 属性和 b 属性之间的耦合常数，$J_{ab}>0$ 表示两个属性正相关，$J_{ab}<0$ 表示这两个属性负相关。事实上，上述分布就是从属性角度对分布（2－1）中的项目相似度 j_{ij} 做出解释，即 $J_{ij}=\sum_{a\neq b}J_{ab}R_i^aR_j^b$。

接下来，仿照参数估计方法，首先，求出 $\sigma_i^{(l)}$ 的条件概率，然后，应用极大似然方法求出未知参数族 $\{J_{ab}\}$ 和 $\{h_i\}$，最后，计算出每个项目被推荐的概率。该算法被称为 Ising plus Attributes(IPA)。

IPA 算法共有 K^2+N 个未知参数，而不包含项目属性的伊辛算法共有 N^2+N 个未知参数。因此，IPA 特别适用于属性数远小于项目数的情况。

四、试验与分析

（一）数据来源及基本统计特征

所使用的数据来自于某漫画公司的用户－漫画收藏数据，该数据已经过脱敏处理。由于原始数据的数据量巨大，因此，我们随机抽取了一部分数据。将数据整理成用户－项目关系矩阵的形式，共有 4285 行（代表 4285 个用户）和 19613 列（代表 19613 个至少有一个人收藏的漫画）。

该数据中漫画的收藏次数呈现长尾特征（见图 4－1）：绝大部分漫画的收藏次数很少，但有少量漫画的收藏次数极高。一方面将所有漫画推荐给用户是不太可能的，另一方面收藏次数越高的漫画越容易吸引用户做出收藏行为，所以，我们在做数值试验时，尽量选取收藏次数较高的漫画，同时也要保证所选漫画的收藏次数分布特征与原始数据一致。在数值试验中总共选取了 7 种不同规模的漫画：$N=20$，30，50，80，100，200 和 500。每种情况下漫画收藏次数分布与总体分布类似，均呈现长尾特征。

对应的用户数 M 从 2800~3700 户，每个用户至少收藏了其中一本漫画。

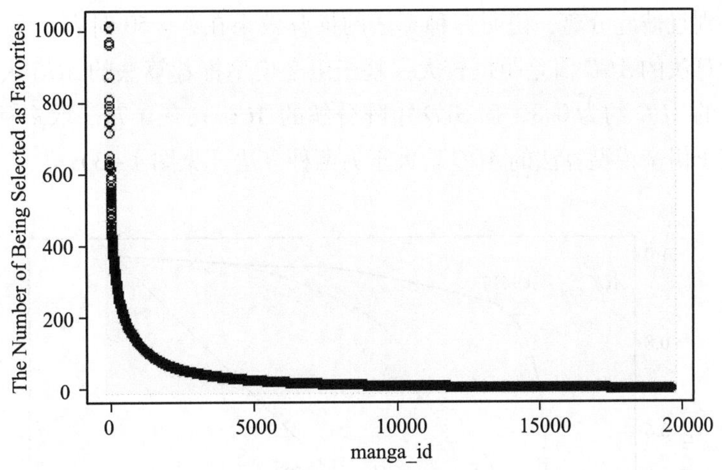

图 4-1　漫画收藏次数。横坐标为漫画编号，纵坐标为收藏次数

资料来源：笔者整理。

（二）评价指标

本文选择 *AUC*，精确率和多样性这三类指标评价不同推荐算法的推荐效果。下面对这三类指标作简单介绍。

ROC 及 *AUC*：受试者工作特征曲线（*ROC*）是以 1-特异度（1-Specifility）为横坐标，灵敏度（Sensitivity）为纵坐标所绘制的曲线。曲线下方面积（*AUC*）的取值范围是［0.5，1］，该指标用来评价二值分类器的优劣，取值越大分类器分类效果越好。

精确率（Precision）：向用户推荐的前 n 个项目中，用户真正购买（或收藏、浏览）的项目所占比例。该指标用来衡量 Top-n 项的推荐效果，结果越大系统的推荐效果越好。

用户间多样性（Inter-user Diversity）及用户内多样性（Intra-user Diversity）：用户间多样性指标用来评价算法对不同用户推荐结果的差异程度，用户内多样性指标度量算法对某个用户推荐项目之间的差异程度。用户间多样性越大，用户内多样性越小，系统推荐的项目多样性越大，越能够满足推荐项目多样化的需求。

（三）试验结果及分析

为了体现推荐算法的推荐效果，按用户将数据集分为训练集和测试集，其中训练集占比为 p，测试集中随机选择 30% 的漫画，将其所在列的所有元素视为未知量，称这些漫画被遮挡。这里所关注的是对这些被遮挡漫画在测试集中的推荐结果。

1. 基于伊辛模型的推荐算法效果分析

首先分析基于伊辛模型（2-1）的推荐算法的推荐效果。图 4-2 给出了漫画数

$N=50$ 时该算法的 *ROC* 曲线。为了比较，同时给出了基于项目的协同过滤（*CF*）和 *SVD* 两种推荐算法的 *ROC* 曲线。训练集比例 p 为 0.8。可以看出三种算法的 *ROC* 曲线有显著差别且彼此分离，说明三种算法的推荐效果在 $N=50$ 时有了明显区别。相应的，三种算法的 *AUC* 值差距也较大：基于伊辛模型推荐算法的 *AUC* 大于 0.9，协同过滤算法的 *AUC* 约为 0.8，而 *SVD* 矩阵分解的 *AUC* 只有 0.75。取多种项目数 N，结果表明基于伊辛模型算法的 *AUC* 均大于另两种算法（见图 4-3）。

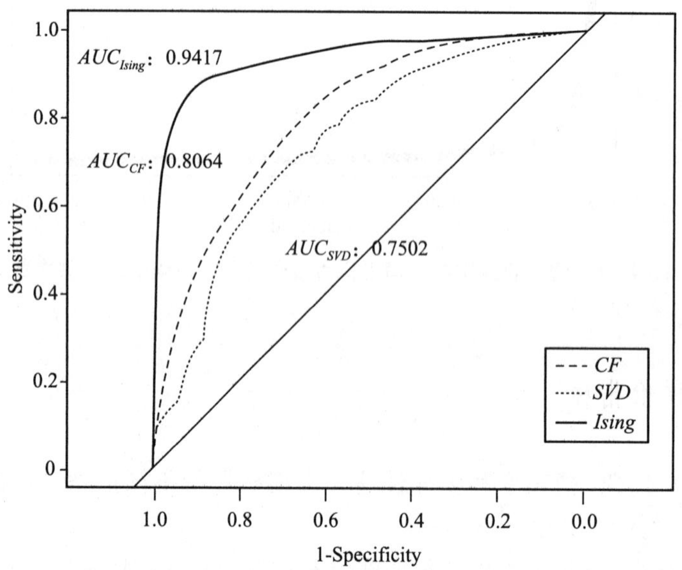

图 4-2　$N=50$ 时三种不同算法的 *ROC* 曲线比较

资料来源：笔者整理。

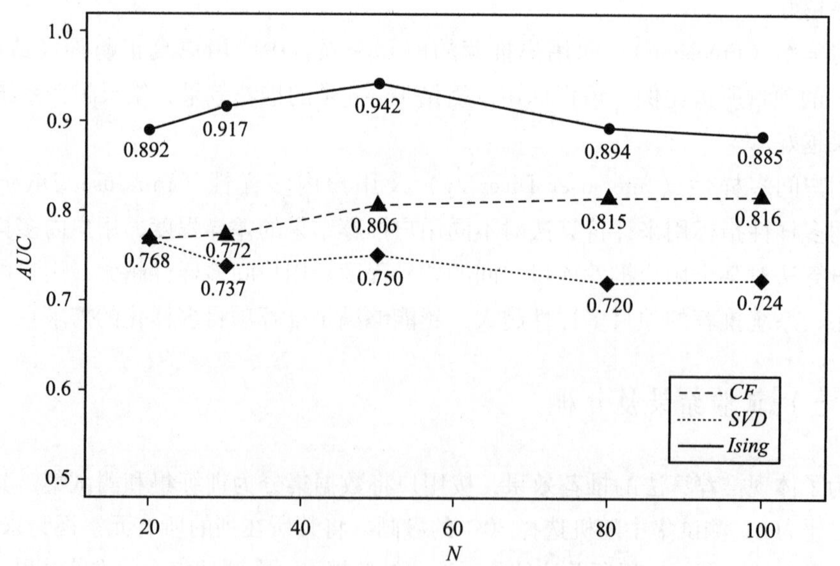

图 4-3　三种算法在不同项目数 N 下的 *AUC* 值

资料来源：笔者整理。

推荐算法可以对待预测项目进行打分，将这些项目按照打分从多到少排序即可得到用户未来可能购买（收藏、浏览）的项目集合，排名越高越可能被购买（收藏、浏览）。这里分析分值排名前500项目（Top－500）的推荐精确率。图4－4给出了不同漫画数下，三种推荐算法对Top－500漫画的推荐精确率，其中每个数据点为5次结果的平均值。从图4－4中可以看出，基于伊辛模型算法的精确率明显高于*CF*和*SVD*（见图4－4），说明在固定项目数*N*的情况下，基于伊辛模型算法的Top－500推荐效果优于另外两种算法。

为了衡量推荐算法推荐项目的多样性，还计算了用户间以及用户内多样性指标，结果见表4－1和表4－2所示。

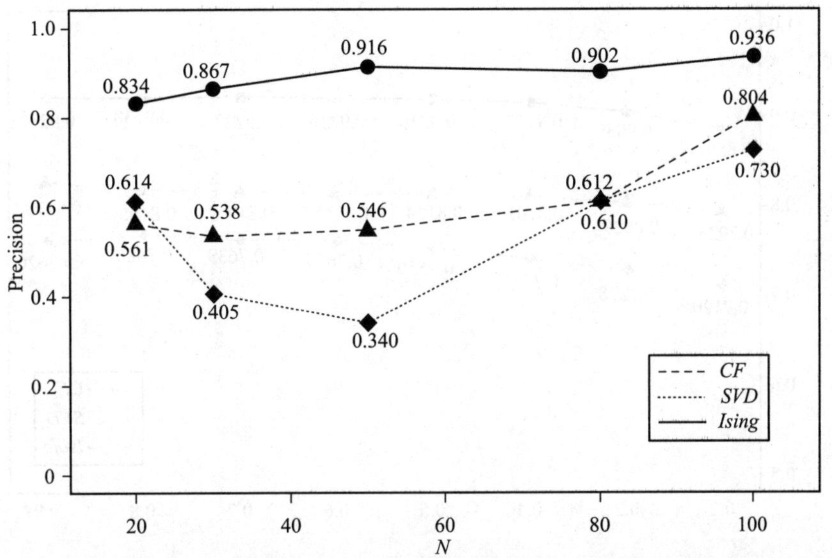

图4－4　不同项目数下三种推荐方法的Top－500精确率

资料来源：笔者整理。

表4－1　三种算法的用户间多样性指标比较

	CF	*SVD*	*Ising*
N＝80	0.0592	0.0421	0.3212
N＝100	0.0879	0.1106	0.3208

资料来源：笔者整理。

表4－2　三种算法的用户内多样性指标比较

	CF	*SVD*	*Ising*
N＝80	0.4979	0.4989	0.0709
N＝100	0.4989	0.4991	0.0798

资料来源：笔者整理。

用户间多样性指标值越大、用户内多样性指标值越小说明推荐算法所推荐项目的多样性越大。由此可见 $N=80$ 和 $N=100$ 时基于伊辛模型的推荐算法在推荐项目的多样性方面具有显著优势，在实际应用时更能够实现用户的个性化精准推荐。

最后，还分析了不同算法的推荐效果与训练集占比之间的关系。固定项目数 N，将训练集比例 x 从 0.2 变到 0.9。为了减小由于测试集不同导致的结果差异，对每一个 x 值取 10 个不同测试集，计算这 10 个测试集 *AUC* 的平均值。图 4－5 给出了漫画数 $N=30$ 时，三种推荐算法的平均 *AUC* 与训练集占比 x 的函数关系。每种算法的 *AUC* 基本都随 x 的增加而增加。而无论 x 取何值，基于伊辛模型推荐算法的 *AUC* 始终高于另两种算法。

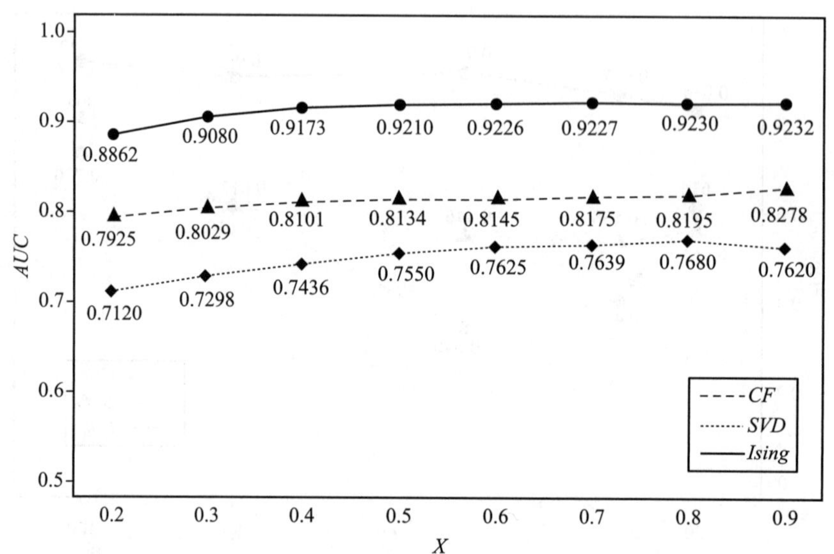

图 4－5　三种推荐方法的 *AUC* 与训练集占比 x 之间的函数关系

资料来源：笔者整理。

2. 加入项目属性的伊辛模型算法的推荐效果及分析

下面来分析加入项目属性的伊辛模型算法的推荐效果。仍使用漫画数据作为试验数据，数据集中共有 40 个漫画标签。

首先，对加入项目属性的伊辛模型算法与原始伊辛模型算法的推荐效果做比较。图 4－6 给出了 $N=100$ 时两种算法的 *ROC* 曲线以及 *AUC* 值。结果表明考虑项目属性的伊辛模型算法的 *AUC* 相比原始算法有一定提升，而且前者的 *ROC* 曲线的最佳诊断界限值更为清晰，从而更容易确定出最佳诊断值。在 Top－500 项目的推荐精确率方面，两种算法表现相当，都保持在 0.9 以上（见表 4－3）。

此外，与 *CF* 和 *SVD* 两种算法相比，加入项目属性的伊辛模型算法无论从 *AUC* 还是 Top－500 的精确率方面都有明显提升（见图 4－7、图 4－8）。

由此可见，在项目属性数小于项目数的情况下，加入项目属性的伊辛模型算法在降低原伊辛模型算法的计算量同时，仍然可以做出较为准确的推荐。

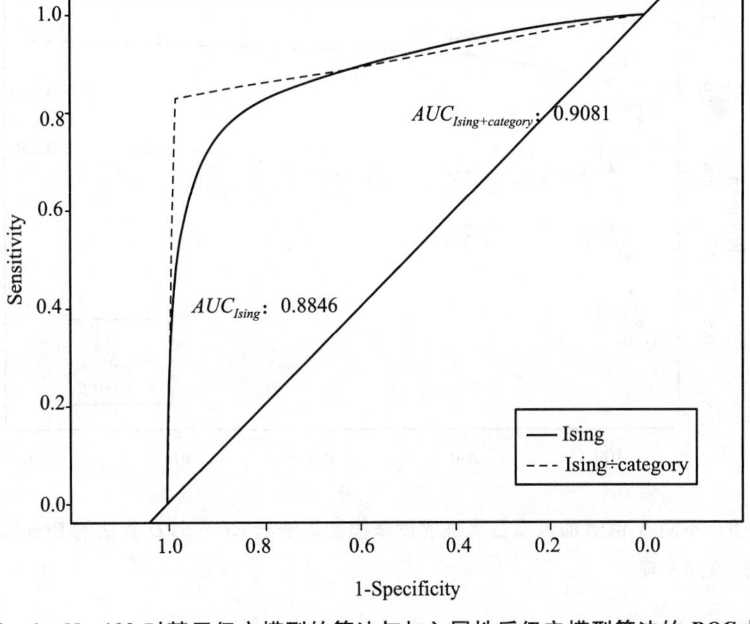

图 4－6　$N=100$ 时基于伊辛模型的算法与加入属性后伊辛模型算法的 *ROC* 曲线

资料来源：笔者整理。

表 4－3　基于伊辛模型的算法和加入项目属性的伊辛模型算法的 Top－500 精确率

N	80	100
Iing	0. 902	0. 936
IPA	0. 910	0. 912

资料来源：笔者整理。

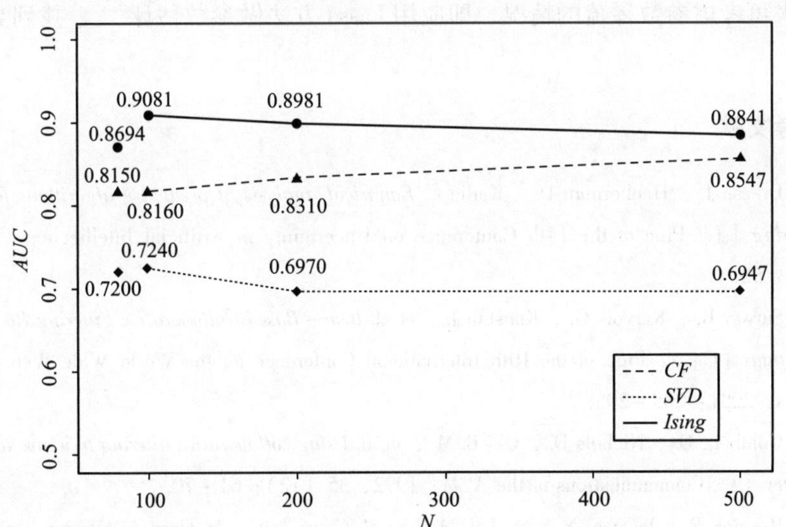

图 4－7　不同 *N* 值时加入项目属性的伊辛模型算法与 *CF*、*SVD* 算法的 *AUC* 值

资料来源：笔者整理。

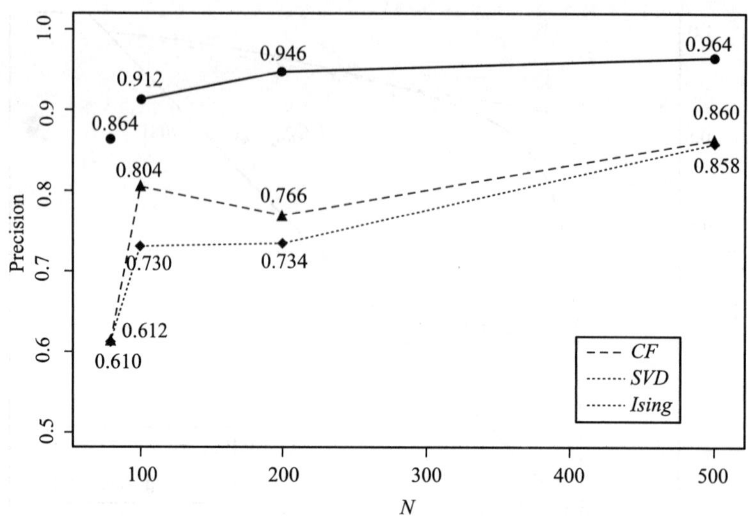

图 4-8 不同 *N* 值时加入项目属性的伊辛模型算法与 *CF*、*SVD* 算法的 Precision 值

资料来源：笔者整理。

五、结　论

本文提出了基于伊辛模型的项目推荐算法，该算法本质上是利用伪极大似然方法估计模型参数，进而进行项目推荐。试验结果表明，该算法无论在推荐精确率以及多样性方面均明显优于协同过滤和 *SVD* 两种推荐算法。本文还通过增加项目属性实现算法的改进，结果表明，改进后算法与原算法推荐效果相当，远优于协同过滤和 *SVD* 算法。当项目属性数小于项目数时，改进算法的计算量要小于原算法。

未来可考虑参数稀疏的情况，即应用 Lasso 方法做参数估计[23]，找到真正重要的参数。

参考文献

[1] Breese J., Hecherman D., Kadie C. *Empirical analysis of predictive algorithms for collaborative filtering* [J]. Proc of the 14th Conference on Uncertainty in Artificial Intelligence (UAI'98), 1998: 43-52.

[2] Sarwar B., Karypis G., Konstan J., et al. *Item-Based Collaborative Filtering Recommendation Algorithms* [C] // Proc. of the 10th International Conference on the World Wide Web. [S. l.]: IEEE Press, 2001: 285-295.

[3] Goldberg D., Nichols D., Oki B. M., et al. *Using collaborative filtering to weave an information Tapestry* [J]. Communications of the ACM, 1992, 35 (12): 61-70.

[4] Resnick P., Iacovou N., Suchak M., et al. *Group Lens: An Open Architecture for Collaborative Filtering of Netnews* [C] // CSCW'94: Proceedings of the 1994 ACM Conference on Computer Supported Cooperative Work. New York, USA: ACM Press, 1994: 175-186.

[5] Shardanand U., Maes P.. *Social Information Filtering: Algorithms for Automating "Word*

of Mouth" [C] //Proc. of SIGCHI Conference on Human Factors in Computing Systems. Denver, USA: ACM Press, 1995: 210 - 217.

[6] Linden G., Smith B., York J. *Amazon. com Recommendations Item-to-Item Collaborative Filtering* [J]. IEEE Internet Computing, 2003, 7 (1): 76 - 80.

[7] Park S. T., Pennock D. M.. *Applying Collaborative Filtering Techniques to Movie Search for Better Ranking and Browsing* [C] // Proceedings of the 13th ACM SIGKDD International Conference on Knowledge Discovery and Data Mining. San Jose, California, USA, 2007: 550 - 559.

[8] Huang Chuangguang, Yin Jian, Wang Jing, et al. *Uncertain Neighbors'Collaborative Filtering Recommendation Algorithm* [J]. Chinese Journal of Computers, 2010, 33 (8): 1368 - 1377 (in Chinese)

(黄创光，印鉴，汪静，刘玉葆，王甲海．不确定近邻的协同过滤推荐算法 [J]. 计算机学报，2010, 33 (8): 1369 - 1377).

[9] Jia Dongyan, Zhang Fuzhi. A Collaborative Filtering Recommendation Algorithm Based on Double Neighbor Choosing Strategy [J]. Journal of Computer Research and Development, 2013, 50 (5): 1076 - 1084 (in Chinese).

(贾冬艳，张付志．基于双重邻居选取策略的协同过滤推荐算法 [J]. 计算机研究与发展，2013, 50 (5): 1076 - 1084).

[10] Li Ruimin, Lin Hongfei, Yan Jun. *Mining Latent Semantic On User - Tag-Item for Personalized Music Recommendation* [J]. Journal of Computer Research and Development, 2014, 51 (10): 2270 - 2276 (in Chinese).

(李瑞敏，林鸿飞，闫俊．基于用户 - 标签 - 项目语义挖掘的个性化音乐推荐 [J]. 计算机研究与发展，2014, 51 (10): 2270 - 2276).

[11] Koren Y, Bell R, Volinsky C. *Matrix factorization techniques for recommender systems* [J]. Computer, 2009, 42 (8): 30 - 37.

[12] Lin Yuan, Luo Siwei, and Yang Liner. *Recommendation - Based Grid Resource Matching Algorithm* [J]. Journal of Computer Research and Development, 2009, 46 (11): 1814 - 1820 (in Chinese).

(蔺源，罗四维，杨麟儿．基于推荐机制的网络资源匹配算法研究 [J]. 计算机研究与发展，2009, 46 (11): 1814 - 1820).

[13] Ma H., Zhou D., Liu C., et al. *Recommender systems with Social Regularization* [C] // Proc of the 4th Int Conf on Web Search and Data Mining. Hong Kong: ACM, 2011: 287 - 296.

[14] Jaccard P. *étude comparative de la distribution florale dans une portion des Alpes et des Jura* [J]. Bulletin del la Sociétė Vaudoise des Sciences Naturelles, 1901 (37): 547 - 579.

[15] Zhou T., Lü L., Zhang Y. C.. *Predicting missing links via local information* [J]. European Physical Journal B, 2009, 71: 623 - 630.

[16] Barabúsi A. L., Albert R.. *Emergence of Scaling in Random Networks* [J]. Science, 1999, 286 (5439): 509 - 512.

[17] Katz L.. *A new status index derived from sociometric analysis* [J]. Psychmetrika, 1953, 18 (1): 39 - 43.

[18] Zhang Y. C., Blattner M, Yu Y. K.. *Heat conduction process on community networks as a recommendation model* [J]. Physical Review Letters, 2007, 99 (15): 154 - 301.

[19] Zhang Y. C. , Medo M. , Ren J. , et al. . *Recommendation model based on opinion diffusion* [J]. Europe Physics Letters, 2007, 80 (6): 68003.

[20] Jsang A. , Ismail R. , Boyd C. . *A survey of trust and reputation systems for online service provision* [J]. Decision Support Systems, 2007, 43 (2): 618 - 644.

[21] Lü L. , Medo M. , Yeung C. H. , et al. . *Recommender Systems* [J]. Physics Reports, 2012, 519 (1): 1 - 49

[22] Binder K. , Luijten E. . *Monte Carlo tests of renormalization-group predictions for critical phenomena in Ising models* [J]. Physics Reports, 2001 (344): 179 - 253.

[23] Ravikumar P. , Wainwright M. J. , Lafferty J. D. . *High-dimensional Ising model selection using ℓ1-regularized logistic regression* [J]. Annals of Statistics. 2010 (38): 1287 - 1319.

双变量函数型数据的聚类方法及应用[①]

高明慧[②]　易丹辉[③]　彭　锦[④]　胡镜清[⑤]　杨　燕[⑥]

摘　要： 本文主要讨论了双变量函数型数据的聚类方法及其应用。本文依据混合模型对各个类别的双变量函数型数据建模，再通过函数型主成分分析构建各个类别的降秩模型，利用蒙特卡洛抽样和EM算法进行参数估计。两个变量之间的相关关系通过主成分得分之间的相关性衡量。该方法应用于58位老年人的心率数据和呼吸强度数据进行实证分析。58位老年人分为三类，其中第二类人群的心率和呼吸频率波动明显，平均水平高于医学的健康标准，相对健康状况较差。第一类和第三类人群的心率和呼吸频率均落在正常水平之内，其中第三类人群的变化更加平缓，平均水平更低，更加符合医学上的健康标准。

关键词： 函数型数据　降秩模型　主成分分析　聚类

Application of Bivariate Functional Data Clustering Methods

Gao Minghui　Yi Danhui　Peng Jin　Hu Jingqing　Yang Yan

Abstract: This article mainly discusses the bivariate functional data clustering methods and its application. We construct mixture model for bivariate functional data in each cluster, then build reduced-rank model with functional principal component analysis. The parameters are estimated by Monto Carlo sampling and EM methods. The correlation between two variables are measured by the covariance between two principal component scores. This method is used to cluster 58 elderly people according to their heart rate and breathing rate. These people are divided into three clusters, the second of which has a higher fluctuation of heart and breathing rate, demonstrating their worse health condition. The first and third clusters have the normal heart and breathing rate, where the third group is more stable and has a lower average level, therefore they can be considered healthier.

Key words: Functional Data, Reduced-rank Model, Principal Component Analysis, Clustering

---

① 本成果受到中国人民大学2017年度“中央高校建设世界一流大学（学科）和特色发展引导专项资金”和教育部人文社会科学重点研究基地重大项目《基于大数据的精准医学生物统计分析方法及其应用研究》（16JJD910002）、国家科学技术部“十二五”科技支撑计划项目《中医诊疗与康复设备示范研究》（2012BAI25B00）课题：中医健康状态辨识干预评价技术研究与应用（2012BAI25B02）的支持。

② **高明慧**，中国人民大学硕士研究生。主要研究方向：函数型数据分析。
③ **易丹辉**，中国人民大学应用统计科学研究中心，中国人民大学统计学院。
④ **彭锦**，中国中医科学院中医临床基础医学研究所。
⑤ **胡镜清**，研究员博士生导师，主要研究方向：适应中医药理论构筑与诊疗模式的临床研究方法研究。
⑥ **杨燕**，湖北中医药大学。

一、研究背景

函数型数据分析认为离散的时间观测由存在连续的时间函数影响，因此，将离散的时间序列数据转化为连续的函数进行分析能更充分利用样本信息。函数型数据的聚类分析，是根据样本观测在时间上的变化对样本聚类的方法，在医学上有重要应用。J. Q. 拉姆齐（J. Q. Ramsay）教授在 2000 年提出函数型数据分析的方法（Ramsay，1999）。C. A. 苏格（C. A. Sugar）教授在 2003 年提出基于模型的单变量函数型数据聚类方法，这种方法不仅可以对完整时间观测进行聚类，也适用于含有缺失的函数型数据聚类分析。假定基函数系数服从正态分布，在已知类别个数的情况下利用最大化似然函数的方法估计出每个类别基函数系数的平均值和方差，同时确定样本所属类别（Sugar，2003）。2008 年周澜教授针对双变量的函数型数据提出降秩模型，将函数型时间观测分解为固定效应、随机效应、随机误差项三部分，用函数型主成分分析的方法对随机效应部分进行降维，再最大化对数似然函数估计固定效应和随机效应的系数、主成分得分等参数，通过主成分得分之间的相关系数衡量两个变量之间的相关性（Zhou，2008）。其中函数型主成分的降维方法的合理性在 Hall 教授的文章中证明（P. Hall，2006）。2014 年黄（Huang）教授提出双变量函数型数据的聚类方法，借鉴周澜教授的降秩模型，对两个二分类的变量进行函数型聚类分析。通过广义线性模型将二分类变量转化为连续变量，再针对不同的类别分别建立降秩模型，运用蒙特卡洛模拟和 EM 算法估计似然函数的最大值，得到参数的估计值。黄教授衡量两个二分类变量相关性的方法同样是主成分得分之间的相关系数（Huang，2014）。

本文借鉴周澜教授关于连续性变量的降秩模型，以及黄辉教授的函数型聚类方法，建立了连续性双变量的降秩模型，根据心率和呼吸强度两个连续性变量对 58 位老年人进行聚类分析，并通过主成分得分之间的相关性分析心率和呼吸强度之间的相关程度。

二、双变量函数型数据建模

（一）单一变量的混合模型

函数型数据分析认为，对于包含 n 个样本的样本集，在时间点 t 上第 i 个样本的离散时间观测 $x_i(t)$ 由一个连续的关于时间的函数 $X_i(t)$ 影响，即

$$x_i(t) = X_i(t) + \in_i(t) \tag{2-1}$$

真实时间观测值 $x_i(t)$ 可以分解成连续函数在时间 t 上的取值 $X_i(t)$ 与观测误差 $\in_i(t)$ 之和。其中观测误差 $\in_i(t)$ 服从均值为 0 方差为 σ^2 的正态分布。

混合模型指的是包含固定效应和随机效应两部分的模型。根据混合模型的思想，连续函数 $X_i(t)$ 可以分解成固定效应和随机效应之和，固定效应是指 n 个样本在时间点 t 上的平均值，随机效应指第 i 个样本在时间点 t 上关于平均水平的偏移程度。公式表示为

$$X_i(t)=\mu(t)+h_i(t) \tag{2-2}$$

联立式（2-1）和式（2-2）可以得出，真实的时间观测

$$x_i(t)=\mu(t)+h_i(t)+\in_i(t) \tag{2-3}$$

关于时间的连续函数可以由有限个基函数近似表示，一般情况下对于非周期的连续函数选取 Bspline 基函数。令 $S(t)=\{S_1(t), S_2(t), \cdots, S_q(t)\}^T$，表示时间点 t 上的基函数的取值组成的 $q\times 1$ 维向量。式（2-3）中 $\mu(t)$ 和 $h_i(t)$ 均可以由基函数与系数的乘积表示，即

$$x_i(t)=S(t)^T\beta+S(t)^T\gamma_i+\in_i(t) \tag{2-4}$$

其中 β 和 γ_i 均表示 $q\times 1$ 维系数向量。在实际观测中，x_i 代表 n_i 个观测值组成的向量，S_i 表示在 n_i 个时间点上 q 个基函数取值组成的 $n_i\times q$ 维的基函数系数矩阵。因此式（2-4）也可以表示为

$$x_i=S_i\beta+S_i\gamma_i+\in_i \tag{2-5}$$

（二）与类别相关的单变量混合模型

若将这 n 个样本分成 C 类，记 ϖ_{ic} 为第 i 个样本是否属于第 c 类

$$\varpi_{ic}=\begin{cases}1 & \text{样本 } i \text{ 属于第 } c \text{ 类}\\ 0 & \text{样本 } i \text{ 不属于第 } c \text{ 类}\end{cases} \tag{2-6}$$

$\varpi_i \sim PN(1, [\pi_1, \pi_2, \cdots, \pi_C])$。属于第 c 类的样本在时间 t 上的平均值为 $\mu_c(t)$，此时真实的时间观测为

$$x_i(t)=\mu_c(t)+h_i(t)+\in_i(t) \tag{2-7}$$

通过有限个基函数近似，x_i(t) 可以表示为

$$x_i=S_i\beta_c+S_i\gamma+\in_i \tag{2-8}$$

（三）与类别相关的单变量降秩模型

混合模型中待估参数过多会导致迭代算法不收敛。因此，在混合模型的基础上，J. Q. 拉姆齐（2000）提出了降秩模型，其中样本 i 关于类平均水平的偏移程度不再由 q 维向量表示，而是由少数几个函数型主成分得分表示。第 c 个类别中的样本 i 的降秩模型表示为

$$x_i(t)=\mu_c(t)+\sum_{l=1}^{p}f_l(t)\xi_{il}+\in_i(t) \tag{2-9}$$

其中 $\mu_c(t)$ 表示在时间点 t 上第 c 类样本的平均值，$f_1(t)$ 指第 1 个主成分特征函数，$f(t)=(f_1(t), f_2(t), \cdots, f_p(t))$，特征函数两两正交，$\xi_i$ 表示第 i 个样本

的主成分得分，$\in_i(t)$ 表示随机误差。与式（2－3）相似，式（2－9）中$\mu_c(t)$和$f(t)$ 可以通过 Bspline 近似。令 $S(t)=\{S_{11}(t), S_{12}(t), \cdots, S_{1_{q1}}(t)\}^T$，$v_c$ 是 q 维系数向量 $\mu_c(t)=S(t)^T v_{1,c}$，Θ 是 $q*p$ 维系数矩阵，$f(t)=S(t)^T\Theta$。此时，降秩模型表示为

$$x_i(t)=S(t)^T v_c+S(t)^T\Theta\xi_i+\in_i(t) \quad (2-10)$$

其中，$\in_i \sim N(0, \sigma^2)$，$\xi_i \sim N(0, D_1)$，$\Theta^T\Theta = I, \int S(t)^T S(t) = I$，$D_1$ 是对角阵。

(四) 与类别相关的双变量降秩模型

对于两个变量的时间序列数据，在建模时需要考虑两个变量之间的相关性。首先对于某一类别 c 中的样本 i，对两个变量的时间观测 B_i（t）和 R_i（t）分别建立降秩模型，即

$$B_i(t) = \mu_{1,c}(t) + \sum_{l=1}^{p_1} f_l(t)\xi_{il} + \in_{1,i}(t) \quad (2-11)$$

$$R_i(t) = \mu_{2,c}(t) + \sum_{l=1}^{p_2} g_l(t)\zeta_{il} + \in_{2,i}(t) \quad (2-12)$$

其中$\mu_{1,c}(t)$ 代表第一个变量在时间点 t 上第 c 类的平均值，$\mu_{2,c}(t)$ 代表第二个变量在时间点 t 上第 c 类的平均值$f(t)$ 和 $g_1(t)$ 表示主成分的特征函数在时间点 t 上的取值向量，$f(t)=(f_1(t), f_2(t), \cdots, f_{q_1}(t))^T$，$g(t)=(g_1(t), g_2(t), \cdots, g_{q_2}(t))^T$，主成分得分 ξ_i 和 ζ_i 分别服从均值为 0 的正态分布，误差项 $\in_{1,i}$和 $\in_{2,i}$不相关且服从均值为 0，方差分别为 σ_1^2，σ_2^2 的正态分布。式（2－11）中的 $\mu_{x,c}(t)$、$\mu_{y,c}(t)$、$f(t)$ 和 $g(t)$ 可以由基函数近似，即

$$\mu_{x,c}(t)=S_1(t)^T v_{x,c}$$

$$\mu_{y,c}(t)=S_2(t)^T v_{y,c}$$

$$f(t)=S_1(t)^T\Theta_{1,c}$$

$$g(t)=S_2(t)^T\Theta_{2,c}$$

式（2－11）等价于式（2－13），同理式（2－12）等价于式（2－14）

$$X_i(t)=S_1(t)^T v_{1,c}+S_1(t)^T\Theta_{1,c}\xi_i+\in_{1,i} \quad (2-13)$$

$$Y_i(t)=S_2(t)^T v_{2,c}+S_2(t)^T\Theta_{2,c}\zeta_i+\in_{2,i} \quad (2-14)$$

其中$\in_1 \sim N(0, \sigma_1^2)$，$\in_2 \sim N(0, \sigma_2^2)$。传统的衡量相关性的方法难以计算多个时间观测点组成的函数型观测时间的相关性，而从式（2－11）和式（2－12）可以看出对于第 i 个样本，函数型观测 $B_i(t)$ 和 $R_i(t)$ 可以拆分成类平均水平、样本关于类平均水平的偏离、随机误差项三部分，其中样本 i 的特征由主成分得分 ξ_i 和 ζ_i 体现。因此函数型观测 $B_i(t)$ 和 $R_i(t)$ 之间的相关关系可以借由 ξ_i 和 ζ_i 表示，令 $cov(\xi_i, \zeta_i)=C$，则 ξ_i 和 ζ_i 的联合分布为

$$\begin{pmatrix}\xi_i\\ \zeta_i\end{pmatrix} \sim \left\{\begin{pmatrix}0\\ 0\end{pmatrix}, \begin{pmatrix}D_{1,c} & \sum_c \\ \sum_c^T & D_{2,c}\end{pmatrix}\right\} \quad (2-15)$$

其中 $D_{1,c}$ 和 $D_{2,c}$ 为对角阵，$\sum_c$ 为 $P_1 \times P_2$ 维的协方差矩阵。定义 R_c 为相关系数矩阵，衡量两个变量之间的相关程度。

$$R_c = D_{1,c}^{-\frac{1}{2}} \sum{}_c D_{2,c}^{-\frac{1}{2}} \tag{2-16}$$

三、参数估计

待估参数 $\Omega = \{\Omega_c, c = 1, \cdots, C\}$,其中 $\Omega_c = \{\pi_c, v_{1,c}, v_{2,c}, \Theta_{1,c}, \Theta_{2,c}, D_{1,c}, D_{2,c}, \sum_c\}$，包括样本属于类别 c 的概率 π_c，基函数的系数 $v_{1,c}$，$v_{2,c}$，$\Theta_{1,c}$，$\Theta_{2,c}$，主成分得分的方差 $D_{1,c}$，$D_{2,c}$ 和协方差 $\sum_c$。通过 EM 算法最大化似然函数估计参数，同时得到样本的聚类结果、基函数系数、主成分得分的方差和协方差这些参数的估计值。第 i 个样本在第一个变量上的观测时间点共 T_i 个，第 i 个样本在第一个变量上的观测时间点共 S_i 个。参数的全似然函数表示为

$$L_i(\Omega; B_i, R_i, \omega_i, \xi_i, \zeta_i) = \prod_{c=1}^{C} \{\pi_c f_c(\xi_i, \zeta_i) \prod_{j=1}^{Ti} f_c(B_{ij} \mid \xi_i) \\ [\prod_{l=1}^{S_i} f_c(R_{il} \mid \zeta_i)]\}_{\omega_{ic}} \tag{3-1}$$

其中 $f_c(\xi_i, \zeta_i)$ 表示第 i 个样本的两个主成分得分的联合分布，由式（2-14）给出，$f_c(B_{ij} \mid \xi_i)$ 和 $f_c(R_{il} \mid \zeta_i)$ 表示在已知主成分得分且第 i 个样本属于第 c 类时的观测的条件分布。

$$f_c(B_{ij} \mid \xi_i) = \frac{1}{\sqrt{2\pi\sigma_1^2}} \exp\left(-\frac{(B_{ij} - S_1^T(t_j)v_{1,c} - S_1^T(t)\Theta_{1,c}\xi_i)^T (B_{ij} - S_1^T(t_j)v_{1,c} - S_1^T(t)\Theta_{1,c}\xi_i)}{2\sigma_1^2} \right)$$

$$f_c(R_{ij} \mid \zeta_i) = \frac{1}{\sqrt{2\pi\sigma_2^2}} \exp\left(-\frac{(R_{ij} - S_2^T(t_j)v_{2,c} - S_2^T(t)\Theta_{2,c}\zeta_i)^T (R_{ij} - S_2^T(t_j)v_{2,c} - S_2^T(t)\Theta_{2,c}\zeta_i)}{2\sigma_2^2} \right)$$

（一）EM 算法估计参数

本文借鉴 2014 年提出的聚类方法（Huang，2014），通过 EM 算法估计参数。在 E 步中，已知观测 B_i，R_I 和前一步迭代的参数结果 Ω_{prev}，对数似然期望为

$$Q(\Omega \mid \Omega_{prev}) = \sum_{i=1}^{n} E[l_i(\Omega; B_i, R_i, \omega_i, \xi_i, \zeta_i) \mid B_i, R_i, \Omega_{prev}] \tag{3-2}$$

由于 ω_i，ξ_i，ζ_i 未知，需要运用蒙特卡洛方法生成数据并计算 ω_i，ξ_i，ζ_i，重复次数为 K，具体算法借鉴 2014 年提出的聚类算法（Huang，2014）。

在 M 步更新参数估计值使得 $Q(\Omega \mid \Omega_{curt})$ 最大化。$\hat{Q}(\Omega \mid \Omega_{curt})$ 可以表示为

$$\hat{Q}(\Omega \mid \Omega_{prev}) = \frac{1}{K}\sum_{k=1}^{K}\sum_{i=1}^{n}\sum_{c=1}^{C}\omega_{ic}^{(k)}\log(\pi_c) \\ + \frac{1}{K}\sum_{k=1}^{K}\sum_{i=1}^{n}\sum_{c=1}^{C}\omega_{ic}^{(k)}\sum_{j=1}^{T_j}\log[f_c(B_{ij} \mid \xi_i^{(k)})]$$

$$+\frac{1}{K}\sum_{k=1}^{K}\sum_{i=1}^{n}\sum_{c=1}^{C}\omega_{ic}^{(k)}\sum_{l=1}^{S_j}\log[f_c(R_{ij}\mid\zeta_i^{(k)})]$$

$$+\frac{1}{K}\sum_{k=1}^{K}\sum_{i=1}^{n}\sum_{c=1}^{C}\omega_{ic}^{(k)}\{\log[f_c(\xi_i^{(k)}\mid\zeta_i^{(k)})]+\log[f_c(\zeta_i^{(k)})]\}$$

$$=\widehat{Q}_1(\Omega\mid\Omega_{prev})+\widehat{Q}_2(\Omega\mid\Omega_{prev})+\widehat{Q}_3(\Omega\mid\Omega_{prev})+\widehat{Q}_4(\Omega\mid\Omega_{prev})$$

可以看出$\widehat{Q}_1$，$\widehat{Q}_2$，$\widehat{Q}_3$，$\widehat{Q}_4$之间相互独立，最大化$\widehat{Q}_1$可以更新π_c，最大化$\widehat{Q}_2$和$\widehat{Q}_3$可以更新$v_{1,c}$，$\Theta_{(1,c)}$，$v_{2,c}$，$\Theta_{(2,c)}$，最大化$\widehat{Q}_4$可以更新$D_{1,c}$，$D_{(2,c)}$，$\sum_c$。

当相邻两次迭代所得参数的估计值满足以下条件时，停止迭代。

$$\max_l\frac{|\Omega_{l,curr}-\Omega_{l,prev}|}{|\Omega_{l,prev}+\delta_1}<\delta_2 \tag{3-3}$$

其中δ_1和δ_2取足够小的正数。

（二）类别的确定

样本i属于第c类的概率为$\hat{\pi}_{ic}=K^{-1}\sum_{k=1}^{K}\omega_{ic}^{(k)}$，$c=1$，…，$C$，取使得$\hat{\pi}_{ic}$最大的类别$c$作为第$i$个样本所属类别，即$\arg\max_c\{\hat{\pi}_{ic}\}$。

（三）主成分个数的确定

过多的主成分个数会导致参数估计难度加大，以及变量之间的相关性难以衡量的问题，过少的主成分个数会导致方差贡献较小，主成分无法有效代表真实观测的问题，因此选取合理的主成分个数非常重要。本文参考2008年文章提出的选择方法（Zhou，2008）。令k_α和k_β代表变量B和R的主成分个数。$D_{\alpha,l}^{(k)}(l=1，\cdots，k_\alpha)$代表变量$B$第1个主成分得分的方差，$D_{\beta,l}^{(k)}(l=1，\cdots，k_\beta)$代表变量$B$第1个主成分得分的方差。当$\frac{D_{\alpha,l}^{(k+1)}-D_{\alpha,l}^{(k)}}{D_{\alpha,l}^{(k)}}<\delta$时，取$k_\alpha=k$为变量$B$的主成分个数，其中$\delta$为一足够小的正数。同理当$\frac{D_{\beta,l}^{(k+1)}-D_{\beta,l}^{(k)}}{D_{\beta,l}^{(k)}}<\delta$时，取$k_\beta=k$为变量$R$的主成分个数。

四、应用示例

（一）数据说明

本文选取中国中医科学院提供的58位老年人一天之内的心率和呼吸频率时间

观测数据，对老年人群进行聚类分析。在医学上，心率和呼吸之间从不同的方面反映了老年人的身体特征，二者之间有密不可分的关系。老年人通过佩戴仪器监测心率和呼吸频率的变化，由于下午 1 点 ~6 点采集数据较完整，选择这一时间段心率和呼吸频率的变化对老年人聚类。

（二）模型形式

本例中的两个变量分别为 X 心率和 Y 呼吸强度。根据式（2－13）和式（2－14）建立与类别相关的双变量降秩模型。

$$X_i(t) = S_1(t)^T v_{1,c} + S_1(t)^T \Theta_{1,c}\xi_i + \in_{1,i} \tag{4-1}$$

$$Y_i(t) = S_2(t)^T v_{2,c} + S_2(t)^T \Theta_{2,c}\zeta_i + \in_{2,i} \tag{4-2}$$

其中 $S_1(t)^T$ 为向量 $\{S_{11}(t), S_{12}(t), \cdots, S_{1q_1}(t)\}^T$，其中每一个元素代表第 i 个 Bspline 基函数在时间 t 上的取值，$i=1, 2, \cdots, q_1$。同理 $S_2(t)^T$ 为向量 $\{S_{21}(t), S_{22}(t), \cdots, S_{2q_2}(t)\}^T$，其中每一个元素代表第 i 个 Bspline 基函数在时间 t 上的取值，$i=1, 2, \cdots, q_2$。$v_{1,c}$和 $v_{2,c}$分别代表第 c 类心率和呼吸频率两个变量的平均水平对应的基函数系数，$\Theta_{1,c}\xi_i$ 代表属于第 c 类的第 i 个个体在心率变量上相对于该类心率平均水平的偏离程度对应的基函数系数，$\Theta_{2,c}\zeta_i$ 代表属于第 c 类的第 i 个个体在呼吸频率变量上相对于该类呼吸频率平均水平的偏离程度对应的基函数系数。$\in_{1,i}$和 $\in_{2,i}$代表第 i 个样本观测在两个变量上的随机误差。

（三）基函数确定

对于非周期性的时间观测数据，一般采用 Bspline 基函数进行近似。本文基函数个数的选择依据 2010 年提出的理论（Li，2010），令

$$q_1 \approx \left(\sum_{i=1}^{n} T_i\right)^{\frac{1}{5}} + 4 \tag{4-3}$$

$$q_2 \approx \left(\sum_{i=1}^{n} S_i\right)^{\frac{1}{5}} + 4 \tag{4-4}$$

其中 T_i 和 S_i 代表第 i 个样本在第一个变量和第二个变量上的观测时间点个数。

根据 2010 年的基函数选择理论（Li，2010），心率变量和呼吸频率变量的平均时间观测点个数均约为 20 个，代入式（4－3）和式（4－4）计算出 8 个基函数比较合理，因此，选用 8 个基函数对老年人的心率和呼吸频率进行拟合。本文依据 2014 年文章中提出的 BIC 选择聚类个数的方法（Huang，2004），同时借鉴分析同一批数据的文章（Gao，2017）的结果，将 58 位老年人聚成三类。

（四）主成分个数确定

根据周澜教授提出的主成分个数的确定方法，本文计算了两个变量取一个主成

分和两个主成分情况下的主成分得分的方差。从表 4 -1 和表 4 -2 可以看出，对于心率和呼吸频率两个变量，当主成分个数为两个时，第二主成分得分的方差贡献都很小，因此，取主成分个数为一个。

表 4 -1　　心率变量的主成分得分方差

共有 m 个主成分	第 i 主成分	第一类	第二类	第三类
$m=1$	$i=1$	343.09	8458.79	654.91
$m=2$	$i=1$	740.33	4982.50	758.79
	$i=2$	1.52 * E -06	2.03 * E -06	6.82 * E -06

表 4 -2　　呼吸频率变量的主成分得分方差

共有 m 个主成分	第 i 主成分	第一类	第二类	第三类
$m=1$	$i=1$	75.05	201.46	70.04
$m=2$	$i=1$	62.44	49.23	5.59
	$i=2$	8.99 * E -07	1.29 * E -06	1.41 * E -06

资料来源：笔者整理。

（五）聚类结果

图 4 -1（A）展示了三类老年人的心率变化，第二类老年人群的心率波动明显高于第一类和第三类，最低点为下午 2 点取值为 60 左右，最高点为下午 5 点至 6 点，取值为 110 左右。最低点与最高点大约相差 50。第三类老年人的心率变化较为平缓，最低点同为下午 2 点，取值为 60 左右，最高点为下午 1 点取值略高于 70，最低点与最高点差值略高于 10。第一类老年人的心理变化最为平缓，在下午 4 点左右达到最低值 70，最高值在下午 1 点半左右略小于 80，最低点与最高点差值略低于 10。医学理论提出正常人每分钟心率在 60 ~100 次，健康人每分钟心率一般在 55 ~70。因此，从心率的变化可以分析出第一类和第三类老年人的心率变化比较正常，其中第三类老年人的心率水平偏低，而第二类老年人的心率水平变化较大，最高值高于 100，可以推测出第三类老年人的心率状况较好，第二类老年人的心率状况较差。

图 4 -1（B）展示了三类老年人的呼吸频率变化，第二类老年人群的呼吸频率变化幅度明显高于第一类和第三类老年人，在下午 4 点半达到最低值，下午 3 点半达到最高值，波动范围约为 40。第一类老年人波动较为平缓，在下午 1 点半达到最高值 26，在下午 2 点左右达到最低值 20，2 点之后该类老年人的呼吸频率没有明显变化。第三类老年人波动也较平缓，在下午 2 点半达到最低值，下午 1 点和 4 点达到最高值，平均水平略低于第一类老年人。医学上认为正常人的呼吸频率为每分钟 12 ~20 次，因此，从呼吸强度的变化可以推测出第三类老年人非常健康，第一类老年人也较为健康，第二类老年人的呼吸状况可能较差。

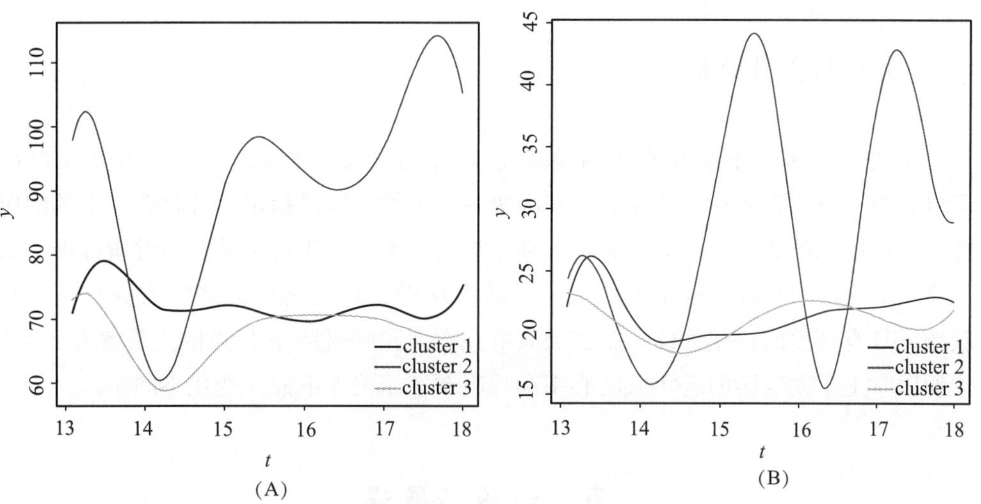

图 4－1　三类老年人的心率（A）和呼吸频率（B）变化

资料来源：笔者整理。

Vol.10

（六）个体分析

由第二类老年人的心率和呼吸频率两个变量的变化可以推测出，该类老年人的健康状况不好。单独分析第二类中的个体可以看出，该类中的老年人在下午 1 点至 6 点的时间段中观测数较少，在心率和呼吸频率两个变量上的波动较大，见图 4－2 所示。在心率变量上，某样本在 14 点时心率较慢，在 1 点半心率非常快。该样本心率的最高值和最低值相差 100 左右，可见心率波动非常大，相对健康状况较差。在呼吸频率变量上，该样本在两点半呼吸频率较低，在 3 点 30 分和 5 点呼吸频率较高。该样本呼吸频率的最高值和最低值相差 30 左右，而其他两类中的样本极值差约为 10，可见该样本的呼吸频率波动也很大，同样不符合医学的健康标准。

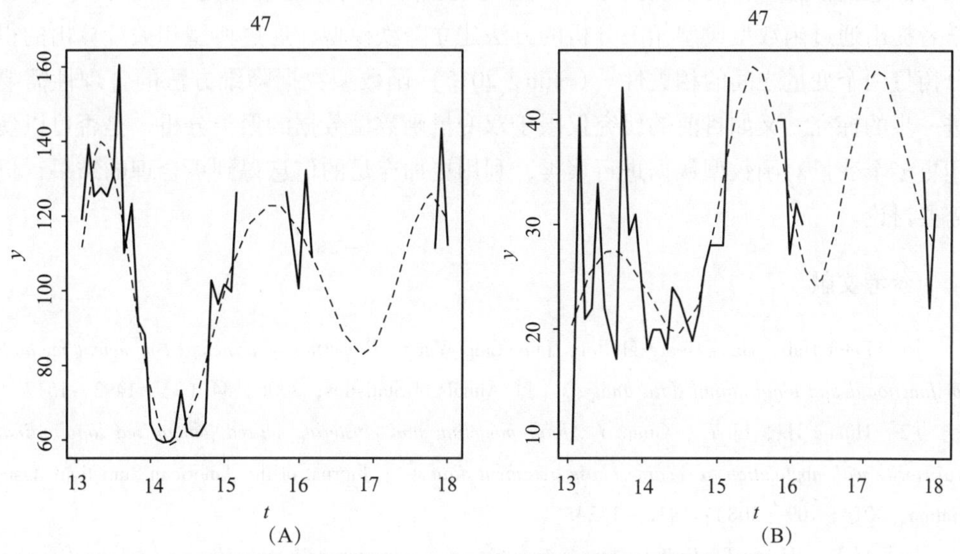

图 4－2　第二类某个体在心率和呼吸频率上的拟合曲线

资料来源：笔者整理。

（七）相关性分析

由式（2～16）计算出在不同类别人群中两个变量之间的相关性。由聚类结果可以看出，第三类老年人群在心率和呼吸频率上的表现最稳定，符合医学上的健康标准，而第二类老年人的心率和呼吸频率波动较大，不符合医学上的健康标准。第三类人群在心率和呼吸频率上的相关系数为 0.93，说明健康的老年人的心率和呼吸频率具有高度的正相关性。第二类人群在心率和呼吸频率上的相关系数为 0.48，说明医学上不太健康的老年人的心率和呼吸频率相关性不强，变化不同步。

五、讨论与展望

本文借鉴降秩模型（Zhou，2008）讨论了双变量函数型数据聚类方法，并根据老年人的心率和呼吸强度两个变量对 58 位老年人进行了示例分析。通过分析，可以看出三类老年人的心率和呼吸频率特征区分比较明显。第二类老年人的心率和呼吸频率波动性明显较大，心率和呼吸较快，相对健康状况较差；第一类和第三类老年人的心率和呼吸频率波动较小，平均水平较低，其中第三类老年人在两个变量上的变化最平缓，可以认为第三类老年人相对更健康。在相关性的分析中，第三类老年人在心率和呼吸频率两个变量上的正相关性很高，说明二者的变化趋势相似，第二类老年人在这两个变量上的相关性不高，说明该类老年人的心率和呼吸频率变化有差别。

在后续的研究中还可以探讨一些问题。如通过函数型主成分分析对函数曲线降维可能遗漏信息，在高维空间中不同的类别在降维后可能合并为一类。2015 年有学者提出通过函数型典型相关分析的方法建立降秩模型，通过典型相关计算出的得分衡量两个变量之间的相关性。（Shin，2015）函数型数据降维方法的合理性需要进一步的探究。又如目前的研究仅限于双变量函数型数据的聚类分析，是否可以使用更多个变量对函数型数据进行聚类，利用更加充足的信息得到更合理的结果，仍需要讨论。

参考文献

[1] Peter Hall, Hans Georg Müller, Jane Ling Wang.. *Properties of principal component methods for functional and longitudinal data analysis* [J]. Annals of Statistics, 2006, 34 (3): 1493 - 1517.

[2] Huang H., Li Y., Guan Y.. *Joint modeling and clustering paired generalized longitudinal trajectories with application to cocaine abuse treatment data* [J]. Journal of the American Statistical Association, 2014, 109 (508): 1412 - 1424.

[3] Li Y., Hsing T.. *Uniform convergence rates for nonparametric regression and principal component analysis in functional/longitudinal data. Annals of Statistics* [J]. Annals of Statistics, 2012, 38

(6): 3321 - 3351.

[4] Ramsay, J. O.. *Functional Data Analysis* [J]. International Encyclopedia of the Social & Behavioral Sciences, 2001, 604 (4): 5822 - 5828.

[5] Shin H., Lee S.. *Canonical correlation analysis for irregularly and sparsely observed functional data* [J]. Journal of Multivariate Analysis, 2015, 134: 1 - 18.

[6] Zhou L., Huang J. Z., Carroll R. J.. *Joint modelling of paired sparse functional data using principal components* [J]. Biometrika, 2008, 95 (3): 601 - 619.

国际统计学奖项及对中国统计学高等教育的启示[①]

王　星[②]　肖小玥[③]

摘　要：自20世纪初以R. A. 费歇尔为代表，诸多统计学大师引领了一场理论与应用双螺旋交替互补式的现代统计学革命。从1920年至今，统计学自身经历了巨大的发展变化，各种类型的统计模型和方法在各个科学领域和部门发挥着巨大的作用，推动着社会文明和人类进步，在这些巨大的、前所未有的厚重成果的背后，是无数统计科学家和技术人员奉献的智慧、创造才能和辛勤努力，尤其是其中的佼佼者所做出的关键性贡献。20世纪60年代，以国际数理统计学会为代表的国际重要统计学术组织联合发起各种统计学国际奖项，以奖励那些对统计学领域做出重要贡献理应赢得人们尊敬的学者和在实践中推动统计应用的工程师。文章将梳理5项代表性的统计学最高奖项，总结这些奖项的颁发规则和历史特征，以期从这些获奖者身上受到更多有益的启迪。

关键词：统计学奖项　国际统计学机构

International Statistics Awards and Their Impact for Higher Education of Chinese Statistics

Wang Xing　Xiao Xiaoyue

Abstract：Since the beginning of the twentieth Century，many scholars in statistics have led the construction of a modern statistical development system in which the theory and the application of "double helix" alternately nourish each other with Fisher as the representative. Since 1920，Statistics area has undergone tremendous changes in the development，statistical models and methods playing a huge role in various scientific fields and departments，promoting social civilization and human progress. In this huge and heavy back after lots of unknown important production，numerous statistical scientists and technicians devote wisdom in order to create，and hard work，especially the key contributions made by the leaders. In 60s，the International Mathematical Statistics（IMS） as the representative of the international

① 本文受中央高校基本科研业务费专项资金和教育部人文社会科学重点研究基地重大项目《面向数据科学的统计建模、应用与评价》（16JJD10001，16JJD10002，16JJD10003，16JJD10004）基金资助。本成果受到中国人民大学2017年度中央高校建设世界一流大学和特色发展引导专项资金支持获得资助，项目批准号297217000021。

② **王星**，中国人民大学应用统计中心＆统计学院，副教授，研究方向为非参数统计、网络算法和机器学习。

③ **肖小玥**，中国人民大学统计学院学生。

statistical academic organizations jointly launched a variety of statistical international awards to reward those who have made important contributions to the field of statistics and it is deserved to be remembered for those respected scholars and promote statistics in practice application engineers. The paper will illustrate 5 representative statistics highest prize, summarizes these prize awarding rules and the history, with a view to receive more beneficial enlightenment from these prize winners.

Key words: Statistics awards, international statistics organization

一、引　言

20世纪初以R. A. 费歇尔为代表，诸多统计学大师引领了一场理论与应用双螺旋交替互补的现代统计发展体系的建构。从1920年至今，统计学自身经历了巨大的发展变化，各种类型的统计模型和方法在各个科学领域和部门发挥着巨大的作用，推动着社会文明和人类进步，在这一巨大的、前所未有的厚重成果的背后，是无数统计科学家和技术人员奉献的智慧、创造才能和辛勤努力，尤其是其中的佼佼者所做出的关键性贡献。20世纪60年代，以国际数理统计学为代表国际重要统计学学会联合发起统计学国际奖项，以奖励那些对统计学领域做出重要贡献理应赢得人们尊敬的学者和在实践中推动统计应用的工程师。总计国际奖项实际上可以看成是现代统计学科发展史的一个缩影，总结这些奖项的颁发规则和历史特征，以期从这些获奖者身上受到更多有益的启迪。

二、奖项设立机构

国际数理统计学会（Institute of Mathematical Statistics, IMS）于1933年创立，总部在美国，是最权威的全球性统计与概率国际学术组织之一。学会着重发展和推广统计与概率的理论及应用，现有来自世界各国的会员约4000人。IMS发起的特别讲座包括奖章讲座和五个以统计学家命名的讲堂讲座，它们是瓦尔德大讲堂（wald lecture）、里卡大讲堂（Le Cam Lecture）、布莱克威尔大讲堂（Blackwell Lecture）、奈曼大讲堂（Neyman Lecture）以及里茨大讲堂（Rietz Lecture），其中瓦尔德大讲堂影响最为广泛。

统计学会会长委员会（Committee of Presidents of Statistical Societies, COPSS）创立于1963年，由美国统计协会（ASA）、数理统计协会（IMS）、美东统计学会（International Biometric Society ENAR）、美西生物统计学会（International Biometric Society WNAR）、加拿大统计协会（Statistical Society of Canada）合办。统计学会会长委员会致力于探讨成员协会的共同问题，推动成员协会会员间的团结协作，联合成员协会的力量，形成整体优势，共同促进统计事业科学全面、健康的发展。统计学会会长委员会及其活动为各成员协会协同发展奠定基石。由COPSS发起的奖项包括考普斯奖（the Presidents' Award）、费歇尔奖（Fisher Lectureship）、戴维奖（the Florence Nightingale David Award）、斯科特奖（the Elizabeth L. Scott Award）以及斯内德克奖（the George W. Snedecor Award）。

泛华统计协会（International Chinese Statistical Association）前身是留美中国统计同人联谊会（Chinese Statistical Association in America，CSAA），1987 年在圣弗朗西斯科召开的北美联合统计会议（the Joint Statistical Meefngs in North America，JSM）会议上正式成立，目前协会会员超过 1000 人，其中 63% 来自美国，16% 来自中国台湾，10% 来自中国大陆，3% 来自加拿大，4% 来自中国香港，2.5% 来自新加坡，其余 1.5% 来自其他地区。协会发起的奖项包括许宝騄奖（Pao – Lu Hsu Award）、杰出贡献奖（Outstanding Service Award）、会长引用奖（President's Citation）、学生旅行奖（Student Travel Award）等。

三、代表性国际统计奖项及获奖分析

（一）瓦尔德大讲堂（Wald Lecture）

瓦尔德大讲堂旨在纪念 A. 瓦尔德（Abraham Wald）教授，该讲堂创立于 1957 年，每年召开一次，近年来一般在夏季召开。除 1960 年与 1966 年外，每年均有一人获此殊荣。瓦尔德大讲堂的获奖作品由评奖委员会选定，获奖者在年会上演讲。瓦尔德大讲堂的演讲者可被允许在同一主题下进行 2 ~4 场时长 1 小时的演讲，演讲主题侧重统计的专业性。获奖人会获得近 12000 美元的奖金，包括往返领奖地的各项花费。

自 1957 年该奖项设立以来，已有 59 位统计学家获得此殊荣。其中来自美国的获奖者有 27 位，占总获奖人数的 45%，来自英国和印度的获奖者人数次之，均为 4 位，分别占 7%。由于瓦尔德大讲堂在提名竞选阶段会特别考虑获奖人的性别因素，其女性获奖者的人数较其他奖项（除专门为女性统计学者所设立的戴维奖）而言会比较多。在这 59 位获奖者中，共计 5 名女性（7%）获奖，她们是英国的 E. A. 汤普森（1994）、美国的 G. 沃赫拜（2003）和 S. 墨菲（2015），加拿大的南锡 · 里德（2000）以及来自荷兰的 S. 范德吉尔（2016），（见表 3 –1 所示）。

表 3 –1　　瓦尔德大讲堂按国别性别获奖人分布

国别	性别			国别	性别		
	男	女	合计		男	女	合计
奥地利	1		1	加拿大	1	1	2
澳大利亚	3		3	罗马尼亚	1		1
波兰	2		2	美国	25	2	27

续表

国别	性别			国别	性别		
	男	女	合计		男	女	合计
丹麦	1		1	瑞典	1		1
德国	2		2	瑞士	1		1
俄罗斯	3		3	乌克兰	1		1
法国	3		3	印度	4		4
荷兰	2	1	3	英国	4		4
总计	55	4	59				

资料来源：笔者整理。

（二）考普斯奖（The Presidents' Award）

考普斯奖设于1976年，由“统计学会会长委员会”（Committee of Presidents of Statistical Societies，COPSS）提名颁奖，每年向一位40岁以下的统计学最杰出的学者授予该奖项。1979年首次颁奖，其中1980年和1981年空缺。由于诺贝尔奖项中未设立统计学，所以，该奖项一度在国际上被誉为统计学“诺贝尔”奖。

自1979年颁发该奖项以来，已有36位统计学家获得此殊荣（见图3－1）。其中来自美国和加拿大的获奖者最多，均有8位。华裔获奖者9位，其中6位来自中国大陆，他们是范剑青（2000）、孟晓犁（2001）、刘军（2002）、林希虹（2006）、蔡天文（2008）以及寇星昌（2012）；1位来自中国台湾，即吴建福（1987）；2位来自中国香港，他们是黎子良（1983）和王永雄（1993）。在这36位考普斯奖得主中，仅有两位女性，她们是来自加拿大的南锡·里德（1992）以及来自中国的林希虹（2006）。

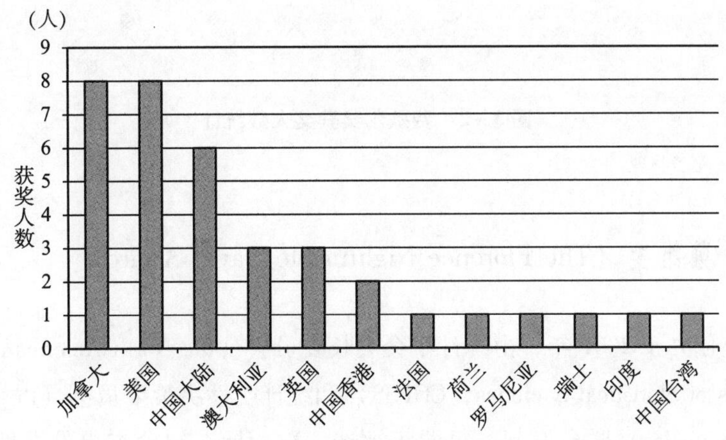

图3－1　“统计学会会长委员会”奖获奖人数分国别统计

资料来源：笔者整理。

（三）费歇尔奖（Fisher Lectureship）

费歇尔奖创办于 1963 年，旨在纪念英国伟大的统计学家 R. A. 费歇尔（R. A. Fisher）。费歇尔奖代表在科学界有广泛影响并得到公认的统计学重要成就，该奖项之所以用“费歇尔”命名是为了对 R. A. 费歇尔早期开创的应用领域有关数据科学收集和实践成就保持持续的关注。获奖人将在当年的 JSM 费歇尔大讲堂上发表演讲，演讲开始时间一般为讲堂举办地时间的星期三下午 4 点，演讲时间大约 1 小时，之后是有关演讲主题的自由讨论。费歇尔奖与被誉为统计诺贝尔奖的考普斯奖和瓦尔德大讲堂并称为国际统计三大奖，与考普斯奖的不同在于费歇尔奖对获奖统计学家年龄无限制。

自 1963 年设立该奖项以来，已有 49 位统计学家获此殊荣（见图 3－2 所示）。其中，来自美国的获奖者占据了“半壁江山”（53%），来自英国和加拿大的获奖者次之，分别占 20% 和 12%。亚洲获奖者中，有 4 位来自印度。值得一提的是，出生于中国台湾的美国华裔统计学家吴建福（C. F. Jeff Wu）教授因其在现代实验设计体系以及在质量科学工程领域的卓越贡献，于 2011 年获得该奖项。

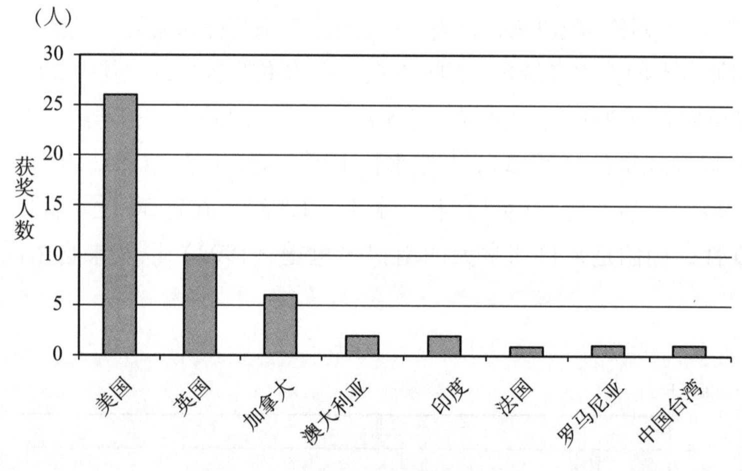

图 3－2　费歇尔奖获奖人数统计

资料来源：笔者整理。

（四）戴维奖（The Florence Nightingale David Award）

戴维奖创办于 2001 年，由统计学会会长委员会（the North American Committee of Presidents of Statistical Societies，COPSS）和统计女性决策委员会（the Caucus for Women in Statistics）联合发起，每两年评选一次，旨在纪念杰出的女性统计学家 F. N. 戴维（Florence Nightingale David，1909～1993 年）。英国统计学家 F. N. 戴维因其在组合概率理论和经典概率的《游戏、上帝和赌博》（*Games*, *God and Gam-*

bling）问题研究上的突出贡献，成为斯科特奖（the Elizabeth L. Scott Award）第一位获奖者。F. N. 戴维的名字取自 F. 南丁格尔（Florence Nightingale，1820 ~ 1910年），后者是英国著名社会改革家、统计学家，是现代护理的创始人。

从前述大奖的获得者中不难发现，尽管瓦尔德大讲堂对女性统计学家的贡献有所倾向，但综合来看，男性得主仍然占据瓦尔德奖中主体优势。戴维奖的设立在客观上起到了支持女性统计学家进行学术研究、降低获奖者性别差异的作用。

包括以纪念 F. N. 戴维而颁奖的 1994 年在内，截至 2017 年上半年，已正式公布 9 位戴维奖得主。其中 5 位来自美国，来自英国、加拿大、澳大利亚和意大利的获奖者分别有 1 位（见表 3 –2）。

表 3 –2　　　　戴维奖按国别获奖人分布

国别	获奖人数（人）
澳大利亚	1
加拿大	1
美国	5
意大利	1
英国	1
总计	9

资料来源：笔者整理。

（五）许宝騄奖（Pao – Lu Hsu Award）

许宝騄奖发起于 2012 年，每三年评选一次，旨在奖励 50 岁以下统计或概率领域影响深远、贡献卓越，在统计和概率研究发展中有开创性贡献的青年学者。许宝騄先生与 K. 皮尔逊（K. Pearson）和 J. 奈曼（J. Neyman）等统计学家一起被誉为是继 R. A. 费歇尔之后现代数理统计学的三大奠基人，许宝騄先生被公认为中国近代数理统计和概率论方面较早地具有国际声誉的中国数学家之一，而令人不可思议的是，其许多开创性的工作都是在中国“兵荒马乱、无比艰苦”的条件下所取得的，这些成果包括著名的非中心分布和 F 检验，多元正态分布中协方差矩阵特征根联合分布和极限分布等国际数理统计学奠基性的工作。他对统计学者发表学术文章的一贯看法是“我们在学术期刊上发表文章不是借该杂志来标榜我们的学术地位，而是发表我们的文章可以提升该杂志的地位”；他也是一位伟大的统计教育家，他对如何做一名好老师有独到的见解“要做一名好老师，必须自己有相当的功底，在台上讲课有如举重运动员，示范如何将很重的东西轻轻地举起来”，他的这种精辟的统计教学思想深深影响到他的学生，培养了许多数学“栋梁之材”，如钟开莱，冷生明，王寿仁、徐利治和张尧庭，美国的 R. 布拉迪（R. Bradley），H. 罗宾斯（H. Robbins）E. 莱曼（E. Lehmann）等。

许宝騄奖对全世界开放不分种族，优先考虑中国统计学家对统计研究和统计教育有重大贡献的候选人。目前已颁发两届许宝騄奖：第一届许宝騄奖于2012年在香港举办的第九届ICSA国际会议上颁发，来自普林斯顿大学的范剑青（Jianqing Fan）教授、哈佛大学的孟晓犁（XiaoLi Meng）教授和来自加州大学伯克利分校的郁彬（Yu Bin）教授共同获得第一届ICSA许宝騄奖；2016年12月19日，哈佛大学统计系的刘军（Jun S. Liu）教授获得了第二届许宝騄奖，以表彰其对蒙特卡罗方法和贝叶斯计算中开拓性的贡献。

四、国际统计学奖项主题的演化分析

通过分析前三个奖项各年获奖者的获奖作品主题，可以一窥近60年来统计科学的发展历程。瓦尔德大讲堂、考普斯奖、费歇尔奖评奖标准各有侧重，如费歇尔奖特别考虑在R. A. 费歇尔早期开创的应用领域中，有关数据的科学收集和实践中有杰出成就的统计学家，早期的费歇尔奖得主更倾向于颁给对R. A. 费歇尔生前领域进行了更深入应用研究领域的学者，但在20世纪80年代中期，研究主题逐步转向数理领域，近年来主题中创新性地出现了大数据（BIG DATA）等字眼，表明统计计算已经成为当前统计发展的热门方向，生物统计领域的得主近年也明显增多。当然，自1963年费歇尔奖设立以来，围绕R. A. 费歇尔的贡献和影响而展开的获奖主题一直贯穿其中。

A. 瓦尔德生前研究领域在数学理论方面，瓦尔德大讲堂受此影响，获奖主题大多集中于数理理论领域，但从21世纪开始，计算机和统计结合的研究主题如高维问题、图模型等逐渐出现在瓦尔德大讲堂中。

考普斯奖旨在奖励在某一领域有重要贡献或对多领域影响广泛的年轻统计学家，从2004年起，颁奖机构公布了获奖理由。从有记录开始，统计学在生物领域的应用一直是许多获奖人不断突破的方向，在最近的10年内，统计计算、图模型、机器学习、高维问题、数据异构等问题逐渐成为热点问题。许宝騄奖是比较新的奖项，从获奖人来看不仅注重获奖人的学术成就更看重其在推动地区统计教育方面的卓越追求。

其实，从2016年开始，美国统计学会、国际生物学会、国际数理统计学会、国际统计研究所和英国皇家统计学会共同成立了国际统计基金会并发起了一个新的奖项——国际统计学奖，可以颁发给个人或团队，促进内容不断丰富的统计学、数据分析、概率和不确定等领域的发展，推进社会、科学、技术的进步和人类福祉。每隔一年举办一次，奖金75000美元，2016年10月18日，英国著名统计学家戴维·考克斯爵士美国弗吉尼亚州的亚历山大召开的世界统计大会上荣获第一届国际统计大奖，国际统计大奖目前被认为是全球统计学领域的最高荣誉奖。

五、对中国高等统计教育的启示

与国际经验相比，自 2011 年 2 月统计学正式成为一级学科以来，我国的高等统计教育学科体系已形成以数理统计为核心，社会经济统计学、生物卫生统计学、金融统计、风险管理与精算学及其他应用统计多学科共谋学科发展的良好环境。通过学科点对应调整，截至 2016 年底已有 54 所培养单位可以授予统计学博士学位，145 所培养单位可授予学术型硕士学位，103 所可授予应用统计专业硕士学位。考虑到现有统计学专业下计算机教育薄弱的现状，2014 年，中国人民大学联合中国人民大学、北京大学、中科院大学、中央财经大学、首都经济与贸易大学五所高校与人民日报、新华社、中央电视台、百度公司、阿里巴巴公司和京东公司等共建“大数据分析硕士”平台，在国内统计学界首创大数据分析实验班，尝试 5 校师资联合授课方式进行校际联合培养的尝试，经过 2 年的课程建设，第一批 10 名学生已顺利毕业，在不断学习国外先进经验基础上出版了一批大数据分析教材，同时也培养了一批师资。2017 年，我国 35 家高校获批本科“数据科学与大数据技术”专业，其中的人才培养目标是讨论的焦点，学者关注的是人才培养的定位在理论还是应用型。事实上，从国际统计学大奖来看，现如今的国际统计大师是理论与应用融合性的，未来应用的大师不该理论单薄，同样的道理，理论的大师不应该在应用的视野过于局限。另外，也应该看到中国统计教育和科研历史上一直是在追赶国际先进水平的过程中展开本土实践，对国际思想界的影响还仅仅停留在理论论文数量的积累上。在交叉学科应用方面，由于历史原因，中国统计学科学会数量虽然很多，但学会还缺乏与国际重量级相近的奖项来激励国内学者，已有的奖项多以鼓励年轻学生参与统计实践中的统计创新，比如国务院学位办全国应用统计专业学位研究生教育指导委员会设立的全国应用统计案例大赛已成功举办两年，颇有影响，但相比于国际奖项，奖励和奖金数额都比较低，而为对统计学界的发展与荣誉做出杰出贡献的科研人员设立的专门统计学奖项还相当缺乏。

通过对国际统计学奖项获得者的研究与分析，从中认识统计学科创新活动中带有规律性的特征，杰出的科研成果有三个基本特征：重要性、独创性和影响力。对于年轻学者和研究生而言，勇于关注重要领域中的难点问题，选择非功利心有实实在在社会价值的研究；在大数据外部环境下着力培养内视能力，独创性和批判性的思维能力包括数学抽象提炼问题的能力，统计及其模型的禀赋关系的刻画能力，不确定计算求解的代价权衡能力等；持续有对现实社会的影响力的学术成果。科研工作者的辛勤耕耘离不开人才培养的“肥沃土壤”，充足的科研经费是科学研究的前提保障，开放融洽的学术氛围为科研者提供了自由创作的空间。除此之外，统计学术组织的稳健成长以及成员学会之间在跨学科、跨文化和跨地域研究成果的有效交流也是孕育未来国际优秀统计人才不可或缺的条件。

参考资料

[1] IMS：http：//imstat. org/awards/lectures. htm.

[2] COPSS：http：//onlinelibrary. wiley. com/doi/10. 1002/0470011815. b2a17028/pdf.

[3] COPSS：http：//community. amstat. org/copss/home.

[4] ICSA：https：//icsaimage. files. wordpress. com/2015/10/icsa1997. pdf.

[5] ICSA：http：//www. icsa. org/icsa/awards.